2022 年度宁波市社会科学学术著作出版资助项目

中国特色小镇持续性发展研究

丛海彬　著

中国财经出版传媒集团
中国财政经济出版社

图书在版编目（CIP）数据

中国特色小镇持续性发展研究 / 丛海彬著. -- 北京：中国财政经济出版社，2022.7
ISBN 978-7-5223-1472-3

Ⅰ.①中…　Ⅱ.①丛…　Ⅲ.①小城镇－可持续发展－研究－中国　Ⅳ.①F299.21

中国版本图书馆 CIP 数据核字（2022）第 101832 号

责任编辑：武志庆　　　　责任印制：张　健
封面设计：卜建辰　　　　责任校对：徐艳丽

中国特色小镇持续性发展研究
ZHONGGUO TESE XIAOZHEN CHIXUXING FAZHAN YANJIU

中国财政经济出版社 出版

URL：http：//www.cfeph.cn
E-mail：cfeph@cfeph.cn

社址：北京市海淀区阜成路甲 28 号　邮政编码：100142
营销中心电话：010-88191522
天猫网店：中国财政经济出版社旗舰店
网址：https：//zgczjjcbs.tmall.com
北京富生印刷厂印刷　　各地新华书店经销
成品尺寸：170mm×240mm　16 开　15.5 印张　300 000 字
2022 年 7 月第 1 版　2022 年 7 月北京第 1 次印刷
定价：69.00 元
ISBN 978-7-5223-1472-3
（图书出现印装问题，本社负责调换，电话：010-88190548）
本社质量投诉电话：010-88190744
打击盗版举报热线：010-88191661　QQ：2242791300

前　言

2018 年 1 月 2 日，《中共中央　国务院关于实施乡村振兴战略的意见》指出："实施乡村振兴战略，必须坚持城乡融合发展基本原则，建立共同繁荣的新型工农城乡关系。" 2020 年 5 月 14 日，中共中央政治局常委会会议首次提出"深化供给侧结构性改革，充分发挥我国超大规模市场优势和内需潜力，构建国内国际双循环相互促进的新发展格局"的双循环战略。同时，"十三五"规划（2016—2020 年）纲要也明确提出，要因地制宜发展特色鲜明、产城融合、充满魅力的小城镇。特色小镇建设的实践表明，特色小镇的持续性发展确实能有效促进国内特色产业的发展，通过产、城、人三者的融合促进城镇振兴，从而带动乡村富裕，进一步刺激国内需求，畅通国内大循环。但我国特色小镇近年来的快速发展并非源自地方政府的协同配合和市场主体的主动行为，而是主要依赖中央政府的行政力量强势推动，空间布局、产业布局和发展只从城镇自身利益出发，较少考虑区域全局利益，政策制定相互竞争激烈，造成了各种有限资源的巨大浪费。加之部分参与主体只热衷于追求眼前的短期利益，缺乏对特色小镇持续性发展理念的长远认识，特色小镇在发展过程中一哄而上、重复建设、小镇不小、特色不特、千镇一面、房地产化、政绩考核等严重"走样"的现象十分突出，最终表现出特色小镇的持续性发展水平不足，甚至使部分特色小镇被沦落为问题小镇。因此，探寻中国特色小镇持续性发展的内生动力与长效机制，不仅有助于更好地促进中国特色小镇健康可持续发展，还有助于进一步了解后工业时代城市空间演化的规律，传承区域文化空间脉络，指导区域空间结构的调整优化。那么，推动特色小镇持续性发展的内生动力是什么，如何发挥各主体作用，如何抑制政府在经济理性驱动下的绩效冲动，企业利润目标与特色小镇多元化目标的冲突如何弥合，特色小镇应如何服务居民的生活和发展需要，应该如何引导、培育和发展特色小镇产业定位、建设布局、挖掘特色小镇持续性发展内生动力？而这些正是本书需要解决的问题。

本书以国家"十三五"规划重点发展长三角、珠三角、京津冀及对应区域国务院公布的两批特色小镇为研究对象，聚焦特色小镇持续性发展问题，研究特色小镇持续性发展动力机制、主体行为、精准治理路径与政策支撑体系，是对上述问题进行系统性深入思考的典型论著，对于进一步推进城乡统筹发展、乡村振兴与新型城镇化建设融合发展，具有十分重要的理论意义和实践价值。本书的特色与创新之处在于：一是以适合于中国特色小镇的研究结论为起点，将特色小镇置于中国整个宏观经济背景之中，结合中国产城特色小镇面对的现实约束，构建适应中国特色小镇持续性发展分析框架。二是构建特色小镇持续性发展评价指标体系，基于区域统计数据，利用空间统计分析方法，定量分析中国特色小镇持续性发展水平，揭示不同地区特色小镇持续性发展的空间分布特征和时期差异。三是借鉴区域经济学、空间经济学、城市经济学等理论，构建中国特色小镇持续性发展动力机制理论分析框架，将新的发展理念、空间理念和科学方法引入特色小镇持续性发展分析，揭示特色小镇持续性发展的动力机制和内在要求。在此基础上，运用空间计量模型，实证分析特色小镇持续性发展的影响因素，完善和检验理论框架。四是以行为经济学理论框架为起点，采用演化博弈的思想与方法构建特色小镇持续性发展进程中政府部门、社会资本与当地居民三方动态演化博弈模型，重点研究特色小镇各主体的行为互动过程，并对典型调查数据进行描述性统计分析，充分展示了特色小镇各主体的基本特征及其参与特色小镇可持续发展行为的具体表现。五是以新公共管理学的区域治理和城市治理理论为基础，研究了在兼顾经济效益和社会效益双重目标下的特色小镇持续性梯级发展精准治理路径；在进行特色小镇持续性发展政策支撑体系研究时，采用的是以制度经济学中制度创新理论为基础的制度主义演绎分析范式，并结合前述研究成果进行归纳。六是将特色小镇持续性发展研究纳入了规范的经济学、管理学和社会学分析框架内。尽管关于我国特色小镇相关研究的文献不少，但将其纳入规范的经济学、管理学和社会学分析框架内的研究却不多。很多文献只是对特色小镇存在的问题进行描述性分析，在研究上既缺少经济学、管理学和社会学的规范性，数理分析力度也不够，政策建议也因此而无法具体。因此，本书在规范的经济学、管理学和社会学研究框架内对中国特色小镇持续性发展动力机制、主体行为、政策支撑体系进行研究，不仅具有方法上的创新，而且也是对上述问题的有益探索。

总之，本书从"中国特色小镇持续性发展"的基点出发，对中国特色小镇持续性发展的总体状况、动力机制、主体行为、经验模式、治理路径、政策支撑体系等进行了比较系统、全面和规范的数理与实证分析，从而能够对解决问题提供有益的政策思路。全书的内容和观点不仅具有重要的学术价值，而且对于引导、培育和发展特色小镇产业定位、建设布局、探索产城镇融合发展模式提供新路径具有重要的指导意义。

目录

MULU

第一章　总　　论

第一节　研究问题的展示

一、研究背景

1. 特色小镇是推进新型城镇化的新模式

自我国特色社会主义进入新时代，经济逐渐步入新常态，供给侧的结构性改革也进一步推进。此外，乡村振兴战略也在强劲推入实施阶段，我国的城镇化发展步入一个相当重要的转变期——新型城镇化发展阶段。新型城镇化已成为我国经济新常态扩大内需的最大动力，是一种以人为本的城镇化，是通过城市与乡村的一体统筹、冲散二者之间的二元界限、达到产业之间相互促进的，以创建生态适宜、人与自然和谐相处等为代表的新型城镇化，此外在主体层面，达到大中小城市、城镇与新型的农村社区之间协调互促发展的城镇化。相比较于传统城镇化，新型城镇化的“新”表现在“人”被提升到前所未有的高度，从过去侧重于“产”的功能导向转变成侧重于“人”的人本导向。从可持续发展看，新型城镇化旨在提升居住人口的素质及生活质量，使城镇成为具备较高品质的宜居之地。

2014 年，浙江省首次提出“特色小镇”的概念，从现实创新看，特色小镇建设有效缓解了供给不足、空间资源瓶颈、解决农村人口就地城镇化等一系列难题，引起较大关注。在 2016 年 7 月，国家住建部、发改委以及财政部三部联合发布了《关于开展特色小镇培育工作的通知》，提出 2020 年之前全国将建设培植 1000 个左右各具特色的特色小镇。随着全国范围内的特色小镇建设工作展开，以城镇化进程发展的演变来看，特色小镇的概念是在我国城镇化进程实践中得来的，不仅是重点镇、小城镇进阶版，在应对传统城镇进程中的发展协作、持续性等问题上，特色小镇强调的多维度发展概念也是有效的解决途径，并能更好适应在协调经济新常态中对城镇化提出的发展要求，是城镇体系互促发展的新思想。特色小镇作为新型城镇化的一种新的思路和模式探索，不仅是乡镇从“强县战略”转入“都市圈战略”、改进空间布局的关键战略性举措，也是顺应城市群协作互促发展趋势的创新。

2. 特色小镇是优化城乡融合发展的新思路

实施城乡融合发展战略是党的十九大做出的重大战略决策之一，习近平总书记指出，如何应对好城与乡之间的关系一直是我国现代化进程致力解决的问题。城市与乡村应该是相互交融、相互促进、相互发展、相互协调的生命共同体，城市的发展与繁荣可以与乡村的发展与繁荣并起，而不是以乡村的停滞与倒退为前提。城与乡之间的融合互促发展可以说是达成我国全面小康与全面现代化的重中之重，然而事实上，现实的情景中我国城乡发展依旧显现出明显的二元结构特征。在收入方面，2020 年我国城乡居民收入比突破三个点，消费水平上，城镇居民的消费水平高于农村居民一倍有余；公共设施方面，城市的污水及生活垃圾处理率远超农村的 70%。由此可见，城乡之间发展的不平衡问题仍旧严峻。党的十九大报告中首次提及“城乡融合发展”的重要思路，意在开展特色小镇的培育工作，借以协调城与乡之间发展不平衡、不充分的现实问题。

城与乡融合互促发展的目标在于消除两者之间存在的二元结构界限，换言之，达成城乡融合互促发展在于实现城乡要素的融合互促，城乡之间要素的双向流动是城乡融合发展的根本特征与核心要点，特色小镇建设是解决这一问题的良方。特色小镇处于城乡衔接带，是同时结合城市功能与乡村功能的综合体。特色小镇地理上的结点位置使城乡生产要素双向互动成为合理的可能，因此对促使城乡融合互促发展、城乡一体化发展有着显著的作用。特色产业的培育是城乡融合互促发展战略实现的基础，特色小镇里的“特”字本质上蕴含产业的特色，建设特色小镇引致而来的产业结构升级、产业链完善都将极大提升城乡协调互促发展。“中心城市＋特色小镇”的新型城乡融合发展框架是未来区域发展的主体思路和方向。2019 年 2 月，国家发展改革委下达的《关于培育发展现代化都市圈的指导意见》里，对特色小镇响应都市圈建设划出了清晰的定位，以创建核心大城市与特色小镇优势互补为发展格局，以特色产业培育为核心、以特色产业的集聚为培育形式，着重发展自身特有产业，并结合相邻都市圈、城市群现有资源，发动周边经济一起发展。特色小镇作为高端空间载体，承载着高端产业的发展、高端人才的聚集，其空间范围内所构建的完善产业链，不仅推动着自身生产要素的流动，在与中心城市的互促协调发展过程中，也将使区域内基础设施得到改善，从而带来城乡在公共服务上差距的削减，进一步提升城乡互促融合发展。

3. 特色小镇践行高质量发展仍有待新探索

通过培植与创建各具特色的特色小镇，特色小镇成为集聚新兴产业、创新新业态与新模式的载体，在推动城市高质量发展和乡村振兴，提升城乡互促融合发展中发挥出显著作用，同时在推动供给侧结构性改革、经济转型升级中也有着重要的影响。2016 年 7 月，住建部、发展改革委、财政部联合下发特色小镇发展通知，将在 2020 年全国范围开启千镇计划，并在国家“十三五”规划中特别强调培育“特色鲜明”“产城融合”的特色小镇。2018 年 8 月，为应对近几年特色小镇发展过程中的概念不清、图短平快等不利于持续发展的问题，国家发展改革委发布了有关特色小镇高质量发展的通知，指出特色小镇是推动我国经济高质量发展的创新举措，也是新型城镇化与乡村振兴的重要新战略。从已经公布的两批 403 个国家级特色小镇实践来看，特色小镇确实能够作为我国经济高质量发展的新引擎、传承与宣扬我国优秀文化的新兴根据地。但大力投入、一哄而上、虎头蛇尾表现出的持续性发展不足的问题一直伴随其中，成为当前特色小镇发展的困境。一方面，产业是特色小镇培育的核心，是吸引资源集聚的根本动力，没有特色产业支持的特色小镇举步维艰；另一方面，产城匹配失调的特色小镇无法留住人口，导致“空城”“睡城”等严峻现象，最终表现出持续性发展不足，成为当前特色小镇持续性蓄力的困境。中国过去几十年的城镇化发展历程已经总结出能够克服各种问题的宝贵经验，产城融合就是其中最重要的一点。在 2016 年国家发展改革委下达的《关于开展产城融合示范区建设有关工作的通知》中，产城融合再次成为推进我国新型城镇化高质量发展的首要理念。在这样的大背景下，在新一轮特色小镇持续性发展过程中，深入把握产城融合的内涵及作用机制具有重要的实践和理论意义。

二、研究意义

1. 理论研究意义

城镇化是进入 21 世纪以来世界各国发展进程中需要讨论与探究的重大事

项。建设初期，我国将推进城镇建设的主战场放在城市，现在发展重心已开始移向特色小镇，曾一味追求速度的粗放型城镇化过程中出现的诸多问题，在特色小镇的培育中也没有避免。在对特色小镇如何持续发展的探讨里，动力机制被放在关键位置，研究特色小镇发展的动力问题，对探索其持续性发展十分必要。受限于统计数据缺失，特色小镇空间格局研究及动力机制的探讨始终缺乏系统性实证分析；可持续发展在当下已经作为一种新的经济发展模式和发展理念，自 1987 年《我们共同的未来》发表，这种模式已经脱离理论走上实践探索，当下可持续发展概念已经成为各大经济学领域中的新关注点。就具体的区域尺度而言，主要应用在城市层面，较小尺度的特色小镇可持续性发展研究相对缺乏。此外，特色小镇发展的质量评价研究尚处于起步阶段，评判标准、量化的指标并没有达成统一的标准，应对特色小镇持续发展策略的效益评价研究更为缺乏。本书通过分析不同地区特色小镇现状差异，识别动力因子，在考虑空间异质性前提下，采用计量经济实证方法，对特色小镇动力因素进行定量研究，从持续性建设的角度提出符合地域特点的政策指引，研究成果可进一步丰富、深化和拓展我国特色小镇持续发展的理论研究。在特色小镇经济发展理论框架下，采用综合性的定量分析，借鉴区域经济学、新新经济地理学等前沿理论，搭建完备的特色小镇经济发展理论框架也具有十分重要的理论意义。

2. 实践探索意义

2016 年，全国上下围绕特色小镇掀起了一轮规划建设热潮，以浙江省为代表的省市在特色小镇的建设中，提出了多样性的探索与尝试，开创性地将“产、城、人、文”等因素融入规划建设之中，引发各界对特色小镇规划建设更多的思考。在特色小镇发展建设中，如何树立正确的发展观念，实行科学有效的发展，突破现今特色小镇发展并不持久的局限显得尤为重要。随着新型城镇化进程不断向前推进，现阶段特色小镇已经成为国家新型城镇化发展的重要载体，发展差异化、产业特色化是特色小镇发展的关键主题，持续性发展是本质要求。本书通过对国家住房和城乡建设部公布的 403 个特色小镇总体研究及南北方具有代表性的长三角城市群和京津冀城市群特色小镇的比较研究，探究特色小镇经济发展现状差异及动力机制的形成，一方面，突破当前特色小镇物质空间演变的定性讨论，准确把握空间演变的机制；另一方面，长三角、珠三角、京津冀作为国内经济最发达的区域，其特色小镇的发展经验，能够为特色小镇发展方案制订提供一定的理论依据、决策参考和实践指导。因此，开展“中国特色小镇持续性发展动力机制研究”这个研究课题具有重要的指导和实践意义。

第二节 国内外研究现状

一、关于特色小镇发展内涵界定的探讨

特色小镇是在我国新型城镇化建设进程中逐步演变而来的。在国外，关于特色小（城）镇并没有具体定义与含义，国外对特色小镇的研究主要体现在以小城镇或乡村作为研究对象，通常以实际且具体的研究案例来研究小城镇，通过构建理论模型，结合具体的实践进行研究。追溯小城镇的概念，国外根据行政建制的规模大小将小城镇区分为小城市（city）和小镇（town）两种形态。世界银行（2014）将中国的特色小镇定义在 City 与 Countryside 之间类型的地域空间，认为特色小镇是区分非农人口集合的城市与农业人口集合的乡村的一种密集形态，是以农业为主地区的中心区域。现阶段国内对于特色小（城）镇内涵界定的研究主要集中在特色小镇的空间属性和功能特征方面的探讨。我国小城镇的概念始自费孝通先生，费孝通（1973）从小城镇的人口、地理位置、当地经济与资源等方面考察，得出小城镇是一种新型的、从乡村特征的村落逐渐向产业共存的现代化的城市特征转变中的过渡地带。特色小镇不是单一的产业集聚组织，而是产业集聚之间的创新平台，通过对创新要素的集聚，达到新型产业的促进，获得竞争力，从而推动周边区域的经济发展，这种“小空间里的大聚集”“小实体的大网络”的众创平台，有利于实现生产要素更加自由、协同地流动（刘丽萍，2021；盛世豪，2017；卓勇良，2016）。在功能特征上，特色小镇被普遍定义为新型城镇化发展的新模式，是坚持经济、文化、生态、社会和政治五位一体发展的理念，具备生产要素集聚、结构优化、文化传承的作用，能较有成效地解决当下小城镇发展过程中的诸多问题（丁志伟、刘盈盈、吴小妮，2020）。特色小镇的“特”是特在产业上，如果没有特色产业做支撑，特色小镇将很难走远。可以说，特色产业是特色小镇持续性发展的内源性动力（曹小曙、徐建斌，2019）。李娜（2019）将特色小镇界定为社会发展的实体、人居生活的社区、经济集聚的功能体和行政单元的建制镇。特色小镇是一种复合体，是产业布置与空间协同的系统（张晓欢，2021）。

二、关于特色小镇发展的动力机制探讨

国外学者们对城镇化的动力问题展开了多视角的研究。国外的小城镇理论已趋于成熟，理论指导实践，在小城镇实践建设中提炼、补充理论。国外关于特色小镇发展动力机制的研究主要集中三方面，即政府、市场外部动力及特色小镇本身内部的作用。政府方面，英国学者罗伯特·马德里加尔（1978）提出英国特色小镇的发展由政府主导，但特色小镇建设也需尊重当地居民的意愿，并保护大城市的利益。Kirsty Sherlock（1999）主张特色小镇的发展应有政府的积极参与。Michael Seeborg（2000）认为政府对特色小镇政策的践行有着保障实施的效力，可以对劳动力市场进行有规划的分割，从而避免大城市的劳动力割裂现象。这些思想都影响着新城理论在英国的实践，英国政府担当着颁布法律、吸引新城人口、调节大城市功能的积极角色，对英国特色小镇的发展有极大的推动作用；市场方面，Hashiguchi（2017）对如何实现传统城市的转型进行了研究，并对城镇化转型的发展动力机制进行了研究。J. Vernon Henderson（2005）对肯尼亚旅游特色小镇的发展现状调研发现，以政府为主导角色的大多特色小镇项目被较大的社会资本所垄断，使生产要素并不完全配置，这一现象的背后是当地政府对特色小镇的干预措施过多所导致，从而提出要让市场来决定特色小镇发展。美国在卫星城的建设中，是以市场为主导力量，通过完善交通设施，达到特色小镇的快速发展。特色小镇本身作用方面，欧洲特色小镇的实践演绎十分成功，欧洲特色小镇大多人口密度小，特色小镇自然资源丰富且文化底蕴深厚。很多欧洲国家以特色小镇自身资源为优势，发展起一大批旅游特色小镇。其中代表性的有维也纳的梅尔克特色小镇、阿姆斯特丹的风车村及贝尔格莱德的兹拉蒂博尔特色小镇，皆以旅游业为产业支撑，充分地把握当地的文化传统、地域特色及自身资源，注重特色小镇内部资源的融合利用，保证特色小镇独特的风格及品牌的创造。产业发展对特色小镇经济发展亦影响显著，Graham Parlet、Chris Cooper（1996）以爱丁堡历史古镇为例构造出投入产出模型，研究旅游业发展对特色小镇经济发展的乘数效应，对欧洲特色小镇发展具有一定的指导意义。

国内关于特色小镇发展动力的研究因视角不同而有所不同，在不同时期，我国特色小镇发展的动力因素也略有差异，国内学术界对特色小镇发展动力机制的研究主要包括两个视角：内在动力和外在动力。张军、陈诗一（2006）指出，改革开放之前，特色小镇的发展与当时的国情有着密切关系，以农业的

发展为主要动力，因此早期我国特色小镇发展的主要经济基础来源于农业。改革开放以后，随着城镇化进程的不断推进，特色小镇的动力因素也变得多元有层次。陈从建（2018）主张，中国城镇化的动力机制应分为内生城镇化与外生城镇化两层因素，把特色小镇看作一个系统，内生城镇化系统由本身所具有的因素拉动发展，外生城镇化系统由外在的因素推动发展，两者共同作用于特色小镇的发展，共同推动中国城镇化的进程。游宏滔等（2008）在对不同区域及不同类型特色小镇的发展动力机制进行研究时提出，特色小镇发展内生动力有三个基本因素：特色小镇自身资源、固有区位及城镇政策。周枣（2019）在研究长江经济带的特色小镇时指出，其发展的内生动力机制主要为自然资源禀赋、区位优势及周边交通条件与技术支持，补充外部动力为中心城市的扩散力、政府的政策保障及市场活力。王建廷（2007）从我国自上而下的城镇化模式出发，提出我国特色小镇发展主动力是我国的经济体制，然后是政府机制与市场机制共同决定的结果，对我国特色小镇的发展具有关键作用（王滨，2020；杨士富、刘美彤，2021）。近年来，面对特色小镇质量不高的发展现状，学术界将特色小镇的动力机制转移到持续性发展的理念探讨上。邓韬、张明斗（2016）详细阐释了新型城镇化持续性发展的必要性，将可持续发展理念作为研究新型城镇化动力类型的前提。何育静、段秋颖（2021）得出宏观层面的指导理论、中观层面的发展策略及微观层面的实践方案。

三、关于特色小镇持续性发展的探讨

国外关于特色小镇持续性发展的研究相对较少，主要针对城市空间层面的研究。相比国外，国内的特色小镇持续性发展备受关注。特色小镇目前作为国策，肩负着振兴国家经济的使命，也是国家层面推动城乡一体化发展的新思路、新模式。近年来，特色小镇建设取得一定成绩的同时，也面临着不同程度的持续发展问题。李俊、王九位（2019）的研究认为，我国的城镇发展速度上有了很大的提高，但是在质量上仍旧不尽如人意，提出城镇化的发展方式应该做出调整。浙江特色小镇的发展一直走在全国前列，近几年的建设也暴露出特色小镇内部产业、城镇建设、文化人居三方面功能融合不足，导致特色小镇市场引力薄弱、蓄能乏力等问题（王大为、李媛，2019）。陈前虎（2019）提出特色小镇的发展应注重发展的品质和效益。可持续发展作为一种绿色的发展理念和模式，与特色小镇强调的人居的内涵是一致的。在提升城镇化的品质和转变发展方式过程中，循环、绿色和低碳是必然的选择，新型城镇化必须是持续性发展的城镇化（万广华、胡晓珊，2021）。余畅、丛静、彭红军（2021）就特色小镇持续性发展路径，提出从空间结果、规划布局、培育路径、多目标设定、产业配置及市场化运作6个方面进行改进。特色小镇的建设与发展不持续的问题根源在于一开始并未在发展过程中贯彻持续发展理念（梁跃军，2021）。

四、特色小镇持续性发展参与主体的相关研究

特色小镇作为我国供给侧结构性改革的探索、新时代乡村振兴战略有力的承接平台，具有较强的综合性，除了推动经济增长，还涉及社会治理、文明传承、环境优化和社会生活等各方面，而特色小镇想要持续性发展离不开各参与主体的共同建设，尽管对于特色小镇建设的参与主体，目前国内外都尚未明确提出，但也已经有许多学者进行了研究。

国内学者对于特色小镇参与主体的研究主要从两个方面展开：特色小镇的治理和金融支持。首先，在特色小镇治理方面，何春刚（2017）认为，政府在建设体育特色小镇的过程中，应该担负顶层设计、资源要素保障、基础设施配套等职能，并提出通过政策的引导，合力构建体育特色小镇建设的多元治理体系。王旭阳等（2017）提出，要充分发挥社会力量的作用，最大限度地激发市场主体活力和企业家创造力，鼓励企业、社会组织和市民参与特色小镇的投资、建设与管理，探索公众参与治理的新渠道。李庆峰（2017）指出，特色小镇不仅是地理概念，更是多方主体合作治理的众创空间和生活空间，他肯定了多元主体的存在价值。通过政府搭建的建设平台，聚集特色的产业资源，促进企业的转型升级和人才的流动，让多元主体共同服务于特色小镇。张蔚文等（2018）将社会治理作为理论工具，对特色小镇的治理创新及参与主体的分工协作进行了深入分析，提出了多主体共同参与是“社会治理”的核心内涵之一，要探索各个主体之间的高效互动机制，推动行政、市场、社会三大力量的深入合作。而从金融支持特色小镇的角度出发，陈雪雯（2018）研究发现，四川省特色小镇建设中缺乏基础设施、缺乏资金、缺乏成熟的商业模式的“三缺问题”尤为严重，而解决这些问题需要大量的资金支持。因此，她将参与四川省特色小镇建设发展的主体总结为政府、开发商、特色产业龙头企业、特色产业中小微企业以及个人从业者与中介金融机构。邓丽娟（2017）提出，特色小镇的建设不应该以政府的大包大揽为基础，政府只需要发挥引导作用，应该坚持市场化为主，充分发挥企业所能体现的作用，并认为PPP是目前特

色小镇建设中应当提倡的融资模式。王天宇（2020）梳理了我国各地发展特色小镇的成功经验，同样理出了一条清晰的脉络：充分发挥政府作用“有形的手”加上市场“无形的手”，他认为地方政府要加强对特色小镇的规划与引导，同时要不断增强特色小镇服务中小企业的作用。柯金凤（2020）通过对福建省特色小镇发展现状的研究，认为福建省应该积极鼓励社会各界参与特色小镇的投资与建设，实现从单一政府投资向多元化投资的转变，积极开展政企合作，引导企业投资参与特色小镇的建设与发展，同时也可引入社区公众力量，增强旅游小镇亲和力。车雯等（2020）从文化承继与产业逻辑耦合的角度出发，发现中介企业能够在不同区域间起到桥梁的作用，因此要构建核心企业、政府主导和众多关联主体共同参与的服务平台，提高体育特色小镇产业链的匹配效率。张蔚文等（2020）将社会治理作为理论工具，对特色小镇的治理创新及参与主体的分工协作进行了深入的分析，提出了多主体共同参与是“社会治理”的核心内涵之一，需要探索各个主体之间的高效互动机制，推动行政、市场、社会三大力量的深入合作。王旭阳等（2020）提出，要充分发挥社会力量的作用，最大限度地激发市场主体活力和企业家创造力，鼓励企业、社会组织和市民参与特色小镇的投资、建设与管理，探索公众参与治理的新渠道。郑胜华（2020）等认为，应该通过政府、企业、中介机构以及高校科研等特色小镇参与主体之间的交互平台构建，促进特色小镇各参与主体之间的沟通和交流。

在发展过程中，作为特色小镇持续性发展的主要参与主体，政府部门、社会资本、当地居民对于特色小镇持续性发展的影响举足轻重。但由于不同参与主体所扮演的角色和地位不尽相同，所以其行动目标也有所不同。因此，为了实现特色小镇的持续性发展，设置合理的机制，从而形成三方之间良性互动、合作共赢的局面是非常关键的一环。

演化博弈起源于生物进化论，它是把博弈的理论分析与动态的演化过程分析相结合的一种分析方法，目前其应用领域已经非常广泛。邢青松等（2020）从地方政府和特色产业从业企业双方的利益诉求异质性出发，构建了基于有限理性假设的特色乡镇治理演化博弈模型，分析了在不同的情况下参与主体的演化稳定策略及收敛趋势。钟诚等（2019）认为，在城镇化建设中存在动态的演化博弈过程，通过研究政府部门和企业之间的策略选择，提出了政企协同共建城镇公共服务体系、拓展多元融资渠道等政策建议。晏永刚等（2017）从公众参与行为主体的视角出发，构建了公众与投资企业的演化博弈模型，根据博弈结果，从引导公众积极参与和引导投资企业积极考虑公众利益两方面提出建议。曹昭煜等（2017）基于城市房屋征收和补偿这个长期演化的博弈过程，研究了征收方和被征收方的策略调整以及局部稳定性，提出了改变以及增加城市房屋征收补偿方式等建议。

国外学者 Robert Madrigal（1995）认为，特色小镇建设应该要尊重当地居民的意愿，政府不能自己做出决策而无视当地居民的利益。通过实际案例研究发现：在特色小镇建设过程中，若当地政府限制当地居民和企业按自身意愿和需求发展时，大部分居民和企业会持反对态度。John S. Akama（2007）通过研究发现，肯尼亚的一个特色小镇由于当地政府部门利用职权强制干预市场，并且没有与当地居民的发展意见达成一致，导致该特色小镇发展方向错误，发展水平低下。瑞士的达沃斯小镇（Chiara Pozzi，2004）和法国的薇姿小镇（Gordon，2012）也都肯定了特色小镇治理过程中多元化模式发展的价值。

五、文献评述

由以上文献综述可知，学者们对于特色小镇的概念内涵、发展动力机制、可持续发展、参与主体等方面进行了大量研究，并取得了丰硕的研究成果，但已有的研究仍存在一些不足，有待补充和深化，本书拟从以下四方面进行完善。

第一，现有研究对特色小镇动力机制探究的视角不够深入，从研究视角来看，近几年关于特色小镇动力机制的研究主要是研究单一的城镇化动力或者持续性发展，很少有将可持续性发展理念与动力机制相结合进行研究，本书在持续性发展理念下探究特色小镇的动力机制，并在此基础上研究动力差异。因此，本书提出的对策对于特色小镇可持续发展更有指导意义。

第二，现有文献对特色小镇持续发展动力机制的研究大多还是理论评述与分析，对特色小镇进行现象结构和原因的探析更多停留在个案总结和定性分析阶段。从研究方法看，对特色小镇发展动力机制的实证研究只局限于主成分分析法、案例分析法、熵值法等，使用空间计量方法进行研究的文章较少，使对特色小镇动力因素探究的科学性和说服力相对欠缺，有待进一步深入。

第三，现有文献对特色小镇持续性发展内涵的挖掘深度不足，国内对特色小镇持续发展的研究大多仍停留在持续性发展的概念内涵探究。持续性发展的评价等方面主要集中在定性的指标描述，缺乏定量的指标模型。

第四，在对特色小镇参与主体的研究中，现有文献基本都考虑到了政府和企业，但考虑到当地居民共同参与建设的文献较少。同时，一些金融支持型特色小镇的研究文献中，龙头企业、中小微企业、金融机构等都可以合称为社会资本，这些社会资本方单独或者形成联合体，通过投资与政府部门共同参与建设特色小镇。所以在现今特色小镇的建设与发展中，不能单单依靠政府，同时也要有社会资本与当地居民的参与，任何一方的行为策略做出改变，都会对特色小镇的发展进程产生影响。

第三节 研究目标及内容

一、研究目标

本书的总体目标是基于空间尺度差异视角，研究中国特色小镇持续发展的内生动力与长效机制问题，旨在为破解特色小镇发展过程中一哄而上、重复建设、小镇不小、特色不特、千镇一面、房地产化等严重“走样”难题，为探索特色小镇可持续发展提供理论与实证支持。为实现这一总体目标，必须实现以下具体目标：①挖掘特色小镇持续性发展内生动力。借鉴新经济地理理论模型，考虑中国当前特色小镇发展的实际影响因素，构建符合中国发展现实的理论框架，分析特色小镇持续性发展内生动力机制和影响因素。②探寻特色小镇持续性发展长效机制的精准治理路径与政策支撑体系。以特色小镇的现状评估和区域比较为基础，结合经济效益与社会效益双重目标的要求，研究和探索特色小镇持续性发展的精准治理路径，建立长效机制的政策体系框架。

二、研究内容

本书主要通过以下内容的分析实现上述目标：①中国特色小镇持续性发展的理论基础。主要通过对田园城市理论、卫星城理论、新城运动理论、小城镇发展理论的系统梳理，构建中国特色小镇持续性发展的理论分析框架。②中国特色小镇持续性发展的总体状况与区域比较。首先，对中国特色小镇持续性发展总体态势进行分析。其次，考察中国特色小镇持续性发展的空间格局分布特征。再次，以具有代表性的三大城市群国家级特色小镇为研究对象，来展现区域层面的特色小镇持续性发展的差异。最后，以国家住房和城乡建设部先后公布的两批国家级特色小镇为样本，对中国特色小镇持续性发展水平进行测度。③中国特色小镇持续性发展的动力机制及实证检验。首先，从外部拉动力和内生推动力两个方面构建特色小镇持续性发展的动力机制分析框架，提出理论假设。其次，从实证角度对中国特色小镇持续性发展的动力机制进行检验。④中国特色小镇持续性发展主体行为研究。首先，运用演化博弈的思想与方法构建特色小镇持续性发展进程中政府部门、社会资本与当地居民三方动态演化博弈模型。其次，考虑影响博弈三方在特色小镇持续性发展过程中策略选择的各因素，计算各参与主体的复制动态方程并绘制出动态趋势相位图。最后，进一步构建该系统的雅可比矩阵，分析如何通过多元主体的协调配合实现特色小镇的持续性发展。⑤中国特色小镇持续性发展主体统计调查与经验证据。首先，利用来自长三角地区 58 个国家级特色小镇的社会资本和当地居民调查数据进行描述性统计分析，充分展示以社会资本和当地居民为代表的特色小镇持续性发展主体的基本特征及其参与特色小镇可持续发展行为的具体表现。其次，运用该抽样调查数据对特色小镇持续性发展主体的参与行为抉择进行实证检验，揭示其行为特征和逻辑规律。⑥特色小镇持续性发展的经验模式与国际比较。首先，从发达市场经济国家和新兴市场经济国家出发，展开分析这些国家特色小镇持续性发展的经验模式。其次，总结国外特色小镇持续性发展的实践经验，明确中国特色小镇持续性发展的目标定位与现实选择。⑦中国特色小镇持续性发展的精准治理路径。提出“全周期管理”特色小镇持续性发展精准治理路径的基本方向和框架，从特色小镇的创建期、营运期和维护期三个维度寻求精准治理的实现路径。⑧中国特色小镇持续性发展的政策支撑体系。针对特色小镇不同发展阶段的目标和关键问题，分别以时间、空间和产业为维度，构造包含“时间 + 空间”“时间 + 产业”“空间 + 产业”三个支持平面在内的政策支撑体。

第四节　研究思路及方法

一、研究思路

本书在深入客观实际进行调研和进行系统的理论回顾与借鉴基础上，努力遵循的是“文献研究—理论分析框架构建和假设—模型建立和检验—数据收集整理和统计分析—政策研究”的逻辑思路。①文献研究阶段将定向搜索整理国内外重点学术期刊的相关文献，围绕特色小镇持续性发展，广泛挖掘和科学吸收、利用已有理论资源，进行广泛的国际比较和深度研读，为后续研究奠定坚实的文献基础。②基于文献研究和理论研究，以适合于中国的研究结论为起点，在充分认识中国新型城镇化、中国城乡关系特殊性的基础上，将特色小镇持续性发展置于中国整个宏观经济背景之中，根据中国特色小镇持续性发展面对的现实约束，深入剖析基本概念，构建本项目的理论分析框架。③将进一步运用计量分析、博弈分析、统计调查和制度分析等手段，深入探索中国特色小镇持续发展的动力机制及行为选择，充分揭示其面临的现实约束及成因。④依据产城融合目标及新型城镇化与乡村振兴战略协同发展要求，构建基于“全周期管理”的中国特色小镇持续性发展的精准治理路径及政策支撑体系。

二、研究方法

本书需要综合运用定性分析法、定量分析法和综合分析法，不同方法适用不同的研究内容。①在进行中国特色小镇持续性发展的理论基础研究时，主要运用文献分析、系统分析和辩证分析等方法。本部分在文献分析和理论回顾的基础上，以经济学的理论和分析范式为起点，从历史的、运动的、系统的和辩证的角度认识和把握其理论内涵，确定研究的逻辑起点，界定本书的基本概念。②在进行中国特色小镇持续性发展的总体状况与区域比较分析时，以经济增长理论为基础，首先，运用截面数据分析揭示中国特色小镇持续性发展的总体态势。其次，基于区域统计数据，利用空间统计分析方法，揭示不同地区特色小镇持续性发展的空间分布特征和时期差异。最后，以协调发展理论和系统理论为基础，运用耦合协调度方法，以长三角城市群、京津冀城市群及成渝城市群三大城市群为样本，对其特色小镇的持续性发展水平进行测度。③在进行中国特色小镇持续性发展的动力机制及实证检验时，以区域经济学理论、城市经济学理论、新经济地理学和空间经济理论等为基础，采用空间计量分析方法，研究贸易部门和不可贸易部门、城镇化、产业结构高度化、扩散效应和政策效应等相关要素对特色小镇持续性发展的影响。④在进行中国特色小镇持续性发展主体行为研究时，以行为经济学理论框架为起点，采用的是以博弈论为基础的委托—代理理论方法，对特色小镇持续性发展主体行为方式做出规范意义上的推理，揭示特色小镇各主体的行为互动过程。⑤在进行中国特色小镇持续性发展主体统计调查与经验证据分析时，以行为经济理论为基础，利用微观调查数据进行统计分析，充分展示特色小镇持续性发展主体的行为表现，并运用 Logistic 模型进行实证检验，揭示其行为特征和逻辑规律，厘清社会资本和小镇居民在特色小镇持续性发展中的行为差异。⑥在进行中国特色小镇持续性发展的精准治理路径与政策支撑体系研究时和在进行特色小镇持续性发展精准治理路径分析时，以新公共管理学的区域治理和城市治理理论为基础，探讨在兼顾经济效益和社会效益双重目标下的特色小镇持续性梯级发展路径；在进行特色小镇持续性发展长效机制政策支持体系研究时，采用的是以制度经济学中制度创新理论为基础的制度主义演绎分析范式，并结合前述研究成果进行归纳的方法。

第二章　理论回顾与概念框架

第一节　理论基础

一、自中心发展、分享空间和灰色区域理论

20 世纪七八十年代，西方工业化推进的城市化进程达到高潮，一方面，快速且不均衡的发展带来一系列以“城市病”为标志的城市发展问题突出；另一方面，城市化带来的交通设施建设提升使生产要素得以迅速向大城市的郊区及相邻的中小城市扩散，形成了著名的“逆城市化”现象，很多主流学者开始对西方持续了 200 余年的城市化进程进行总结与反思。特色小镇发展理论在这个时期开始创立发展，其中作为代表的是 D. 圣海斯和 H. 埃尔森汉斯（1970）提出自中心发展理论：长期内小城镇生产力的发展趋势应尽可能依据本地资源的开发，在经济、技术条件的允许下满足区域内部人口的基本需要，强调了小城镇的内生发展机制。20 世纪 70 年代，针对城市化成熟的发达国家对欠发达地区及世界经济的控制现象，城市与区域经济学家米尔顿·桑托斯（1970）构造出分享空间理论。桑托斯认为，欠发达国家要想摆脱经济落后发展的困境，其唯一的途径就是打破对发达国家的经济依赖，摆脱掉发达国家所决定的不平等的生产条约和国家分工。

小城镇对带动区域经济发展具有十分重要的作用，欠发达国家应尽早推动中小城镇的发展，并扶持本国的民族企业，达到经济上的自力更生。20 世纪 80 年代，一些主要的发展中国家开始进行城镇化建设，伴随经济的增长、技术的变革，很多城市尤其是一些中心城市规模扩展到城区几十公里，形成了较大范围的“城市外圈”，这些城市外圈普遍位于传统的农村地带，具有城市的特点，但达不到城市标准。这种特殊的区域是在发达国家没有过的一种发展模式，是由城市和农村要素两者共同作用调和下的一种新的发展模式。对于这类

特殊的空间地带，加拿大学者麦吉对东亚及东南亚的发展中国家城市和区域发展问题开展多年研究后，创建了著名的灰色区域理论。灰色区域理论为大城市对中心城市周围出现的这种的特殊空间区域提供了一种新的发展方式，一种与发达国家城镇化道路截然不同的发展道路，并总结出中国、日本和泰国的特色空间的类型。

自中心发展、分享空间和灰色区域理论是立足发展中国家的城市发展实践所研究出来的理论，不仅为发展中国家及后发达地区提供了一次新的经济发展机会，也对摆脱发达国家经济控制、实现本国经济独立发展及打造本国特色经济有着一定的参考意义。我国的特色小镇建设更加关注对自身特色的发挥，其中对自身产业的把持及文化底蕴的留存，都有来自自中心发展理论与分享空间理论倡导的内生发展机制的观点，也有源于灰色区域理论主张的“城市外圈”的发展形态，可以视作这些理论在我国新型城镇化背景下的新创造。

二、田园城市、卫星城和新城运动理论

特色小镇的理论开端起源于 19 世纪英国经济学家霍华德的田园城市理论，此时，工业革命带来城市人口激增、工业的集聚，英国出现了严重的城市问题。城市问题的根源在于快速城市化进程中人与环境、人与人、人与城关系的失衡，霍华德的田园城市论设想一种结合城市与农村优点、相对独立、环境适宜、公有制成分、人口密度相对较低的田园城市，以这样的优势从大城市吸引工业投资和人口流入，从而解决大城市的问题。田园城市论虽然为当时的英国城市问题提供了一种新的解决途径，但在具体的实践过程中逐渐发生变化，例如，核心的公有制成分并未体现，原本为了替代大城市建造的田园城市被改造成卫星城。卫星城思想是在田园城市论的实践过程中诞生的，其主张在城市边缘地带建立一些功能性的卫星城，一方面接纳大城市疏散出来的人口与产业，一方面着手改善大城市的环境问题。第二次世界大战结束后，许多国家面临着城市的重建，这时期催生了新城运动理论。到 20 世纪 70 年代末期，许多国家开启了新城的建设。田园城市、卫星城与新城理论均是构筑在欧美等国的城市化进程上的发展理论，体现了欧美国家小城镇理论的历史走向。作为小城镇的三个代表性理论，田园城市理论、卫星城理论和新城运动理论在理论和实践两个层面对我国的特色小镇建设有着十分重要的意义。在我国，1940 年上海市城市初步规划里，就曾以卫星城理论作为理论指导，在城乡接壤地带建造卫星城。随后，1950 年在北京的总体规划中也规划了卫星城的布局和建设。20 世

纪 80 年代，卫星城理论、新城理论在我国特色小镇的建设里大放异彩，我国大范围内进行了卫星城的布局与建设，新城的规划也取得引人注目的好成绩。近期，特色小镇的建设，如开发区、新区、新城、工业园区、生态城、大学城等实践，从理论渊源和发展实践而言，都深刻地体现了田园城市论、卫星城和新城运动的思想。

三、我国小城镇发展理论

我国最先开展小城镇的系统性研究来自费孝通先生。1983 年费孝通先生先后写了 4 篇有关小城镇的文章，分别是《小城镇、新开拓》《小城镇、再探索》《小城镇、大问题》《小城镇、苏北初探》，这 4 篇文章系统地阐述了我国小城镇发展理论。费孝通关于小城镇发展理论的主要贡献有：一是费孝通先生首次提出城市发展之路应该以“小城镇为主、大中城市为辅”的观点，当时理论界就中国如何走城市化道路存在激烈争论，普遍存在两种观点：先发展大城市理论和先走小城镇道路的理论。费孝通先生认为，先走大城市发展道路与中国农民基数庞大的基本国情相违背，会造成农村几亿人口劳动力的过剩，我国发展小城镇使命是解决农民劳动力过剩的问题。二是小城镇道路是与西方城市化迥然不同的道路，是一种自下而上的城市化发展模式，中国有中国的国情，小城镇作为农村和城市的中间地带，它的建设本质是在两者之间形成一种缓冲地带，一方面，对城市压力有所缓解，另一方面带动农村经济的发展。三是小城镇发展的推动力——城镇工业，不同城镇具有不同的经济基础、社会基础，则城镇发展的道路不应相同，但均是市场力量带来的生产要素的集聚，不是政府的行政安排。费孝通先生的小城镇理论在学术界引起巨大的轰动，其以江苏 11 个小城镇实地考察为实论也令社会各界信服，不仅在理论层次上显著提升了我国关于小城镇发展理论的研究深度和高度，也在实践过程中得到了中央政府的政策支持，小城镇发展道路作为一项国策开始在全国进行试验，学术理论界也更加关注对小城镇发展的理论研究。

第二节 概念界定

一、特色小城镇与特色小镇概念界定

特色小城镇最初的原型是以传统村落形式存在的，历经漫长的演化，形成

具备特有自然景观、习惯风俗并深具当地特色的文化体系及价值观念的村落。在当下现代化建设大范围推进的背景下，一些颇具特色的村落逐渐转变成特色小城。国家发展改革委下发的《关于加快美丽特色小（城）镇建设的指导意见》中，对特色小城镇与特色小镇的内涵及定义进行了明确的区分。此处引用其中对“特色小城镇”的定义阐释本书的研究对象，“特色小城镇”是指以传统行政区划为地域单元，具备鲜明的特色产业且具有一定规模人口的经济建制镇。建制镇是乡镇的合称，依据我国行政区域规划标准，在行政等级上，建制镇与乡属于同一层级的基层行政单元。建制镇一般位于城乡连接地带，是联结城市与乡村之间的重要纽带，发挥着提升城乡经济发展、促进社会治理一体化等重要作用。

特色小镇的概念是时任浙江省省长李强在2014年考察云栖小镇时首次提出的，对特色小镇概念的初步定义，出现在《浙江省人民政府关于加快特色小镇规划建设的指导意见》中：“特色小镇不隶属市区，并区别于行政区划单元和产业园区，具有明确产业定位、文化内涵、旅游和一定社区功能的发展空间平台。”2018年国家发展改革委下达的《国家发展改革委办公厅关于建立特色小镇和特色小城镇高质量发展机制的通知》对特色小镇的面积范围进行了定义：“特色小镇界定为不同于传统的行政建制镇，拥有3平方公里左右国土空间（其中建设用地1平方公里左右）的创新创业平台。”

指导意见里同样点明了“特色小（城）镇”拥有特色小镇、特色小城镇两种形态。区别上，特色小镇不同于特色小城镇，特色小城镇的概念和范围都要更大一些。从空间属性上看，特色小城镇更强调行政化，在近20年来，各级政府关于特色小城镇的实践探索解释是依托建制镇进行的。2016年浙江省首次培育的一批特色小镇并不是以建制镇作为行政区划，是聚集特色产业与新兴产业的创业与发展的小型空间平台，更加着重一种“非镇非区”的行政属性。在面积范围上，特色小城镇以传统行政区划为单元，面积一般为20平方公里、具有一定规模的人口和经济水平、鲜明的特色产业的建制镇。特色小镇在一定程度上面积远小于特色小城镇。在2017年国家四部委联合发布的《关于规范推进特色小镇和特色小城镇建设的若干意见》（以下简称《若干意见》），特色小镇的面积范围有了明确的界定。意见表明两个显著特征：“几平方公里”的土地面积及“生产生活生态互相融合的空间”。从概念上看，特色小城镇注重的是“镇”的实体空间，特色小镇则相对侧重“镇”的功能意义。从空间属性、面积范围及概念内涵可以对特色小镇与特色小城镇有所区分，但在实践过程中，二者并没有被普遍区分开，很多地方政府对两者的发展一视同仁。相当一部分省份混淆特色小镇与特色小城镇的空间属性，将后者以建制镇为主体进行建设。

特色小镇和特色小城镇联系密切，一方面，两者在含义范围之外的延伸上实质上是极其相近的，都着重“镇”的概念及产业的创新布局及产业因地制宜的功能性表达；另一方面，我国区域间发展差异化的特征，在最近20年间特色小镇的建设中，特色小镇培育逐渐向特色小城镇的发展靠拢，形成了一种两者混为一体或者不做区分的普遍现象。《若干意见》也点明特色小城镇和特色小镇同为我国特色小（城）镇的两种形式，二者相辅相成、互相补充，是我国小城镇发展进程中的重要组成部分。因此，本书认为，特色小镇在很多层面上可以被看作一种特色小城镇，或者说是特色小城镇演变而来的最新形式及广泛概念之外的一种新的延伸。

综上所述，特色小城镇可以描述为：具有一定地方特色的、以传统行政区划为单元且资源优势明显、产业集中、文化底蕴留存且具有一定人口和经济规模的建制镇；特色小镇可以描述为：具有鲜明的特色产业，不同于建制镇和产业园区且相对独立，具有一定社区功能的小型创新创业平台。

二、产城融合

产城融合概念首次出现在西方卫星城的实践过程中，20世纪以来，一些发达国家的中心城市面临着人口和交通的巨大压力，发展缓慢。环绕中心城市的周边构筑就业与生活相平衡的卫星城，体现了最初的产城融合思想。产城融合在于实现城市和产业的融合，避免两者割裂带来的低效率局面，产城融合强调以城市空间做支撑，以产业发展为动力，辅之相配适的社会服务及设施，为人口的发展提供适宜的城镇环境，推动人与产业、产业与城、城与人的共兴共荣，最终达到“产、城、人”的可持续性发展模式（谢呈阳、胡汉辉，2015）。产城融合理念的关键是将产业的发展置于长期发展的主导地位，以城镇空间为配套的载体，从而达到适宜产业发展的有序空间布局（杨立勋、姜增明，2013）。特色小镇是产、城、人三者之间相互依存、相互促进的综合体，构建三者协调融合的互动关系，实现特色小镇的持续性发展。近些年来，针对我国城镇化进程中出现的较为频繁的产业功能与城市功能分离带来“空城”“鬼城”等现象，我国提出特色小镇要结合产城融合的理念。党的十八大以来，我国将产城融合理念的新型城镇化作为推进城镇化建设的新战略，目的在于解决当前我国城镇化发展的不持续问题。鉴于此，结合本书的研究内容，新型城镇化背景下的"产城融合"应该是产业功能、人功能和城市功能三者的融合，"人"是"产"与"城"相互促进的目的、也是着重点，在注重"以人为本"导向下，特色小镇"产城融合"发展的最终诉求是在提高"人"的效用水平的基础上促进产业功能与城市功能的共同提升。

三、持续性发展

持续性发展即可持续发展，"可持续发展"一词最早出现于1980年出版的*The World Conservation Strategy*一书中。20世纪中叶，科学技术飞速运转，全球经济空前繁荣，物质技术条件逐渐完备，但却造成了环境资源的破坏，21世纪到来之初，全球经济与环境、资源、人口的冲突日益尖锐。可持续发展战略的实质是达成经济发展与环境资源保护的协调和一致。1987年，联合国世界环境和发展委员会将可持续发展含义概括为："既满足当代人的需要，又不对后代人满足其需要的能力构成危害的发展。"自2008年以来，各国逐步响应了可持续发展战略，如美国实施的绿色新政，日本颁布的绿色发展战略，新加坡的可持续发展蓝图，都是可持续发展理论在国家层面的实践。我国可持续发展理念的普及来自20世纪国务院颁布的《中国21世纪人口、环境与发展白皮书》，该书奠定了21世纪我国经济发展总步调——可持续发展。白皮书详细阐述了我国五位一体的可持续发展内涵：生态环境与我国的政治、经济、文化、社会友好、健康发展。

可持续发展理论与特色小镇发展的内在要求是不谋而合的，在合理利用自然资源和保护特色小镇环境的基础上，实现特色小镇经济发展与保护自然环境的和谐。可持续发展是特色小镇发展的一种"质"的要求，这与特色小镇产城融合发展的内在要求也是一致的。持续性发展能极大地促进特色小镇的产城融合，特色小镇持续性发展的最终目的就是让特色小镇达到产、城、人融合发展。

第三节　本章小结

田园城市理论、卫星城理论和新城运动理论虽然都是欧美等国城市化进程构筑的城市发展理论，体现了欧美国家小镇历史理论走向。但在理论和实践两个层面对我国特色小镇的建设均有着十分重要的意义。自中心发展、分享空间和灰色区域理论是立足发展中国家的城市发展实践研究出来的理论，为发展中国家及后发达地区特色小镇建设提供了新的经济发展机会，也对摆脱发达国家经济控制、实现本国经济独立及发展本国特色经济提供了非常宝贵的参考。费孝通先生以江苏 11 个小城镇实地考察为实例令社会各界信服，在理论层次上显著提升了我国关于小城镇发展理论的研究深度和高度，在实践过程中，小城镇发展道路作为一项国策开始在全国进行试验。相较国外研究者针对某一特色小镇现状或对特色小镇发展的不同方面进行研究，我国的特色小镇建设更加强调对自身资源的关注，有来自自中心发展理论与分享空间理论所强调的内生发展机制的思想，也具有灰色区域理论提出的“城市外圈”的小城镇发展形态。近期特色小镇的建设，如开发区、新区、新城、工业园区、生态城、大学城等实践，从理论渊源和发展实践而言，都深刻地体现了田园城市论、卫星城和新城运动的思想。

第三章　中国特色小镇持续性发展总体状况与区域比较

第一节　总体态势分析

我国是一个疆域广阔、人口密度大、自然资源禀赋丰裕且地貌呈现明显区域差异的发展中农业大国。城镇化是现代经济建设的强有力引擎，特色小镇作为城镇化发展到一定阶段的产物，出现在城镇化发展中演变数量扩张型向质量提升型转变的阶段，对当下我国经济高质量发展有着重要意义。本章首先对我国目前已经公布的两批特色小镇进行系统梳理，明确当前我国特色小镇发展的总体状况。自改革开放以来，在相当长的一段时期，中央政府在不同区域推行不同的开放政策与发展战略，形成当前我国不同区域间存在较大的经济发展水平差异的局面。区域发展不平衡也成为我国国情的基本特征之一，特色小镇的发展表现出一定的区域差异，亦是这种现实格局的具体反映。这一点在特色小镇省域层面的研究颇多，体现得也较为深刻，但在较大区域上面的对比研究仍然相对缺乏。国家新型城镇化五年规划中指出了未来我国新型城镇化的发展模式、阶段目标及战略思想，其中特别指出建立特色小镇培育的城市群协调发展机制，着重发展中心大城市的经济辐射能力及中小城市的缓冲接续力，更好地投入特色小镇的布局优化建设。为了深入城市群层面特色小镇的发展研究，弥补城市群层面特色小镇发展差异对比研究的匮乏，本章将以具有代表性的三大城市群国家级特色小镇为研究对象，来展现区域层面的特色小镇发展的差异。通过定性定量的研究方法，探究我国特色小镇发展差异背后的客观原因，在此基础上进一步对我国特色小镇的发展现状进行区域比较，最后将致力于我国特色小镇现状分析。

本章首先从发展现状及空间格局特征对全国两批特色小镇持续性发展进行

总体现状的初步考察，接着深入城市群层面对特色小镇持续性发展现状对比分析，最后从定量的角度综合考察当前特色小镇持续性发展的总体状态。

一、特色小镇发展历程

2014 年，浙江省首次提及“特色小镇”的概念，我国随之进入特色小镇探索阶段。随着浙江省陆续开展特色小镇建设，从现实创新层面看，特色小镇有效缓解了市场供给不足、空间资源瓶颈等难题。2015 年，习近平总书记视察浙江时大力肯定了特色小镇的发展，指出“特色小镇的培育大有作为，特色小镇建设步入成型阶段；2016 年，国家开启千镇计划，在 2020 年到来之际培育 1000 个左右特色鲜明、充满活力的不同类型的特色小镇”。各级政府积极响应，特色小镇建设在全国铺设开来，全国大部分省份颁布了具体的特色小镇支持政策及培育名单，相关规划也逐渐成熟，特色小镇建设进程稳步推进，特色小镇正式踏入全面推广时期。截至 2019 年，全国近 20 个省份提出本省特色小镇创建计划，省级特色小镇数量超 1500 个。2017 年住建部公布第二批特色小镇 276 个，加上 2016 年公布的第一批 127 个特色小镇，国家级特色小镇共计 403 个。自 2016 年以来，特色小镇建设概念混淆、效益不高、产业不特等问题逐渐显现。2019 年 4 月 19 日，国家发展改革委规划司在浙江省的德清地理信息小镇召开了 2019 年全国特色小镇现场经验交流会。会上宣布，截至 2018 年末，全国将上下整治整改“问题小镇”419 个，403 个“全国特色小镇”更名为“特色小镇”。除国家级特色小镇外，各个省份共淘汰整改 385 个“问题小镇”，其中包括：省级特色小镇 70 个，市级特色小镇 174 个和政府以外市场主体自行命名特色小镇 141 个。

从发展历程看，我国特色小镇发展历经了浙江省探索时期（2014 年起），中央政府成型时期（2015 年）及全国全面推广时期（2016 年至今）。几年的时间，我国特色小镇完成从探索到全面推广阶段的过渡，可见特色小镇推进过程之快。

二、特色小镇总体空间分布

1. 全国尺度

从表 3 – 1 可得，全国特色小镇数量分布东部地区多于中部地区，中部地区多于西部地区。

表 3-1　　2016—2017 年中国特色小镇数量变化　　单位：个

地理分区	省份（市区）	2016年	2017年	地理分区	省份（市区）	2016年	2017年	地理分区	省份（市区）	2016年	2017年
东部地区	北京	3	4	中部地区	山西	3	9	西部地区	广西	4	10
	天津	2	3		内蒙古	3	9		重庆	4	9
	河北	4	8		吉林	3	6		四川	7	13
	辽宁	4	9		黑龙江	3	8		贵州	5	10
	上海	3	6		安徽	5	10		云南	3	10
	江苏	7	15		江西	4	8		西藏	2	5
	浙江	8	15		河南	4	11		陕西	5	9
	福建	5	9		湖北	5	11		甘肃	3	5
	山东	7	15		湖南	5	11		青海	2	4
	广东	6	14						宁夏	2	5
	海南	2	5						新疆	4	10

资料来源：作者整理自绘。

其中，东部地区浙江、江苏、山东、广东等省份特色小镇数量均达到或超过 20 个，浙江位列榜首；中部地区特色小镇分布较均匀，主要集中在湖南、湖北、河南、安徽，数量达到或超过 15 个；西部地区幅员辽阔，各省特色小镇数量差异较大，其中，四川特色小镇数量最多，高达 20 个；其次是贵州、陕西、新疆、重庆、云南，特色小镇数量均达到或超过 13 个。西部欠发达地区的特色小镇数量和中部无明显差异，有些省份大幅超过中部。因特色小镇要以一定的文化和生态环境为基础，西部地区凭借独特的自然风貌、悠久深厚的历史文化建立起很多资源特色小镇。可见，特色小镇的数量和经济水平有关系，但是并不是唯一因素，与自然地理环境、国家政策也有关系。地势上由高原向平原，特色小镇数量递减，由经济滞后的地区向经济水平高的地区，特色小镇数量逐渐上升。

2. 区域尺度

将特色小镇的空间分布与省界区划进行叠加，运用 ArcGIS10.2 将每个省的特色小镇数量进行统计，可得到中国特色小镇等级演化情况。

2016 年，特色小镇随机分布跨度为三个等级，各省份特色小镇数量最多的为 9 个，分布在浙江、江苏、山东、四川、广东。可见特色小镇发展初期是在创新能力更强的沿海地区兴起，较高的经济水平以及优越的自然条件是发展特色小镇的主要原因。大多数省份具有 3～5 个特色小镇，分布比较均匀。北京市、宁夏回族自治区、云南、青海均分布一个特色小镇。2017 年出现明显的阶梯分布，有 10 个省份特色小镇数量超过 10 个，包含沿海省份以及向内陆中部延伸的一些东部省份，如贵州、湖南、湖北、河南、安徽，这些省份的产业特色、文化特色、环境特色得到进一步的挖掘。除了天津市特色小镇数量最少，其他剩余的省份（市）都超过 6 个，最低数量的特色小镇集中在西部地区。

对全国特色小镇的分布和增长变化进行分析可知，2016 年和 2017 年两年时间内中国特色小镇发展处于快速增长状态。其中，山东增加最为明显，一年时间增加了 8 个；其次是四川，增加 6 个；中部的一些城市增长水平比较接近，西部地区（除新疆外）增长都较缓慢。从两次审批数量看，第二批特色小镇报批数目是第一批的 2 倍还多，第二批在各省份之间只是数量上的增加，相对排名并没有大的变化。

3. 市域尺度

将特色小镇的地理空间分布与市级行政区进行叠加，汇总每个城市的特色小镇数量，并将数量进行分级。由表 3－2 可得，第一级特色小镇数量大于 8 个，主要以直辖市为主，其中重庆市最高为 13 个，其次是上海市为 9 个；第二级城市特色小镇数量为 5 个，北京市和苏州市；第三级特色小镇数量为 4 个，有无锡市、成都市、天津市、潜江市、琼海市；第四级特色小镇数量为 3 个及以下，大多数市域都处在这个级别，可见特色小镇普及化程度很高。市级尺度特色小镇划分更为精细，城市发展水平也更为精准，进一步验证了特色小镇分布是和经济发展水平相一致的。特色小镇的发展涉及特色产业支撑、文化底蕴、自然资源等方面，一般经济发展水平高的城市必然重视这些条件的开发建设，另外经济财富的不断累积会促使更多的物资投入新的特色小镇的培育中，从而形成累积效应。

表 3－2　　特色小镇市域分级

数量分级	包含城市
第一级（8 个以上）	重庆市、上海市
第二级（5 个）	北京市、苏州市
第三级（4 个）	无锡市、成都市、天津市、潜江市、琼海市

续表

数量分级	包含城市
第四级（3个及以下）	喀什市、阿克苏市、石河子市、克拉玛依市、德令哈市、拉萨市、南充市、宝鸡市、盐城市、齐齐哈尔市、佛山市、杭州市、宁波市等

资料来源：作者整理自绘。

三、特色小镇产业类型

从特色小镇的产业类型来看（见表3－3），占比最多的是旅游产业类，其次较大部分为文化、农林牧渔产业类。

表3－3　两批国家级特色小镇产业类型占比

类型	旅游文化类	文化产业类	农林牧渔类	高端制造类	健康产业类	新兴信息类	时尚产业类	环保产业类	金融产业类	商贸物流类
比例	37%	16%	14%	9%	8%	7%	3%	2%	2%	2%

这三类产业均属于传统产业范畴，可见，目前两批国家级特色小镇产业基础薄弱、附加值较低；其中旅游产业为主的特色小镇可与文化产业类特色小镇归集为文化旅游类特色小镇，共计占比达53%，一半以上特色小镇皆以文化、旅游资源定位，容易出现特色不鲜明、同质化建设等现象；另外，商贸流通产业类特色小镇不足2%，产业集聚、交通、区位优势结合类特色小镇尚未发展开来；一些附加值高的新兴产业如环保产业、信息技术产业、新型健康产业、时尚产业、金融产业总体占比三成左右，我国特色小镇产业转型升级仍有较大空间；国家在第二批特色小镇申报时特别强调“以旅游文化产业为主导的特色小镇推荐比例不得超过1/3”，意在给新兴产业更多的政策倾斜及支持。

四、特色小镇参与主体

从参与主体来看，特色小镇建设初期侧重强调国家和当地政府的政策及资金扶持，但特色小镇能否成功，还是要遵循市场运作的规律。随着特色小镇进入全面推广期，越来越多的金融机构、房地产巨头、甚至上市公司都加入特色小镇的建设队伍。

从表3－4可以看到，各大银行立足于自身的金融优势为特色小镇提供资金支持。国家政策类银行通过支持公共服务相关的实体经济信贷，尤其是对一些经济基础不好的特色小镇提供基础设施建设的支持，来助力特色小镇发展。国有商业银行及地方银行通过投放融资额度、完善与特色小镇相关的金融服务体系来支持特色小镇的建设。房地产企业拥有着庞大的资金实力，其对特色小镇的建设，尤其是生态资源优良、文化底蕴深厚类的特色小镇建设热情高涨。

表 3－4　　特色小镇建设主体参与情况

	金融机构	房地产巨头	上市公司
涉及程度	农业发展银行 建设银行 国家开发银行 各地方银行	截至 2019 年 11 月，TOP100 房企已经有 83 家涉足或者参与	截至目前已超 400 余家上市公司公布参与特色小镇计划
参与方式	资金支持 贷款 融资	土地一级开发、二级房地产开发、产业项目开发、产业链整合开发、城市建设开发	开发旅游产品、搭建产业平台、人才培养及供给、整合资源及产业优势
特色小镇类型侧重	贫困特色小镇基础设施、公共服务设施、配套设施及生态环境建设	文化 + 旅游 + 城镇化特色小镇、高层次生态环境及多层次产业结合类特色小镇	质量较高及带动效应强的、具备良好发展基础及区位优势的、有专业特色及明确定位的

资料来源：作者整理自绘。

随着国家去房地产化政策的颁布，房地产企业势必会慎重思考对特色小镇的建设初衷。上市公司综合实力强劲，侧重具有高附加值或者优势产业类特色小镇，通过产业平台的搭建、高端要素的集聚、新型产品开发，参与特色小镇建设。上市公司的进入，推动着特色小镇产业升级甚至变革、产业链的配套完善、高端科技元素的汇聚，从里到外带动特色小镇各方面发展。可以预见，未来上市公司将和房地产企业一起，成为特色小镇培育建设的主力大军。

总体而言，特色小镇的发展正顺应时代的诉求，成为当下我国经济高质量发展的新主力。浪潮之下，也可窥见特色小镇不仅是经济学上的一个理论概念，而是具有可操作、可运行、可实践的实实在在的功能体，正肩负起我国经济持续发力的新使命。

第二节　空间格局特征

本书以中国先后公布的两批国家级 403 个特色小镇为样本，依次选用标准差椭圆方法、最邻近指数、核密度等空间分析方法，对我国两批特色小镇的空间分布规律及分布特征进行深入探究，并对特色小镇空间分布差异的影响因素进行剖析，进而深入探讨不同地貌与地形分布下的特色小镇在人口、交通区位、产业集聚、风俗文化等方面的发展差异，以期为国家与各地政府在明晰特色小镇空间分布特征及规律的基础上对特色小镇制定培育路径提供科学参考和依据。

一、数据来源

本书涉及的特色小镇数量数据主要来自 2016—2017 年国家住建部公布的 403 个国家级特色小镇，其中第一批 127 个，第二批 276 个。借助 Google Earth 对 403 个样本进行地理坐标定位，将特色小镇的政府中心作为该特色小镇的地理位置，然后嵌入 ArcGIS 中形成有空间信息的矢量数据。香港、澳门特别行政区、台湾省未进行统计，这里不做研究。相关的产业、经济等数据来自相关年份《中国统计年鉴》及政府公报。研究行政区划数据来源于国家测绘地理信息局，最小行政单元为县。

二、研究方法

1. 标准差椭圆方法

采用标准差椭圆法来分析特色小镇在空间上的离散分布特征，椭圆的长轴方向表征点数据集的主要分布方向，说明该方向上特色小镇分布较多，短轴表示数据分布离散程度。长轴和短轴差越大，表示特色小镇分布方向性越明显。椭圆的面积表示离散点分布的紧凑程度，扁率等于长短轴之差与长轴长度的比值，体现要素空间分布状态。计算公式为：

$$\tan\theta = \frac{1}{2\sum_{i=1}^{n}\sum_{i=1}^{n}(x_i - \bar{x})\sum_{i=1}^{n}(y_i - \bar{y})} \cdot \left(\sum_{i=1}^{n}(x_i-\bar{x})^2 - \sum_{i=1}^{n}(y_i-\bar{y})^2\right) + \sqrt{\left[\sum_{i=1}^{n}(x_i - \bar{x})^2 - \sum_{i=1}^{n}(y_i - \bar{y})^2\right]^2 + 4\left[\sum_{i=1}^{n}(x_i - \bar{x})\sum_{i=1}^{n}(y_i - \bar{y})\right]^2} \quad (3-1)$$

$$\delta_x = \sqrt{\sum_{i=1}^{n}[(x_i - \bar{x})\cos\theta - (y_i - \bar{y})\sin\theta]^2 | n} \tag{3-2}$$

$$\delta_y = \sum_{i=1}^{n}[(x_i - \bar{x})\sin\theta - (y_i - \bar{y})\cos\theta]^2 / n \tag{3-3}$$

式中，(x_i, y_i) 表示特色小镇的地理坐标，$\bar{x}$，$\bar{y}$ 表示所有特色小镇经纬度坐标的平均值，θ 表示椭圆方位角。

2. 最邻近距离法

最邻近距离法（Average Nearest Neighbor）通过利用最邻近的点对之间的距离，来定量特色小镇之间的空间分布模式，分为随机、规则、集聚三种类型，在数值上是空间点的观测距离与预期平均距离的比值。最邻近距离指数指的是点间最邻近距离的平均值与空间随机模式下的最邻近距离平均值的比值。计算公式如下：

$$d(NN) = \sum_{i=1}^{n} \frac{\min(d_{ij})}{n} \tag{3-4}$$

$$d(ran) \frac{0.5}{\sqrt{n/A}} \tag{3-5}$$

$$NNI = \frac{d(NN)}{d(ran)} \tag{3-6}$$

式中，d_{ij} 表示两个采样点之间的直线距离；$\min(d_{ij})$ 为第 i 个特色小镇到其最邻近的特色小镇的距离；$d(NN)$ 为每个特色小镇的最邻近距离的平均值；$d(ran)$ 为空间随机模式下的理论平均距离；A 为特色小镇的面积。当 $R>1$ 时，表示特色小镇的空间分布趋于均匀，当 $R<1$ 时，表示特色小镇空间分布趋于集聚。

3. 核密度分析法

核密度是使用核函数计算每单位面积的量值，以将各个特色小镇拟合为光滑锥状表面。点密集代表分布概率高，点稀疏代表分布概率低。计算公式为：

$$f(x) = \frac{1}{nh}\sum_{i=1}^{n} k\left(\frac{x - X_i}{h}\right) \tag{3-7}$$

式中，$K\left(\frac{x - X_i}{h}\right)$ 称为核函数；$h>0$ 为带宽；$(x - X_i)$ 表示估点值到事件值的距离。

三、空间特征分析

1. 空间格局特征分析

运用 ArcGIS 进行椭圆差标准计算，得到平均中心点坐标为东经 112.59°、北纬 32.59°，位于湖北和河南的交界处，说明中西部地区特色小镇的数量分布比较密集。椭圆的长轴长度为 13.03 公里，短轴长度为 9.03 公里，从长轴方向可以看出，特色小镇的分布呈东北—西南走向。从短半轴可以看出，特色小镇呈离散分布。长半轴比短半轴长 4 公里，两者相差较小，说明特色小镇分布的方向性不是很明显。此外，椭圆基本成圆，可见特色小镇总体呈紧凑分布。旋转角为 79.28°，该角度与我国人口密度分界线相近，人口分界线以东，人口稠密，人口分界线以西，人口稀疏，说明特色小镇的分布与人口城市化有一定关系，一定程度上人口越密集越易于促使特色小镇的形成。

2. 空间集聚特征分析

运用 ArcGIS 进行空间平均最邻近分析，得到最邻近指数为 $R = 0.0086$，$Z = -38.0257$，P 值为 0，说明全国特色小镇空间分布具有明显的集聚特征。由上文可得，特色小镇主要集聚在东南、西南部区域，并形成长三角、京津冀、珠三角及成渝城市群 4 个集聚圈。可以发现，这些集聚圈均包括在全国经济十分发达且人口分布密度较大的城市群区域，是城市发展到成熟阶段的高级空间组织形式，群内成员城市之间交通设施完备、生产要素丰富，多核心发展模式为特色小镇的发展奠定坚实的基础。中央政府强调“以城市群为主体形态”的新型城镇化战略，特色小镇将伴随城市群的发展得到进一步助力，这一极大优势目前仍具有潜在加速空间，未来若干年内特色小镇这一空间集聚特征将继续凸显。长三角及成渝城市群城市化水平也呈现出由西到东的增强状态，但相比成渝城市群，长三角城市群特色小镇处于城乡结合部，更具备特色的发展优势，如特色鲜明的产业、典型的自然环境、丰富的传统文化、便捷的设施服务、积极有活力的发展理念，更易形成产业和资源集聚，同时更易吸引周边农村劳动力，带动周边基础设施建设和公共服务质量提升。京津冀、珠三角城市群特色小镇起步晚，但区位条件、产业布局及资金来源极具优势，特色小镇迅速发展，可见地理临近对特色小镇的快速增长有明显的促进作用。

3. 空间集聚核密度分析

运用 ArcGIS 的 Kernel Density 工具对特色小镇点集矢量层进行点密度分析，可知特色小镇集中在黑龙江到四川连线以东，在东部出现多中心形态，最大的中心是以上海为核心的长三角城市群，这里集中了全国最发达的城市。其次是成渝城市群的重庆、四川和贵州交界处、珠三角城市群的广东和中国香港交界处、北京和天津为中心的京津冀城市群的辐射圈，这些地区的城市化水平都较高。四川成都和重庆都是历史悠久、生活节奏慢、适宜居住的城市。在多核心的带动下，相邻地区或多或少都存在特色小镇。而西部偏远地区因为幅员辽阔的原因，核密度最低。可见，分布范围是影响特色小镇分布密集程度的因素。

第三节　区域分布比较

特色小镇的培育紧跟当下的时代背景，不仅是我国在工业化后期对城镇空间分布的探索，也与我国持续推进城市群、都市圈规划战略有着重要关系。近些年，随着特色小镇大力推进，特色小镇建设得到了飞速发展，不同区域的自然环境条件、经济发展态势、相关政策法规的侧重程度，带来特色小镇发展的不同样貌。这种差异背后的原因值得深入思考，本部分将对特色小镇发展的区域差异进行深入的对比研究，以长三角、京津冀及成渝等各具特点的城市群特色小镇为研究对象，通过系统研究及比对我国特色小镇城市群层面发展差异及发展特征，试图寻求到这种差异背后的原因，相信对之后特色小镇如何因地制宜地发展具有重要借鉴意义。

一、三大城市群特色小镇类型分布比较分析

为了更好地对比分析不同城市群特色小镇发展差异，本书按特色小镇的核心产业将两批特色小镇分为以下 9 个类型：金融服务型、生态旅游型、文化旅游型、现代农业型、商贸流通型、传统制造型、高端制造型、休闲健康型、信息技术型，经过整理绘制成表 3 – 5，以此展示我国三大城市群特色小镇类型分布情况。

表 3-5　三大城市群特色小镇类型分布数量　单位：个

地理分区	特色小镇类型	数量	地理分区	特色小镇类型	数量	地理分区	特色小镇类型	数量
长三角城市群	金融服务型	1	成渝城市群	金融服务型	0	京津冀城市群	金融服务型	1
	生态旅游型	9		生态旅游型	10		生态旅游型	3
	文化旅游型	19		文化旅游型	8		文化旅游型	6
	现代农业型	2		现代农业型	3		现代农业型	3
	商贸流通型	11		商贸流通型	3		商贸流通型	4
	传统制造型	3		传统制造型	3		传统制造型	3
	高端制造型	7		高端制造型	2		高端制造型	2
	休闲健康型	4		休闲健康型	5		休闲健康型	1
	信息技术型	3		信息技术型	0		信息技术型	1

资料来源：作者整理自绘。

从特色小镇数量而言，长三角城市群居于首位，拥有59个特色小镇，成渝城市群和京津冀城市群分别以34个和24个居于第二位、第三位。长三角城市群特色小镇数量最多，很大程度上是因为所包含的城市数量多，为了消除这种因素的影响，本书借鉴周枣（2019）的做法，引入平均每个城市特色小镇数量和平均每平方公里特色小镇数量两个指标，较为客观地反映特色小镇发展现状（见表3-6）。

表 3-6　三大城市群比对特征表

比对特征＼城市群	长三角城市群	成渝城市群	京津冀城市群
特色小镇总数（个）	59	34	24
城市群地域总面积（万平方公里）	35.4	21.6	18.5
城市群城市总数（个）	26	13	16
平均每个城市特色小镇数目（个）	2.27	1.85	1.94
平均每平方公里特色小镇数目（个）	1.67	1.11	1.68
金融服务类特色小镇占比（%）	2	0	4
生态旅游类特色小镇占比（%）	25	29	12
文化旅游类特色小镇占比（%）	32	23	25
现代农业类特色小镇占比（%）	3	9	13

续表

比对特征 \ 城市群	长三角城市群	成渝城市群	京津冀城市群
商贸流通类特色小镇占比（%）	19	9	17
传统制造类特色小镇占比（%）	5	9	13
高端制造类特色小镇占比（%）	12	6	8
休闲健康类特色小镇占比（%）	7	15	4
信息技术类特色小镇占比（%）	5	0	4

二、三大城市群特色小镇整体特征比较分析

1. 长三角城市群特征分析

长三角城市群不仅有涵盖城市数量多及地域面积大的优势，特色小镇总量在三大城市群居第一，而且其平均每个城市特色小镇数量及平均每万平方公里特色小镇数量仍然稳居第一位。作为我国经济综合实力最强的经济地带，长三角城市群覆盖着东部沿海最为发达的浙江、江苏两省及上海市，有着雄厚的经济基础，且区域内地貌以平原为主，带来国内最大的城镇连绵区，也拥有丘陵、盆地、山地、岛屿等多种地貌形态，特色小镇类型分布广泛。

从表3-6可以看出，长三角城市群文化旅游类特色小镇占比最大，高达32%，总量上也高于京津冀和成渝两大城市群。长三角城市群文化资源底蕴深厚，文化旅游业一直是先导产业，群内文化以朴素简约为主，如歌曲小说为载体的江南文化，平民色彩的士大夫吴越文化及贯通中西的海派文化等，文化悠长厚重、渗透交融，加之长三角区域通达的交通网络，文化旅游类特色小镇的发展具有很强的竞争力及潜力。此外，长三角城市群商贸流通类、高端制造类及信息技术类特色小镇数量及占比上远超其他两大城市群，这是由于长三角地区强劲的科技创新实力，且第三产业发展迅速，尤其发达的商贸物流业及优越的区位条件支撑起商贸流通类特色小镇的集聚及以科技创新为主的特色小镇培育，也是长三角城市群制造业类小镇以高端制造为主的主要原因。可见，区位优势及产业集聚是特色小镇发展的重要驱动力。总体而言，长三角城市群可利用区域内文化的共通性、文化资源富集等优势，大力发展具有当地特点的文化旅游类特色小镇，组建起全域旅游，再以文化旅游特色小镇为先导，发展特色小镇群，通过深度挖掘旅游资源、对接文化产品的开发及配套设施的建设，达

到区域内多部门协调配合，不仅可以为其他类型的特色小镇提供更广阔的发展空间，也能高效地促进区域一体化发展。

2. 成渝城市群特征分析

成渝城市群平均每个城市特色小镇数量及平均每万平方公里特色小镇数量位列三个城市群第三位。和其他两个城市群类似，文化旅游类特色小镇比重较大，城市群内为多民族聚居地，巴蜀文化颇具特色。值得注意的是，成渝城市群生态旅游类特色小镇占比最大，有 10 个，比例达 29%，超过区域内文化旅游类特色小镇 1 倍有余，这与成渝城市群自身丰富的自然资源与湿润的气候条件有关。成渝地区地处四川盆地，区内属亚热带季风气候，自然资源十分优渥，以生态旅游为主的特色小镇每年吸引众多游客，具有极大的潜力。其中，以健康产业为主的休闲类小镇也占有较大比重，远多于其余两大城市群，四川盆地位于亚欧板块和印度洋板块交界处，多地壳运动，赋予了该区域丰富的温泉资源，休闲健康小镇也大都是以温泉养生为主。总的来讲，成渝城市群主要以生态旅游类特色小镇为主，特色小镇驱动力也以生态资源为主，已形成生态旅游与文化、现代农业及新兴康养产业结合的特色小镇。但商贸物流特色小镇、金融服务类及信息技术类特色小镇目前仍处于空白状态，与经济发达的长三角城市群和京津冀城市群相比还存在一定的差距和不足。

3. 京津冀城市群特征分析

京津冀城市群平均每个城市特色小镇数量及平均每万平方公里特色小镇数量位列三个城市群第二位。文化旅游类特色小镇占比与长三角城市群类似，核心地区的北京市长期以来处于政治中心地位，现存着我国规模最大的历史文化遗产。其中旅游类特色小镇中，生态旅游类特色小镇占比最少，不足其余两大城市群 1/2，这是因为京津冀城市群内产业密集，建设用地面积需求较大，城市化水平已经趋于成熟。近几年，北京的高技术产业增加值一直高速增长，目前信息技术类特色小镇紧随长三角城市群，随着雄安新区科技创新战略定位的落实，未来以科技创新产业定位的特色小镇会迅速增加。天津作为城市群内另一核心城市，是工业港口重地，其先进的航空航天产业、装备制造产业、国防科技产业及新能源新材料产业将持续为高端制造业类特色小镇的发展加力续航。相较其他两个城市群，京津冀城市群特色小镇数量较少，但北京作为首都，软实力强劲，在未来很长一段时间，特色小镇的发展都具备特大城市充足的资金来源和明显的区位优势，建设前景十分乐观。

综合来看，三大城市群特色小镇均是以旅游业或旅游与文化、生态、康养结合等类型为主，在承接大城市消费溢出的功能方面，这是全国范围内的特色小镇建设的普遍现象。但不同区域经济发展阶段不同、文化特色不同、自然条件不同，特色小镇发展路径应有所不同，不能同质根生，一概而论，需结合自身条件来进行特色小镇发展路径的探索。综合看，长三角城市群特色小镇群体规模最大，起步高，步速也快；成渝城市群资源丰富，最有潜力；而京津冀城市群特色小镇发展尚处于起步阶段，但资本雄厚，前景一片大好。

第四节　水平测度

已有研究表明，特色小镇持续性发展的核心是实现特色小镇产城融合，产与城与人之间互促、互动、协调的关系对特色小镇的持续性发展有着重要意义。以产城融合理念标准要求特色小镇发展，可以推动特色小镇的持续性建设。本书将用产城融合度来测度特色小镇的持续性发展。受后天不同社会经济发展状况和先天自然禀赋差异的影响，特色小镇的发展呈不同的时空特征，随着我国进入新型城镇化阶段，中心城市的生产要素诸如土地和劳动力逐渐向特色小镇下移转入，国家级特色小镇对生产要素的吸附力相比之下更为显著，不同发展区域特色小镇的时空特征及演变规律的表征也更加明显。因此，探究特色小镇持续性发展水平，可以实现对我国当下特色小镇的持续性发展现状及时空演化规律进一步的清晰认识。本部分将从两批特色小镇持续性发展现状入手，考察当前特色小镇发展的总体状态。首先测算 2014 年、2015 年、2016 年全国两批特色小镇、长三角城市群、京津冀城市群及成渝城市群三大城市群特色小镇的持续性发展水平。在此基础上，对特色小镇发展状况进行空间的比较分析及时序分析，进一步明晰产城人三者的互动关系程度、特色小镇产城人功能协调发展现状及特色小镇发展方向。

一、研究原理及样本选择

本书采用产城融合度来测度小城镇持续性发展水平，特色小镇持续性发展的实质是达成产城融合式发展，产城融合可从人的城镇化的角度来探讨城镇化转型阶段：特色小镇的持久发展的动力机制问题。2015 年发改委颁布的《关于开展产城融合示范区建设有关工作的通知》里，产城融合将作为推进新型城镇化高质量发展的核心要义。在理论层面上，产城融合覆盖在城镇化和工业化协调发展的理论范畴（王海滔等，2017；孙红军等，2014）。产城融合实质在于实现各产业与城镇空间的互相匹配与有效融合，提高工业化水平与城镇化水平之间的互动发展，可极大地增强城镇空间各产业的竞争力，对于城镇化发展的质量及城镇居民的幸福水平也有显著的提升；在经验层面，提升特色小镇持续性发展的关键在于重视人本导向的发展，提升人的城镇化发展的重心在于促进产城融合发展（丛海彬，2017）。产城融合主要内容强调“产”“城”“人”三个方面的相互融合，相互促进，即产与人的互动、产与城的互动、城与人的互动（谢呈阳等，2016）。

本书采用产城融合水平来测度特色小镇持续性发展，特色小镇可持续发展要求在合理利用和保护自然资源与环境的基础上实现经济发展及人居与自然环境的和谐。可持续发展理念是对特色小镇发展提出的一种“质”的规定，这与特色小镇产城融合发展的内在要求是不谋而合的。特色小镇产城融合发展，能实现特色小镇持续性发展的结果，产城融合可从人的城镇化角度来探讨城镇化转型阶段——特色小镇的持续性发展问题。在理论层面上，产城融合属于城镇化和工业化协调发展的理论范畴。产城融合实质是实现各产业与城镇空间的互相匹配与有效渗透，提高工业化与城镇化之间的互动发展可极大地增强城镇空间各产业的竞争力，对于城镇化发展的质量及城镇居民的幸福水平也有显著的提升。在经验层面，提高城镇化发展质量的关键在于促进人的城镇化发展，促进人的城镇化发展的核心在于推动产城融合发展。产城融合主要强调“产”“城”“人”三个方面的相互融合，相互促进，即产与人的互动、产与城的互动、城与人的互动。

对于产城融合水平测度，现有文献提供了两种思路。产城融合涵盖“产”“城”“人”三个方面，第一种方法选择“产”“城”“人”各个方面的指标，接着用层次分析等方法得出产城融合水平。第二种方法是在选择“产”“城”“人”三个方面指标之后，测算“产”“城”“人”各个方面的分值，选用物理学中的耦合度公式测算出“产”“城”“人”三个方面的耦合程度，最后得出产城融合水平。鉴于第二种方法在计算原理上可以较为贴切地体现产城融合的内涵，从而更科学地计算产城融合的水平，本书将采用第二种方法进行特色小镇产城融合程度的测度。关于耦合度与协调度的等级划分，学术界尚无统一的量化标准，本书关于三系统的耦合协调度类型划分见表 3 - 7。

表 3-7　　耦合协调度类型划分

耦合协调度数值	耦合协调度类型	类型特征
[0, 0.3]	低耦合协调时期	各个系统发展处于博弈状态，相互作用较低
(0.3, 0.5]	中耦合协调时期	相互作用加强，优势系统不断侵占弱势系统
(0.5, 0.8]	耦合协调时期	三系统相互制衡、配合、友好互动
(0.8, 1]	高耦合协调时期	有序、互相促进发展

二、指标体系构建及耦合协调模型

新型城镇化强调城乡一体化发展，城乡互动，产业融合，生态宜居，本质是以人为本，可见产与城与人要协调共进，和谐互促，不是三者的割裂发展，对产城融合水平的测度即是对三者互动互促关系的度量。目前理论界对于特色小镇产城融合度的定量研究寥寥可数，本书选用物理学中的耦合协调度，对中国特色小镇的持续性水平进行测度，其关键在于产城融合指标体系的构建。产城融合主要涉及产业、城市、人三个方面，产城互动主要指产业发展与城镇功能之间的协调融合作用，产城融合中的“产”指以工业为主的产业，区域和城市经济学认为，城镇工业的发展对本地就业有乘数效应，工业为主的产业与城镇禀赋的互动可极大提升专业度及竞争力。特色小镇工业水平决定着特色小镇产业竞争力与专业度，带动其他产业的发展，最终促进城镇功能的完善，产城互动水平可以用二、三产业就业数除以从业就业数进行测度（汪增洋、张学良，2019）。产人互动在于工业为主的产业发展带来就业人数的增加，随着城镇公共设施及服务的完善，带来城镇人口的增加，城镇人口的增加会反哺特色小镇的产业发展，为其提供持续的劳动力及市场需求。因此，产人互动可以用二、三产业就业数除以城镇常住人口数量测度。城人互动指城与人的互促，城镇生活、生产功能的完善及宜居空间的提升可以极大提高城镇人口的集聚效应，一方面吸引城镇人口的增加，另一方面有效改善城镇居民的生活质量，进而进一步增强对城镇的吸附力，最终作用在城镇与人居双重发展。可用人口密度测度城人互动水平。本书拟用特色小镇常住人口数量除以特色小镇建成区面积，测度特色小镇的城人互动水平。通过极差标准化法，对各项指标的原始数据进行初步处理，取值范围[0, 1]。参考相关研究成果结合本书实际，构建“产、城、人”三者的耦合度测量模型，具体计算公式如下：

$$C = 3 \times \left\{ \frac{I \times P \times T}{(I + P + T)^3} \right\}^{\frac{1}{3}} \tag{3-8}$$

式中，C 为“产、城、人”三者之间的耦合度，取值范围为 [0，1]，其值越大，说明特色小镇“产、城、人”之间相互作用、相互影响程度越大；I、P、T 分别为特色小镇“产、城”互动水平、“产、人”互动水平和“城、人”互动水平的综合值。

耦合度表征特色小镇产与城与人之间的相互作用程度，但不能表达各功能之间的良性相互促进和恶性相互制约，因此引入耦合协调指数，构建特色小镇“产、城、人”三者之间的耦合协调模型，具体计算公式如下：

$$D = \sqrt{C \times T}, T = \alpha I + \beta P + \varphi T \tag{3-9}$$

式中，C 为“产、城、人”三者之间的耦合度；D 为“产、城、人”三者之间的耦合协调度；I、P、T 分别为特色小镇“产、城”互动水平、“产、人”互动水平和“城、人”互动水平的综合值；α、β、φ 分别为“产、城”互动水平、“产、人”互动水平和“城、人”互动水平综合值的待定系数，参考以往相关研究成果，本书借鉴部分学者研究方法（丛海彬等，2017；黄金川、方创琳，2003；刘耀彬等，2005），将待定系数确定为 $\alpha = 0.434$，$\beta = 0.258$，$\varphi = 0.308$，并将持续性发展水平数值划分为五种类型（见表 3－8）。

表 3－8　特色小镇持续性发展类型划分

持续性发展水平	持续性发展类型	类型特征
[0，0.3]	差度协调时期	“产、城、人”无序发展、相互作用较低
(0.3，0.4]	低度协调时期	“产、城、人”相互作用加深，并出现一定的依赖关系
(0.4，0.5]	中度协调时期	“产、城、人”的互动作用渐近友好趋势
(0.6，0.8]	高度协调时期	“产、城、人”互动作用过渡到制衡、配合、发展阶段
(0.8，1]	极度协调时期	“产、城、人”有序融洽发展

三、样本选择

特色小镇作为近几年的新生事物，国内有关的统计资料并不多。自 2012 年起，关于特色小镇比较全面的建制镇统计年鉴发布。2014 年以后，另一部特色小镇权威统计年鉴——《中国县域统计年鉴（乡镇卷）》首印，统计条目仅有行政区域面积、小镇从业人口、工业总产值、建成区常住人口、建成区面积、行政人口等少量条目。鉴于数据可得性及对特色小镇发展进程的准确把握，本书主要选取 2014—2016 年建制镇的信息进行研究，研究样本为国家住房和城乡建设部先后公布的两批国家级特色小镇，共计 403 个，剔除缺失数据和异常数据的小城镇后得到401个样本。

四、测度结果及分析

利用公式测算出全国、长三角、京津冀、成渝城市群等国家级特色小镇2014—2016年产城融合水平数值，如表3－9所示。

表3－9　　特色小镇持续性发展水平

年份	全国	京津冀城市群	成渝城市群	长三角城市群
2014	0.3476	0.3919	0.3822	0.4438
2015	0.3490	0.3903	0.3889	0.4431
2016	0.3504	0.3940	0.3890	0.4458

从计算结果可以看出，随着新型城镇化不断推进，全国特色小镇持续性发展水平均值及三大代表性城市群特色小镇持续性发展水平均值均表现出波动上升趋势；从时间维度上看，全国特色小镇持续性发展水平3年间呈缓慢上升态势，西南地区为代表的成渝城市群跟随全国持续性发展水平的变化趋势，不同的是，成渝城市群在2015年持续性发展水平有较大攀升，在2016年小幅度增长，全国绝大部分特色小镇持续性发展水平3年间平稳增长。此外，值得注意的是，长三角城市群与京津冀城市群持续性发展水平在2015年有一定的跌落，2016年出现回升，这与全国特色小镇3年平稳增长趋势不完全相符，但整体波动不大。自浙江经验在全国推广以来，特色小镇开启培育热潮，以推动城乡经济、促进区域经济发展为核心内容的城镇化也迅速展开，京津冀、长三角地区经济发展已经到了相当高的水平，城乡一体化力度较大，特色小镇的发展属于起步高，步速快。在特色小镇培育过程中，生态环境负荷较大，但其雄厚的经济实力、较高的科技水平和良好的城镇基础，表现出特色小镇培育初期其水平高于全国平均水平。2015年持续性发展水平的低落，一方面表现出区域间特色小镇产城人协调的磨合，以经济建设为重心的发展模式挤压了一定的生态功能，造成人与城、人与产之间压力的释放；另一方面也反映出，特色小镇的推进仍在其生态承载范围内，这表现在2016年京津冀、长三角城市群持续性发展水平的较大幅度回升上。成渝城市群地处我国西南部，位于四川盆地核心地带，总面积的87%都以盆地为主，具有相对丰富的自然资源及多样的人文景观、生物景观，在特色小镇发展起步阶段拥有极大的资源禀赋优势，在培育特色小镇过程中，对生态环境资源依赖较大，同时受国家宏观经济政策影响

较大。

结合本书特色小镇持续性发展类型划分标准（见表3-7），从全国持续性发展水平均值来看，全国特色小镇持续性发展水平处于低度协调时期，“产、城、人”之间依赖关系正趋加深。成渝城市群持续性发展水平高于全国平均值，低于京津冀城市群和长三角城市群，长三角城市群特色小镇持续性发展水平明显领先各大城市群，并且在持续性发展水平类型上，也优于全国及其他两个城市群，处于持续性发展水平中度协调时期；从空间布局来看，特色小镇持续性发展水平数值在空间上呈“东高西低，南高北低”的空间格局特征。总的来说，目前两批国家级特色小镇持续性发展水平还是处于较低水平阶段，但整体上仍呈稳定上升的总体趋势，我国特色小镇持续性发展仍然有很长的路要走。

第五节　本章小结

本章主要是对国家两批特色小镇空间分布格局、不同城市群特色小镇类型分布对比差异的总结及特色小镇持续性发展现状的分析，研究发现：两批特色小镇空间分布呈“东南密、西北疏”的空间格局，并形成四大城市群集聚区。持续性发展现状上，也呈“东南较好，西北中下”的总体特征。另外，三大城市群特色小镇持续性发展现状在发展阶段上表现出一定差异，一方面是诸多要素影响而成的结果，如经济发展水平、制度政策、地理位置、自然资源都会造就这种差异，它们互相影响，以合力的形式在特色小镇的发展进程中显现作用；另一方面也要看到，不同城市群区域范围特色小镇自身在“产、城、人”三者之间协调发展的内部要求也存在着不同，要从城镇本身进行考察。

第四章　特色小镇持续性发展状况：浙江案例

第一节　浙江特色小镇持续性发展概况

一、建设数量增长明显

自2014年特色小镇被浙江省首次提出以来，截至2016年10月，先后公布了两批特色小镇的创建和培育名单。从最初省级建设数量为0到之后的78个再到108个，特色小镇的建设数量呈不断增加态势。如图4－1所示，四种级别下的特色小镇数量都呈明显上升趋势，其中市级特色小镇建设数量增加最为明显，从最初的0飙升到209个，相比之下，省级建设的特色小镇数量要缓和得多，但两者存在一个共同现象，即在起初的时候特色小镇的数量增加很快，之后便表现在一个相对稳定的数量。作者认为，之所以存在这类现象可能是考核等级不同，在不同等级下建设特色小镇，对各指标考核方式有一定的宽

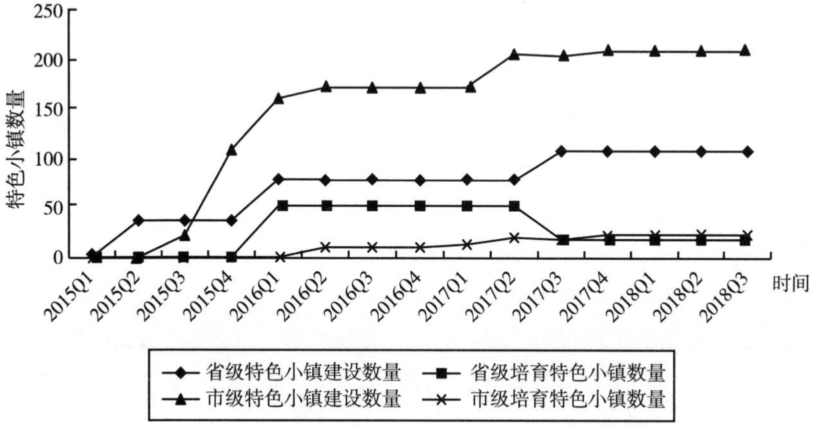

图4－1　不同等级下的特色小镇数量

松范围，作为省级的特色小镇建设自然要比市级的严格得多，这就造成在建设的过程中，市级特色小镇数量远远高于省级数量。另外，在特色小镇建设的起步阶段，针对不同区域的资源要素，通过匹配主导产业来确定特色小镇创建数量，再不断发掘出符合条件的潜力区域，特色小镇的建设数量自然也就逐渐稳定下来了。因此，无论是省级还是市级的特色小镇数量，其数量变化都会呈现出从较快增加到逐渐稳定的特点。

二、特色小镇总指数呈现上升、下降和稳定趋势

在特色小镇概念提出后不久，浙江省在 2015 年开始实施特色小镇的创建工作。通过分析浙江省特色小镇官网的特色小镇发展指数，所谓特色小镇总指数，是用来反映浙江特色小镇对地方经济的促进作用、投资进展、社会影响程度等建设成效。指数越高，说明特色小镇建设成效愈加明显。该指数以 2015 年第一季度为基础，对所创建特色小镇进行指数追踪分析（见图 4 -2）。从总体上来看，浙江特色小镇的建设成果较为显著，主要经历上升、下降和稳定三种阶段。在其建设的成长期，总指数处于上升趋势，随后总指数逐渐下滑，之后便慢慢处于相对稳定状态。造成这种现象的原因可能因考核指标的逐渐严格化，造成特色小镇总指数下降。截至 2018 年底，浙江特色小镇培育名单中总共淘汰了 5 个，其中在第一批培育的名单中杭州有 3 个，嘉兴有 1 个，台州有 1 个。在面对特色小镇指数逐渐下滑趋势的情况下，针对每个特色小镇做出相应的调整措施，最终使其指数数值趋于稳定。从局部来分析，从 2017 年第三季度至 2018 年第一季度出现了较为明显的下滑，其中的原因可能是存在空间

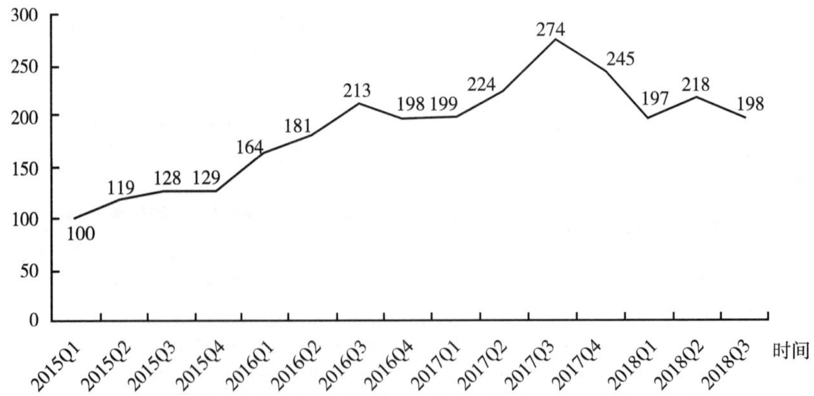

图 4 -2　浙江特色小镇总指数

滞后性，由于创建初期某些方面有欠考虑，随着时间的推移而慢慢表现出来。特色小镇的创建实质上是一个处于不断发现问题的修正过程，随着建设进程的推进，不断发现问题，解决问题。

三、特色小镇不同主导产业建设成效

在产业发展指数分析中主要包括三种，分别为综合发展指数、基础建设指数和政策环境指数。从产业培育的角度来分析，可以发现不同类型特色小镇在其建设过程中对基础建设和政策环境需求存在明显的差异（见图 4 – 3）。其中，以时尚类为主导产业的特色小镇对政策环境和基础建设指数最高，而健康类产业的改善环境指数和基础建设指数排在最低，因此在综合排名中也是处于最低。这可能与产业自身性质有关。所谓健康产业，主要涉及医疗和健康相关的产业体系，主要包括用品和服务。而时尚产业以服饰销售为主，主要包括时尚产品的设计、营销等一系列过程。从二者的含义界定来比较，时尚产业显然对环境和基础建设要求更高，其发展不仅需要打造出一个新兴产业孵化平台，更加侧重市场的培育和消费观念的转变。服饰的购买更加重视美观和潮流，追求更加高端化的消费行为。除此之外，在这七大类行业发展中，除了旅游产业，在其他六大类产业的各自发展指数中，基础建设指数都是低于综合发展指数和政策环境指数。可能的原因是，旅游产业作为这七大类产业中对技术创新需求最低的产业，更加注重基础设施的建设，如景点区的安全保障措施、公共卫生设施等。

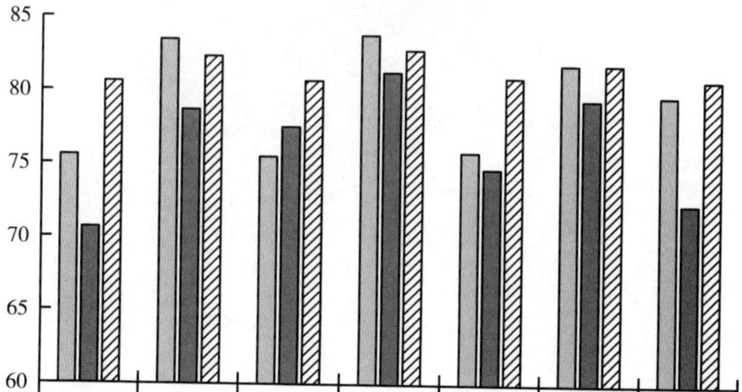

	健康产业	金融产业	旅游产业	时尚产业	文化产业	新兴信息产业	高端装备制造产业
□综合发展指数	75.57	83.46	75.48	83.79	75.81	81.81	79.69
■基础建设指数	70.65	78.69	77.53	81.26	74.68	79.41	72.33
▨政策环境指数	80.61	82.32	80.68	82.78	80.92	81.82	80.78

图 4 – 3 浙江特色小镇分行业发展指数

第二节　浙江特色小镇不同区域发展概况

一、市级层面数量分布概况

特色小镇总体空间分布较为广泛，在浙江省 11 个地级城市均有分布（见图 4－4）。从局部进一步分析，其分布状况并非十分均衡，而是呈现出较为明显的区域分布差异。在共计 78 个创建特色小镇名额中，前三名市级区域分别为杭州、嘉兴和丽水，占有比例分别为 23%、11% 以及 10%。最后两位为舟山和其他，占比为 4% 和 2%。由此可以清楚地发现，特色小镇分布并非均匀分布于不同的市级区域。如果再对特色小镇数量位居第一的杭州进行类型分类，可以进一步发现，在创建的 18 个特色小镇中，以新兴信息产业为特色的小镇占有 10 个，占比 55.6%，即在杭州市所分布的特色小镇中，每两个中就有一个新兴信息产业类的特色小镇。

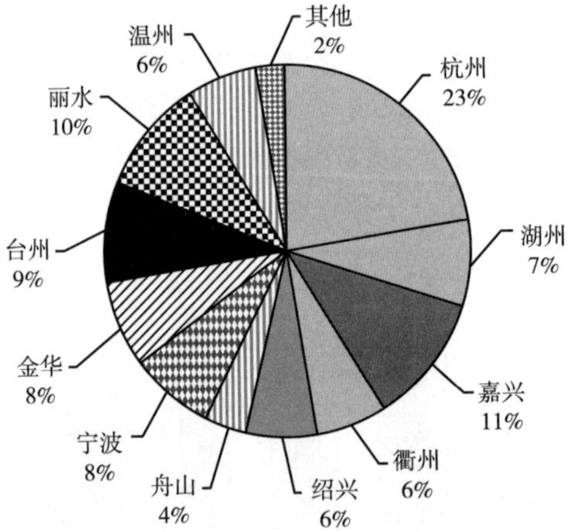

图 4－4　分地区特色小镇占比图

二、市级层面不同发展指数趋向稳定

由上一小结对特色小镇地区分布的概况得知，虽然特色小镇的分布十分广泛，遍布全省，但并不是均匀分布，不同区域内存在的分布数量有着较为明显的差异。在这种情况下，各地区当前特色小镇的发展情况如何？不同区域的分

布数量不同是否会造成区域间特色小镇明显的发展水平差距，还是说各区域的特色小镇发展水平旗鼓相当？通过收集浙江省不同区域的特色小镇指数，绘制出分地区特色小镇指数进一步研究。如图4－5所示，不同区域间的特色小镇发展指数都很接近，不论是综合发展指数、基础建设指数还是政策环境指数，都在80上下波动，这说明特色小镇的产业定位、选址、申报以及建设都是经过十分严格的筛选，并进行考核。另外，较为稳定的指数数据也说明浙江省在特色小镇的建设中付出了巨大的努力和心血，并且秉承公正公平的原则来建设特色小镇。因此，无论是分布较少的舟山，还是分布数量最多的杭州，二者内的特色小镇指数相差不大。如果再对图中的三大指数进一步分析，不难发现，丽水、温州、台州以及宁波这四个城市的特色小镇的政策环境指数明显比基础建设指数高出不少。通过对这四个区域内的特色小镇进行整理发现，以高端装备制造类产业为特色的小镇占比34.6%，说明在这些区域内超过1/3的特色产业是高端装备制造。作为制造业精细化的高端装备制造产业，相比基础建设因素而言，政策环境因素显得更加重要。除此之外，高端装备制造产业一般是在技术上得到了巨大的进步与突破，与此同时也存在庞大的市场需求潜力。因此，以这类产业为核心的企业通常形成集聚状态，不仅能达到降低成本的目的，更多的是重视信息交流的便捷性，有利于在技术上取得突破与发展。而技

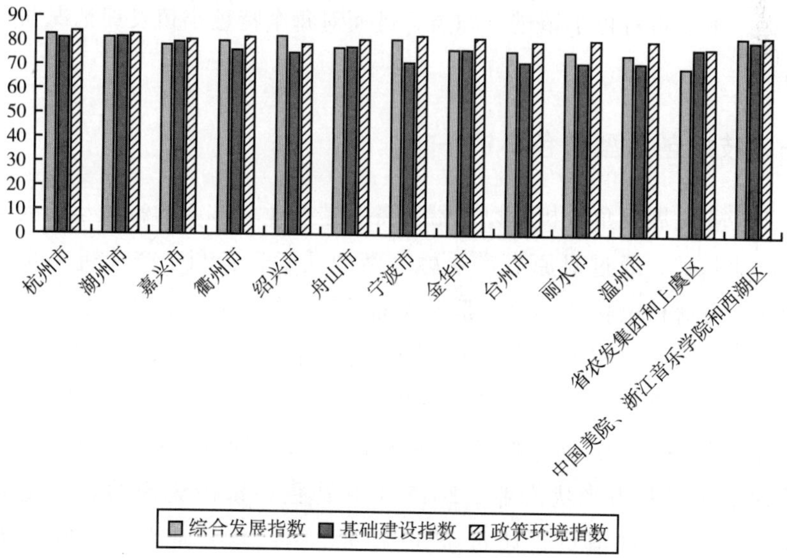

图4－5　分地区特色小镇指数

术研发是一个投资周期长，产出慢的过程，规模较小的企业往往在研发途中面临资金链断裂的危机，此时政府出台的优惠政策不仅有利于帮助这类企业，更加可以吸引更多的企业入驻，有利于集聚区的进一步集聚与发展。综上所述，宁波、丽水、温州和台州内的特色小镇中，高端装备制造类小镇占有较大比重，并且相对较高的政策环境指数说明这类小镇的建设取得的成效也较为理想。

第三节　浙江特色小镇功能类型

在浙江省特色小镇官网数据基础上，将 78 个省级创建特色小镇划分为高端装备制造产业、新兴信息产业、文化产业、时尚产业、旅游产业、金融产业以及健康产业这七大类。并进一步划分为两大类，一类则是以高端装备制造产业、新兴信息产业和金融产业为主的技术创新型特色小镇，这类特色小镇更加注重主导产业的转型升级，通过融合创新要素，致力于实现产业可持续发展。而另一类则是以文化产业、时尚产业、旅游产业和健康产业为主的文化创意型特色小镇，这类特色小镇的培育从人的精神需求出发，旨在打造健康养生的旅游休闲区，本章将特色小镇进行归类，进而对每个特色小镇发展情况与规划进行总结。

一、技术创新型特色小镇

基于产业发展视角分析，以高端装备制造产业为核心的特色小镇大多拥有雄厚的产业基础，通过对原有产业融入新的元素，有利于产业进一步转型升级。例如，海盐核电特色小镇正是因为拥有秦山核电基地，使小镇内核电产业实力强劲，极大吸引相关企业集聚，随着企业集聚程度加深，提高该产业在小镇内的专业化程度，促进这类特色小镇的发展。除此之外，部分特色小镇在发展主导产业基础上，通过联动其他产业，实现多产业联动发展。如秀洲光伏小镇的主导产业为光伏产业，2017 年底特色小镇内集聚的相关企业达到 160 余家，工业总产值更是超过了 50 亿元，在主导产业大力发展的背景下，也注重相关旅游产业发展，实现特色小镇产业、旅游等多种产业融合发展（见表 4－1）。

表 4－1　　高端装备制造产业类特色小镇

小镇名称	建设概况
江北动力小镇	打造动力重点产业，进一步建设优势产业集群，由此来引导产业进行转型升级
苍南台商小镇	以中国台湾时尚产业作为小镇发展的主导产业，侧重显示“台商”元素，主要涵盖光机电制造、健康养老以及休闲旅游
海盐核电小镇	海盐是我国最大的核电基地——拥有中国最大的核电基地，核电产业无疑成为小镇特色产业
黄岩智能模具小镇	小镇内以模具产业为主导，以项目为载体，联合工业旅游和乡土文化达到促进小镇发展的目的
路桥沃尔沃小镇	小镇位于吉利沃尔沃整车生产基地和汽车零部件生产基地，同时融入北美生活元素
临安云制造小镇	侧重智能装备研发、设计和产业化建设，力求打造一种“浙江智造”众创新平台来提升制造业水平
余姚模客小镇	借助互联网思维引导模具城的发展，将生产运营打造为集模具接单、设计、外包、生产、物流配送、金融支持一体化的产业链结构
宁海智能汽车小镇	以新能源汽车研发、规模化生产、产业配套和观光体验等系列化，由此来促进新能源汽车发展
秀洲光伏小镇	小镇以光伏制造和光伏发电为主导产业，进而衍生出光伏服务和光伏旅游相关产业
新昌智能装备小镇	小镇当前已经形成制冷配件、智能纺机、汽车零部件、通用航空、智能家居等高端产业集群
金华新能源汽车小镇	小镇旨在打造高端装备制造产业集聚区，并且联合旅游产业建设多元化旅游休闲区
江山光谷小镇	小镇以光伏工业为基础，积极发展光伏发电、应用设备制造等相关产业，同时在建设过程中融入环保元素
温岭泵业智造小镇	以泵业为小镇主导产业，旨在打造成智能水泵制造中心和相关企业集聚区
缙云机床小镇	小镇以数控机床产业为特色产业，通过加入智能制造技术，促进特色小镇高端化

资料来源：浙江省特色小镇官网。

以新兴信息产业为核心的特色小镇创建方向较为清晰，主要围绕互联网和信息技术这两大领域（见表 4－2）。这些特色小镇主要分为两大类，一类是以互联网产业为重点建设对象的小镇，如桐乡乌镇互联网小镇以互联网为主导产业，并将其广泛运用在会议、城市管理等方面。在 2017 年第三季度的固定资产投资建设中，用于小镇主导产业建设的金额高达 6 亿元，占季度固定资产投资总额的 75%，此外，类似互联网主题体验区等观光社区建设也在积极完善。另外一类则是以信息技术为主导产业，通过信息技术逐渐促进相关产业。如西湖云栖小镇以云计算和大数据为重点发展产业，为游戏开发、移动网络等诸多领域进行升级优化，小镇预计在 5 年规划内实现信息技术企业突破千家，从而实现产值的百亿关卡。

表 4-2 新兴信息产业类特色小镇

小镇名称	建设概况
德清地理信息小镇	以地理信息产业为核心
江干丁兰智慧小镇	小镇以电子商务为重点，大力发展电子信息以及相关服务产业，同时以文化创意和商业服务为辅助，致力于打造集电子科技与信息服务一体化的智慧社区
西湖云栖小镇	小镇以云生态和云计算为重点发展产业，努力打造国内高科技产业集聚平台
余杭梦想小镇	小镇以高科技产业为培育重点，依据互联网为媒介，吸引各界创业人才集聚，旨在建设创业人才的梦想实现王国
富阳硅谷小镇	小镇以高新技术产业为主导产业，主要包括光通信、信息技术以及工业设计，再融合文化创意元素，致力于建设产业高端化区域
滨江物联网小镇	小镇以信息网络为主导产业，大力发展物联网科技，旨在打造国内首屈一指的物联网产业集聚区
萧山信息港小镇	小镇以信息产业为特色产业，其中包括金融、电子商务等泛信息产业，同时融合环保元素，努力建设高科技信息环保区域
余杭梦栖小镇	小镇以工业设计以及商业设计等为主导产业，通过将科技、文化以及金融三者相互融合，打造各类设计专业人才集聚区
桐庐智慧安防小镇	小镇以制造研发为主导产业，结合旅游产业，从而建设一个智慧体验和休闲观光的多功能社区
桐乡乌镇互联网小镇	小镇重点培育互联网产业，致力于打造智慧会展综合服务平台以及智慧旅游营销平台等相关平台，努力成为互联网产业孵化区
上虞 e 游小镇	小镇在结合信息经济和娱乐业背景下，重点发展游戏、电竞、动漫等相关产业，旨在建设现代化的信息娱乐产业区
下城跨贸小镇	小镇致力于电商产业发展，其中包括跨境电商和平台创新等，通过新天地等重要项目，打造国内电商集聚区典范

资料来源：浙江省特色小镇官网。

以金融产业为核心的特色小镇主要分为两大类，一类是与航运相关的国际金融，如梅山海洋金融小镇因地处保税区港口位置，独特的交通优势使航运体系成为小镇的发展方向，由此产生的金融产业主要包括航运基金以及航运保险等，旨在打造实力雄厚的海上金融产业链（见表 4－3）。截至 2017 年，金融类企业入驻梅山地区数量达到 2100 家有余，注册总资本更是超过 3000 亿元。预计到 2020 年，小镇所在区域口岸出口的贸易额完成 100 亿美元。另外一类主要涉及财富管理、证券股权投资等，如上城玉皇山南基金小镇，以金融服务业为延伸，主导产业主要涉及证券期货等，力求建设较为完整的金融产业链体系。截至 2018 年底，小镇内入驻的相关企业数量超过 2000 家，总资产管理规模更是突破万亿关卡。

表 4－3　　　　金融产业类特色小镇

小镇名称	建设概况
梅山海洋金融小镇	凭借独特的地理优势，大力发展航运基金、航运保险、船舶租赁以及航运价格衍生品等相关航运金融产业体系
南湖基金小镇	通过融入绿色生态元素，努力创建理想的工作和生活氛围，可以极大可能吸引高端金融人才的集聚
义乌丝路金融小镇	小镇以金融业为重点培育产业，并且结合国际贸易产业全力建设国际金融贸易产业体系
上城玉皇山南基金小镇	小镇重点培育金融类产业，主要包括股权投资类、证券期货类、财富管理类等产业，另外也注重金融中介服务发展，从而打造出较为全面的金融产业体系
拱墅运河财富小镇	小镇凭借优秀的人文气息和产业基础，吸引相关企业集聚，另外便捷的交通条件也促进金融产业发展，形成以金融产业为主导，旅游业和文化产业为辅的全面发展
鄞州四明金融小镇	小镇以金融为主导产业，侧重培育量化投资、私募基金和财富管理等相关金融类产业，旨在打造金融产业集聚区

资料来源：浙江省特色小镇官网。

二、文化创意型特色小镇

基于产业发展视角分析，以旅游产业为核心的特色小镇主要分为两大类，一类小镇是凭借优越的地理位置和交通便利条件建设类似主题乐园的旅游产业，比较典型的有杭州湾新区滨海欢乐假期小镇，小镇内不仅包括文化创意区，更有方特东方神话等四大类型的主题乐园（见表 4 – 4）。小镇临近杭州和上海等热门城市，车程不超过 2 小时，到周边的机场和火车站均不超过 1.5 小时路程，这种发达的交通网络，极大地促进了旅游产业发展。另外一类小镇则是依据自然景观和产业基础相互融合而打造的特色产业体系，如朱家尖禅意小镇除了悠久的佛教文化根基，自然风光也是十分秀丽，小镇在建设过程中将二者相互结合，设置佛教主题区，包括佛经讲堂和藏书阁等相关社区，从而打造出以佛教文化为特色的旅游区。

表 4 – 4　旅游产业类特色小镇

小镇名称	建设概况
嘉善巧克力甜蜜小镇	小镇以巧克力为主导产业，打造巧克力主题乐园，联动休闲旅游于一体的度假区
武义温泉小镇	小镇以温泉和休闲旅游为重点建设产业
龙游红木小镇	小镇以红木为特色产业，遵循“制造基地 + 文化旅游”建设模式，努力打造以文化、红木、旅游观赏于一体的区域
常山赏石小镇	小镇以石文化为基础，建设石材开采和加工等一系列产业体系，将产业、文化和旅游融合一体化发展
开化根缘小镇	小镇位于天子岭静脉产业园区，秉着绿色开发原则，致力于资源循环利用产业、环保服务业和城市无废治理产业等相关环保产业
仙居神仙氧吧小镇	小镇以绿色生态为建设目标，努力打造集健康、养生和文化于一体化的区域
莲都古堰画乡小镇	小镇依据生态、文化和休闲三大亮点，基于古堰文化和画乡文化基础上，全面规划古堰画乡核心产业体系，力求建设成美术写生和灵感创造的休闲度假区
景宁畲乡小镇	小镇凭借特色鲜明的畲族风情，旨在打造文化和休闲于一体的民族风情旅游区
建德航空小镇	小镇致力于航空产业培育，主要包括航空器组装、特种飞行器研发、飞机零部件等相关产业，全力打造一套完整的航空产业链体系
杭州湾新区滨海欢乐假期小镇	小镇依据临海地理优势，努力建设滨海主题乐园，另外借助较为发达的交通体系，打造多样化娱乐休闲区
平阳宠物小镇	小镇以宠物产业为重点发展对象，在主导产业如此鲜明的背景下，有利于吸引相关宠物企业入驻以及创业创新型人才的进一步集聚
安吉天使小镇	小镇以教育为亮点，在规划中通过研发“全龄、全时、全维”一系列完整的生命周期教育体系，从而建设一座集教育、文化和颐养为一体化的区域

续表

小镇名称	建设概况
柯桥酷玩小镇	小镇紧紧围绕“酷玩”主题展开建设，努力打造成集运动、旅游和产业一体化的休闲区域
永康赫灵方岩小镇	小镇以方岩旅游产业为重点培育对象，再将文化和旅游相互融合渗透，建设泛旅游化的多样化特色区域
天台山和合小镇	小镇依据珍贵文化产业基础和优美的自然景观，努力打造成集文化和旅游相互融合的休闲体验区
松阳茶香小镇	小镇大力发展茶产业，主要包括茶产业加工和贸易等，另外通过悠久的茶文化基础，进一步打造成养生文化高端区
普陀沈家门渔港小镇	小镇依据雄厚的产业基础，大力发展渔业，主要包括海产品贸易、海产品养殖以及相关渔业展开的特色旅游业
朱家尖禅意小镇	小镇凭借历史悠久的佛教文化根基，重点发展佛教文化旅游产业以及衍生出相关的养生休闲产业，将旨在打造集佛教文化旅游产业于一体的多功能区域
杭州湾花田小镇	小镇侧重休闲旅游产业发展和农业文化，旨在建设田园中小镇的理想格局

资料来源：浙江省特色小镇官网。

以健康产业为核心的特色小镇主要分为两大类，第一类是通过药材资源和药文化构建出健康养生理念的产业体系，如较为典型的便是桐庐健康小镇，其独特宜居的生态环境和悠久历史的药文化，从而紧紧围绕健康养生主题，大力发展健康旅游和相关保健品产业，另外对养老服务和相关设施建设也非常重视。第二类则是通过健康运动和健康食物来积极培育特色小镇，如平湖九龙山航空运动小镇正是以健康运动为宗旨，打造休闲、旅游和健身一体化多功能区域，侧重从环境宜居的角度发展健康产业，而庆元香菇小镇通过借助香菇这类营养价值较高的食物，全力打造品牌效应，致力于形成香菇产业集聚化体系。与此同时，也要努力建设以香菇为相关主题的休闲度假社区，实现产业多方面延伸（见表4-5）。

表4-5　　健康产业类特色小镇

小镇名称	建设概况
磐安江南药镇	凭借丰富的中药材资源，逐渐从传统的纯中药材种植过渡到产、供、销一体化发展，并且不断提高相关配套设施
桐庐健康小镇	凭借怡人的原生态和著名的“桐君”国药文化为基础，培育以健康服务为主导产业，联合带动健康养生以及健康旅游等相关产业

续表

小镇名称	建设概况
富阳药谷小镇	小镇内拥有海正药业（杭州）公司，以制药业为特色小镇的重点培育对象，旨在建设医疗服务一体化区域
瓯海生命健康小镇	小镇内以生命健康产业为特色产业，借助雄厚的医学基础，发挥眼视光专科和中医药研发等特色优势
文成森林氧吧小镇	小镇以安福寺为基础，进一步打造养生茶、禅修祈福、保健食品等与佛教养生相关的系列产品，并且注重养生文化的发展
平湖九龙山航空运动小镇	小镇的主导产业是基于运动健康和健康养生基础上，联合发展健康旅游产业体系
嘉兴马家浜健康食品小镇	小镇秉承“健康经济”宗旨，侧重紧扣“健康食品”理念，大力培育健康食品制造业、生产性服务业和文化体验旅游业
庆元香菇小镇	小镇以积极开拓香菇市场为重点，大力发展香菇产业及相关衍生产业
定海远洋渔业小镇	小镇内当前已形成远洋捕捞——海上运输——水产精深加工——冷链物流——水产交易、销售、服务一体化渔业体系

资料来源：浙江省特色小镇官网。

以时尚产业为核心的特色小镇在各自发展领域差异较为明显。首先，如桐乡毛衫时尚小镇，这种类型是基于地方传统产业基础上，通过融入新技术和创意，有效突破传统一成不变的发展模式，不仅使原有产业更加高端化，也进一步实现了市场拓展；其次，如吴兴美妆小镇，这种类型的特色小镇是以化妆品产业为侧重点，从而带动相关产业。如创意设计、人才培训以及香料研发等领域，即结合小镇实际情况，通过引入合适的时尚产业重点培育，努力打造产业高端化和完整化的创意体验区；最后一类，如瓯海时尚制造小镇，凭借地方独一无二的自然人文景观，拥有浓厚的产业内涵，再融入专业人才元素，以时尚产业为轴心不断延伸，其中包括创意设计和传媒等产业发展，从而培育出一条致力于创意开发的时尚产业体系（见表4－6）。

表4－6　　时尚产业类特色小镇

小镇名称	建设概况
瓯海时尚制造小镇	小镇依据特色鲜明的侨乡文化以及壮丽的景观，以温州文博会为媒介，吸引大量创意设计工作者集聚，以此来打造创意设计以及传媒等一系列产业体系
海宁皮革时尚小镇	小镇致力于培育时尚产业，通过将生产、生态、生活三者进行相互渗透与融合，努力打造出相对完整的以皮革为重点的产业体系

续表

小镇名称	建设概况
桐乡毛衫时尚小镇	小镇以毛衫为主导产业，通过融入时尚智造新元素，进一步提升产业高端化，有利于提高产品附加值和市场竞争力，使毛衫产业逐渐走向国际化市场
诸暨袜艺小镇	小镇以袜业为特色产业进行重点培育，通过加入智能制造新技术，进一步提高袜艺制作标准，除此之外，在融入创意和品牌效应的背景下，借助互联网媒介，打造线上线下一体发展模式
余杭艺尚小镇	小镇以时尚产业为重点培育对象，打造出杭派女装风格体系，并且借助大数据和电商平台，有限突破传统运营方式，促进产业进一步升级
吴兴美妆小镇	小镇以美妆为主导产业，通过对外引入高端化妆品及相关产业，努力建设以化妆品为重点方向的一系列产业体系
西湖艺创小镇	小镇以艺术创作为重点发展领域，通过将雕塑、建筑、动漫等元素融入生活，从而构建出文化创意产业的孵化平台

资料来源：浙江省特色小镇官网。

以文化产业为核心的特色小镇通常都与地方鲜明的历史文化密不可分，存在较为明显的空间依赖性和不可模型性。这些特殊小镇主要分为两大类，一类是基于地方传统产业基础上，对其产业精细化发展，提高产业高端化，较为典型的便是西湖龙坞茶镇，凭借浓厚的茶产业基础，从起初茶的采摘和销售逐渐发展为采摘、深度加工和市场销售等一系列产业体系，此外以茶文化宣传为亮点，促进品牌效应树立。另外一类则是在大力发展主导产业背景下，积极向相关产业延伸和辐射，如东阳木雕小镇，除了对木雕主导产业进行加工以及销售外，同时注重相关旅游和创意产业发展，在 2017 年增加了 26 家企业入驻，知名企业和设计工作室达到了 23 家，从而实现了小镇考核结果的华丽转身（见表 4－7）。

表 4－7　　文化产业类特色小镇

小镇名称	建设概况
湖州丝绸小镇	小镇将文化、休闲和旅游三者相互融合、重点培育丝绸特色产业，在发展规划中遵循“一轴、两环、四片区”空间布局进行规划
南浔善琏湖笔小镇	小镇以善琏湖笔为重点发展产业，衍生出相关产业，致力于培育出以湖笔为核心的产业链
越城黄酒小镇	小镇以黄酒为特色小镇，以黄酒文化为亮点，积极创造出以黄酒产业为核心的旅游养生度假区

续表

小镇名称	建设概况
龙泉青瓷小镇	小镇以青瓷文化为招牌，大力发展青瓷产业，除了对传统青瓷产业进行转型升级外，同时也注重相关旅游产业培育
青田石雕小镇	小镇紧紧围绕石雕产业重点发展、基于养生和文化层面，开发石雕衍生产业，构建以石雕为核心的休闲旅游区
西湖龙坞茶镇	小镇以茶产业为重点建设对象，积极树立西湖龙井茶品牌效应，将文化和产业紧密融合，创建集产业、商业和文化为一体的多功能社区
东阳木雕小镇	小镇以木雕为特色产业，其中涉及产品的研发设计，品牌效益树立以及衍生的家居产业，致力于构建出以木雕为重点的休闲旅游区
龙泉宝剑小镇	小镇以宝剑为重点培育对象，通过弘扬宝剑文化，打造出以宝剑产业为主题的相关旅游等多功能区域

资料来源：浙江省特色小镇官网。

三、其他类特色小镇

除了上述七大类产业外，依据浙江省特色小镇官网给出的名单，还有 2 个综合产业类特色小镇和 1 个新能源产业类特色小镇。天子岭静脉小镇以环保为重点发展产业，融合高科技元素，着力解决城市垃圾问题，秉承绿色环保原则，实现产业、生态和人文和谐发展。衢州循环经济小镇以深厚文化为内涵，重点建设环保装备与运营，打造循环经济体系，其中在污水处理方面取得明显进步，从原来日污水处理量 1.44 万吨提高到 2.88 万吨，处理能力足足提高一倍。长兴新能源小镇主要聚焦于新型电池、新能源汽车以及新能源三大主要产业建设，同时遵循生产和生态融合发展理念，注重生态宜居环境创建，旨在打造成产品制造和旅游观光的多功能社区（见表 4－8）。

表 4－8　其他产业类特色小镇

小镇名称	建设概况
天子岭静脉小镇	小镇秉持绿色环保理念，重点建设环保业，以工业和生态一体化为发展宗旨，从而实现产城和谐发展局面
衢州循环经济小镇	小镇按照循环发展观念，以环保装备和环保运维为重点建设对象，努力提高小镇污水处理水平，实现经济可持续发展
长兴新能源小镇	小镇主要致力于聚焦新型电池、新能源汽车、新能源三大产业建设，同时秉持产业和旅游相互融合理念，努力打造生态宜居的新能源产业集聚区

资料来源：浙江省特色小镇官网。

第四节　浙江特色小镇持续性发展空间格局与集聚水平

一、研究区域与数据来源

浙江省作为特色小镇概念提出最早的省份，加上地方政府的重视，自然使特色小镇的创建和培育工作在全国处于领先位置。在2015年浙江省正式提出特色小镇的建设目标后，2016年便公布了第一批和第二批特色小镇创建名单。而在住建部、国家发改委、财政部同年发布的有关特色小镇的文件中，计划到2020年培育出1000个左右各具独特产业的特色小镇。随着近几年浙江省经济快速发展，不仅提高了其产业集聚的整体水平，打造出高度专业化的产业体系，同时也为特色小镇的建设奠定了扎实基础。值得注意的是，在浙江省公布的创建和培育特色小镇名单中，截至2018年底，省级特色小镇建设数量135个，省级培育特色小镇10个以及市级特色小镇建设数量204个。考虑到这些特色小镇在后期考核中数量存在较大的波动，并且在浙江特色小镇的官网中，只公布了第一批和第二批创建的特色小镇相关指数并对这些小镇进行了行业划分，秉承数据的权威性，本书只选择浙江省第一批和第二批创建的特色小镇为研究对象。

本书首先确定浙江省公布的前两批特色小镇总共79个为研究对象，其中，奉化滨海养生小镇在后期考核中降级为培育特色小镇，故有效数量为78个。其次，从浙江省特色小镇官网中获取78个不同种类的特色小镇，其中从浙江特色小镇官网中进行数据收集的时间截点为2018年底。最后，利用百度地图API坐标功能对这78个特色小镇进行定位，从而获取这些特色小镇的地理坐标，最后按行业分类进行经纬度坐标汇总。

二、研究方法

1. 地理集中指数

地理集中指数作为用来分析研究对象空间分布特征的常用方法之一，可以有效地对研究对象的空间集中程度进行总结。其取值范围一般在0～100，其数值为正，表示要素在空间集中度呈现正相关关系。计算结果值愈加趋向于0，则表示研究对象的空间分布愈加不集中，呈现分散状态。相反，计算结果值越大，则表示研究对象在空间分布集中程度愈加明显。计算公式如下：

$$Z = 100\sqrt{\sum_{i=1}^{m}\left(\frac{Y_i}{T}\right)^2} \tag{4-1}$$

式中，Z 表示地理集中指数；Y_i 表示 i 个市级区域特色小镇数量；T 为浙江省特色小镇总数量；m 为市级总个数。

2. 基尼系数

基尼系数作为衡量空间分布的常用方法之一，主要是研究离散区域内某种要素的空间集中程度，可以对不同研究对象进行空间差异化对比分析，从而更加全面认识研究对象的空间分布特征。取值范围在 0 ~ 1，计算结果越接近于 1，则表示该区域内研究对象集中程度越明显。具体计算公式如下：

$$H = -\sum_{i=1}^{N} P_i \mathrm{Ln} P_i \tag{4-2}$$

$$Hm = \mathrm{Ln}N \quad \mathrm{Gini} = H/Hm \quad C = 1 - \mathrm{Gini}$$

式中，P_i 为第 i 个区域中研究对象个数占总数的比重；N 为区域总数；C 表示分布均匀度。

3. 核密度估计法

核密度估计法认为事件发生可以在任何地方，但落到不同区域内的概率是有所差异的，也就是说事件发生在不同地方的概率不是固定值。事件发生在点集聚区的概率自然要远远高于点稀疏区的概率。因此，可以通过要素点的分布来反映整体数据的集聚状况。在结合概率论的背景下，从总体中抽取 x_1，x_2，x_3，…，x_n 一系列点集。当然，这些点集是服从密度函数 $f(x)$，因此在某点处的公式可以写成：

$$f(x) = \frac{1}{nh}\sum_{i=1}^{n} k\left(\frac{x - X_i}{h}\right) \tag{4-3}$$

式中，$k\left(\frac{x - X_i}{h}\right)$ 为核函数；$h > 0$ 表示带宽；$(x - X_i)$ 表示估值点 x 到事件 X_i 处的距离。

4. 空间自相关分析法

在研究有关空间层次的问题上，进行空间自相关分析是一种较为典型的做法。所谓空间自相关是指某些事物在地理空间位置中表现出一定程度的相似性，而这类事物往往彼此间距离也不会太远。也就是说空间自相关可以用来探索空间属性变量的相似程度。因此，空间自相关性表示研究对象在空间上并非随机分布，而是呈现一定程度集聚状态。空间自相关性一般分为全局空间自相关性和局部空间自相关性。全局空间自相关的分析方法，较为常用的是全局 Moran's I 指数，从整体层面来探讨研究对象在地理空间位置的分布状况。而在局部空间自相关分析中，局部 Moran's I 指数使用较为频繁。相比传统层次的数据分析，空间自相关考虑到数据地理位置这一因素，使测算结果更加符合实际情况。值得注意的是，全局 Moran's I 指数只能说明研究对象在空间的自相关情况，对于其在空间的集聚水平却无法得出，因此需要进一步借助 General G 指数来进行研究。

（1）全局 Moran's I 指数。通过全局 Moran's I 指数的计算，得出整体空间的自相关结果，以此来说明研究对象在空间呈现怎样的分布状态。具体的计算公式如下：

$$I = \frac{n}{s} \frac{\sum_{i=1}^{n} \sum_{j=1}^{n} W_{ij} Z_i Z_j}{\sum_{i=1}^{n} Z_i^{\ 2}} \tag{4-4}$$

式中，Z_i 表示要素 i 的属性及其平均值（$x_i - \bar{x}$）的偏差；W_{ij}表示要素 i 和要素 j 相互间的空间权重关系；n 表示要素的总数量；S_0 表示所有空间的权重聚合。

Moran's I 指数的值域范围通常是在［-1，1］，若计算的结果值为 0，则说明研究对象在空间不存在自相关关系，若结果为正值，则说明研究对象在空间分布较为集中，存在密切的相关性。并且随着指数的增大，这种分布集中度也随之增大，表现为正相关关系。当然，若结果为负值，则表示不集中的分布状态，也就是分散水平。且随着指数的进一步接近 -1，这种不集中或分散的水平愈加明显。

（2）General G 指数。在研究空间集聚水平的指标体系中，General G 指数可以用来说明空间集聚水平的高低。具体计算公式如下：

$$G = \frac{\sum_{i=1}^{n} \sum_{j=1}^{n} W_{ij} X_i X_j}{\sum_{i=1}^{n} \sum_{j=1}^{n} X_i X_j} \tag{4-5}$$

式中，x_i 是要素 i 的属性；W_{ij}表示要素 i 和要素 j 相互间的空间权重关系；n 表示要素的总数量；j 和 i 不是同一个要素。

三、浙江省特色小镇空间集聚水平

1. 总体分布特征

所考察的所有 78 个特色小镇，在浙江省 11 个市级区域均有分布（见表 4－9）。倘若是均匀分布的话，则每个市级区域的特色小镇数量分布不超过 7 个，但实际情况是，杭州、嘉兴、丽水的特色小镇数量高于平均值，尤其是杭州，其特色小镇的数量高达 18 个。而浙江西部和中部的大部分区域，如衢州、温州和台州其特色小镇的分布数量低于平均值。因此，可以初步认为浙江特色小镇在空间上并非均匀分布。

表 4－9　　浙江省特色小镇市级区域分布数量

市域	特色小镇数量
杭州	18
宁波	7
嘉兴	9
湖州	6
绍兴	5
舟山	3
温州	5
台州	5
金华	6
衢州	5
丽水	8
其他	1

资料来源：浙江特色小镇官网。

除此之外，不同类型特色小镇数量也并非以均匀分布的形式呈现，并且随着第二批创建特色小镇名单公布，这种不均衡的现象更加明显。通过对第一批和第二批浙江省特色小镇进行对比分析，不难发现，在第一批创建的特色小镇中，前三名的特色产业分别为旅游产业（22%）、高端装备制造产业（17%）以及文化产业（17%），如图 4－6 所示。而在第二批创建的特色小镇中，第三名的特色产业发生了变化，与此同时，特色产业所占的比重也发生了变动，依次为旅游产业（26%）、高端装备制造产业（19%）和新兴信息产业（17%），如图 4－7 所示。旅游产业和高端装备制造产业的特色小镇数量稳步提升，说明浙江省依据自身要素禀赋，努力打造具有自身优势的特色小镇和特色产业，而不是盲目追求不同特色小镇数量的均衡而刻意强求特色产业非优势开发发展。旅游产业比重的逐渐增加，不仅有利于旅游类特色小镇的进一步发展，也有利于地方和浙江省经济的发展。从特色小镇官网收集的数据显示，2015 年的第一季度浙江省旅游收入从 1415 亿元到 2018 年第三季度的 2180 亿元，增长了 54% 有余。此外，对两批创建的特色小镇进一步分析，可以看出文化产业从第

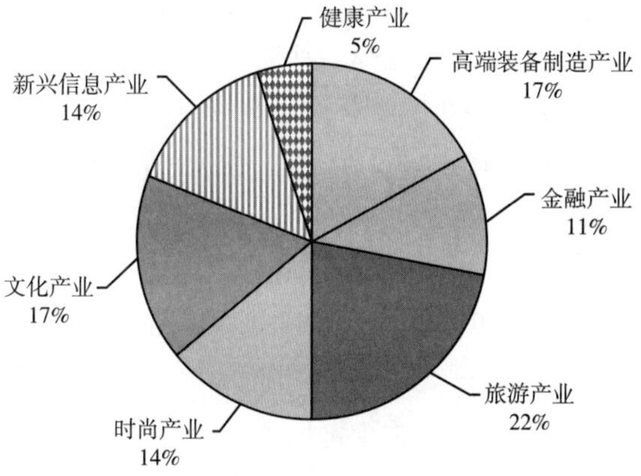

图 4－6　第一批特色小镇各产业占比

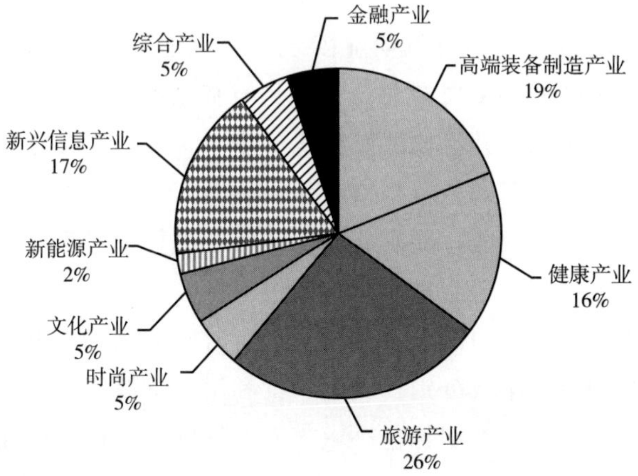

图 4－7　第二批特色小镇各产业占比

一批中的占比17%下降至第二批中的占比5%，而新兴信息产业从第一批中的第四名上升到第二批中的第三名，所占比例也相应得到提升。这说明了文化产业类特色小镇在第一批创建过程中已完成了绝大部分，并且这类产业由于特殊的地方文化资源，对这类特色小镇的选址更为严格。而新兴信息产业则是处于稳步上升的阶段，这也间接说明这类产业已经在当前特色产业打造中成为潮流，再结合区域资源的匹配性，积极促进了这类产业的发展。

2. 空间格局变化特征

（1）市域尺度下集中现象明显，空间分布不均。浙江省第一批创建的特色小镇是在2015年6月公布的，而第二批的创建名单是在2016年1月份公布的，以这两批公布的日期为时间范围，首先，借助地理集中指数计算浙江特色小镇空间集中程度，如图4－8所示，地理集中度为31.6。若特色小镇均匀分布，则地理集中指数理论值为9.1，可见地理集中指数实际值远远大于均匀分布的地理集中指数理论值，由此可以说明，市域尺度下特色小镇表现出十分集中的空间分布状态。其次，通过对基尼系数计算，发现浙江省特色小镇总体基尼系数为0.95，分布均匀度为0.05，说明浙江省特色小镇在空间呈现集中分布现象，并且分布的集中程度十分明显，分布均匀度很低更是说明特色小镇的空间分布不均衡现象。若是进一步将空间细分，依据《浙江统计年鉴》，将浙江省11个市划分为浙东北和浙西南两大板块，其中浙西南为温州、金华、衢州、台州以及丽水5个市，剩余6个为浙东北区。再次，经过基尼系数计算发现，浙东北基尼系数 $G2=0.93$，分布均匀度为0.07，浙西南基尼系数 $G3=0.97$，分布均匀度为0.03。可以明显发现浙东北基尼系数小于浙西南基尼系数，造成这种情况的原因主要有两点：一是与基尼系数的计算性质有关，浙西南土地面积大于浙东北，并且比浙东北少一个市，这便间接导致在计算基尼系数时分母缩小；二是浙西南特色小镇数量没有浙东北多，并且特色小镇主要分布在以丽水为核心的集聚区，浙东北不仅特色小镇数量多，除了以杭州为中心形成的主核心区外，同时还存在多个次级核心区。

利用核密度分析法对前两批特色小镇进行时空对比，以市域为基本研究单位，其中黑色和绿色的小点分别代表第一批和第二批浙江特色小镇数量，分别从特色小镇整体以及不同类型特色小镇方面考察其空间格局特征。从浙江特色小镇核密度结果来看，从第一批浙江特色小镇创建到第二批浙江特色小镇创建，其数量的增长率高达116.7%。浙江特色小镇数量的迅速上升使其在空间

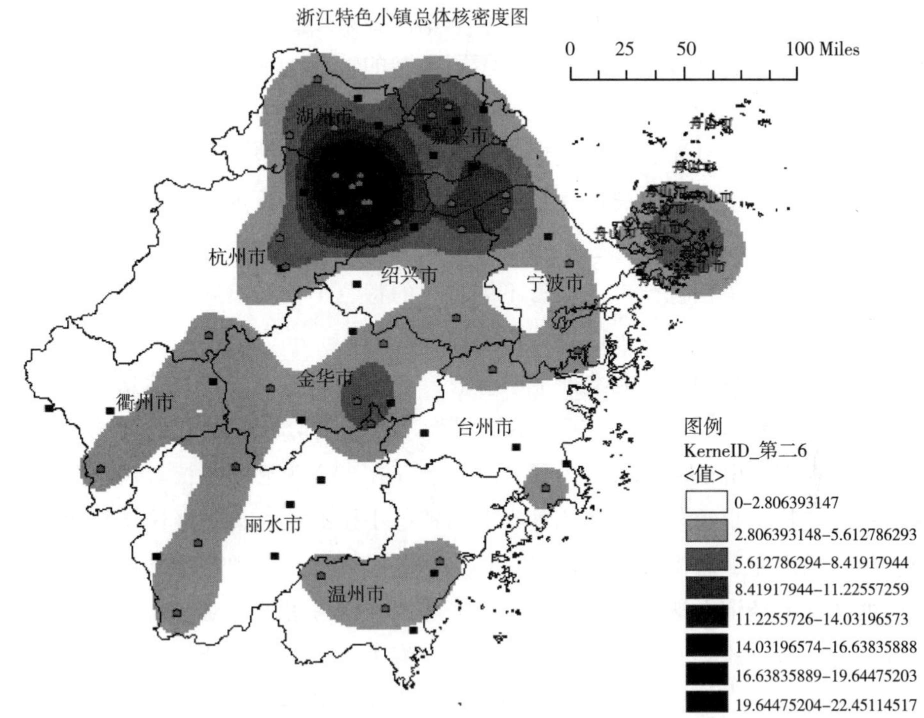

图 4-8　浙江省特色小镇总体核密度图

分布上存在较为明显的不均衡状态。如浙江东北部，点的分布数量明显高于其西南部，说明特色小镇不仅在空间存在集中现象，而且东北部的集中程度更加明显。若是再进一步从市域的尺度来看，可以明显发现浙江特色小镇分布的核心区域主要以杭州、湖州、嘉兴、宁波以及绍兴五大城市组成的区域为主。相对而言，浙江西部核心区域的特色小镇无论从数量还是密集程度来看，都不如东部数量多，主要集中在温州、金华和丽水三大城市。如果对这两批特色小镇进行时空对比分析，不难发现，无论是第一批还是第二批特色小镇，其两批的空间分布规律是十分相似的。第一批特色小镇分布密集的区域，第二批特色小镇的选址落在该区域的概率相比其他区域要大得多。这说明，特色小镇除了受到政策性因素的影响外，对于区域资源要素以及产业基础等因素更不容忽视，区域间因资源要素差异从而影响特色小镇落在该区域的概率。进一步而言，不同类型的特色小镇是否会因为对某种要素的特定需求，从而影响其选址呢？

（2）不同类型特色小镇空间分布差异大，核心区明显。对浙江目前特色小镇按照行业类别进行划分，主要分为高端装备制造产业、金融产业、时尚产业、新兴信息产业、文化产业、旅游产业以及健康产业，再按照产业类型逐次进行核密度分析，结果发现，在这些不同类型的特色小镇空间分布中，时尚特色小镇分布较为集中，主要是在杭州、湖州和嘉兴形成的核心区域。高端装备制造特色小镇主要分布在以嘉兴和宁波形成的区域以及台州市。金融特色小镇则是主要分布在杭州和宁波两大核心区域。旅游特色小镇主要集中在金华、丽水和嘉兴三大区域。文化特色小镇大部分集中在湖州市和丽水市，而新兴信息特色小镇主要集聚在杭州市。尽管不同行业的特色小镇在不同区域的集中程度差异较大，但总体上主要可以分为以下两大类：

第一类是以高端装备制造产业、金融产业、时尚产业、新兴信息产业为主导产业的特色小镇（见图4－9）。这类特色小镇主要分布在浙江省的东部和北部，而在西部和南部的分布较为稀疏，并且存在一个明显的主核心区，除了高端装备制造特色小镇外，其他三种类型的特色小镇的核心集中区位于杭州及周边。像金融产业、时尚产业和新兴信息这些属于第三产业中的高端产业，除了对所处区域的经济发达程度、交通便捷度等因素的考虑外，对高端人才需求也十分重要。所以这类产业通常都会集中在经济十分发达的区域。通过历年经济实力的对比发现，浙江东部地区的 GDP 明显高于其西部地区，并且从交通、教育、科技、人才等指标方面，也是优越于西部。而位于浙江东部的杭州市，作为浙江省的省会，又邻近浙江省经济实力排名第二的宁波，毋庸置疑是浙江省最强的区域。所以这也解释了杭州及周边成为这些类型特色小镇的主核心区域。并且浙江作为制造业强省，其雄厚的制造业基础遍及全省。高端制造特色小镇的分布相比另外的三类特色小镇，分布较为广泛，主要分布在以嘉兴、宁波为核心组成的核心区和台州核心区。嘉兴的纺织和皮革产业在融合电商模式的情况下，打造出新型产业体系，不仅实现了线上和线下齐开放，更是拓宽销售渠道，也有利于传统产业的优化。台州作为工业经济强市，其制造业基础十分扎实，国家级产业基地目前已经超过 50 个，涉及的领域包括医疗化工、汽车配件、塑料模具等。在这样浓厚的工业环境下，为高端制造特色小镇的培育提供了有利条件。宁波作为浙江省制造业有名的强市之一，制造业涉及较广，其“科技创新 2025”重大专项的实施更是逐渐将制造业推向一个新高度。

第二类则是以文化产业、旅游产业以及健康产业为主导的特色小镇（见图4－10），这类特色小镇主要分布在浙江的东北部和西南部，呈现较为明显的两个核心区，东北部的核心区主要是围绕嘉兴和湖州所形成的区域，西南部

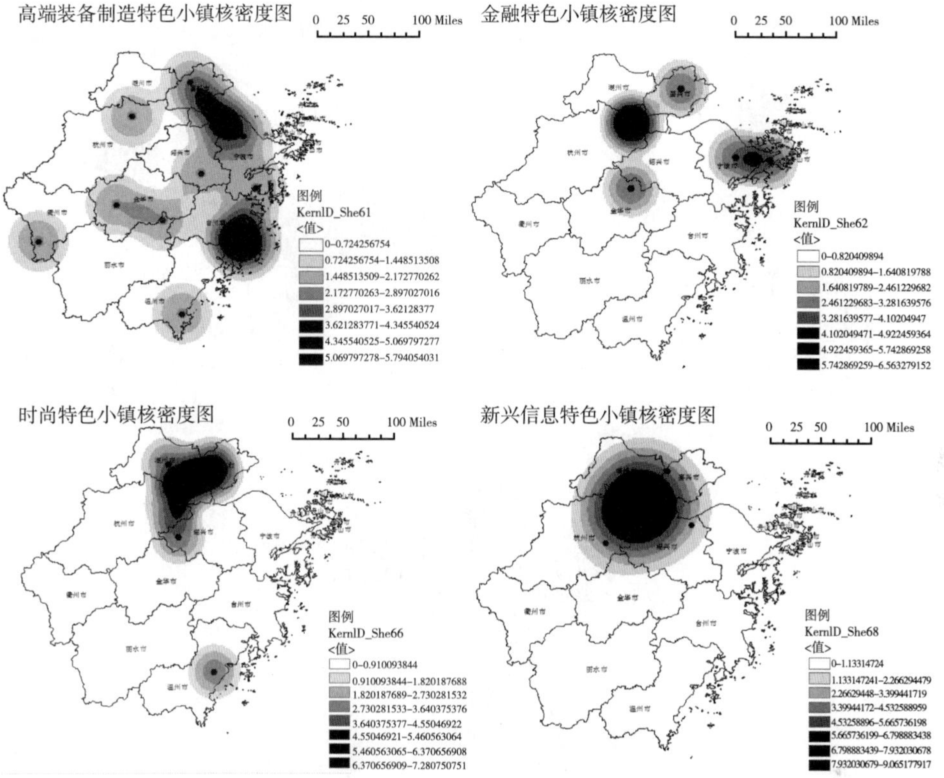

图 4－9　浙江第一类特色小镇核密度图

则是围绕金华和丽水所形成的区域。文化产业、旅游产业以及健康产业的性质具有十分相似的特征。不论是文化产业还是旅游产业，在其选址和培育过程中，更加重视产业基础这一至关重要的因素。丽水拥有“浙江绿谷”的称号，曾被评为中国优秀城市，旅游业不容置疑在丽水的经济发展中起到十分重要的作用。而湖州拥有历史气息浓厚的古建筑，其中典型的代表为南浔古镇。除此之外，金华作为国家级历史文化名城之一，鲜明的吴越文化更是促进了文化旅游的发展，良好的产业基础为旅游特色小镇的选址提供了方向。值得注意的是，健康金融特色小镇的核心区位置有所不同，除了湖州、嘉兴形成的核心区域外，杭州及周边形成的核心区更加明显。相比文化和旅游产业，健康产业除了对生态环境有要求外，其医疗、健康、养生一体化的产业链打造需要雄厚的资金支撑，因此这类特色小镇需要落在经济发达的区域。杭州作为全国幸福感排名前列的城市，经济实力位居浙江首位，自然成为健康特色小镇的核心分布区。

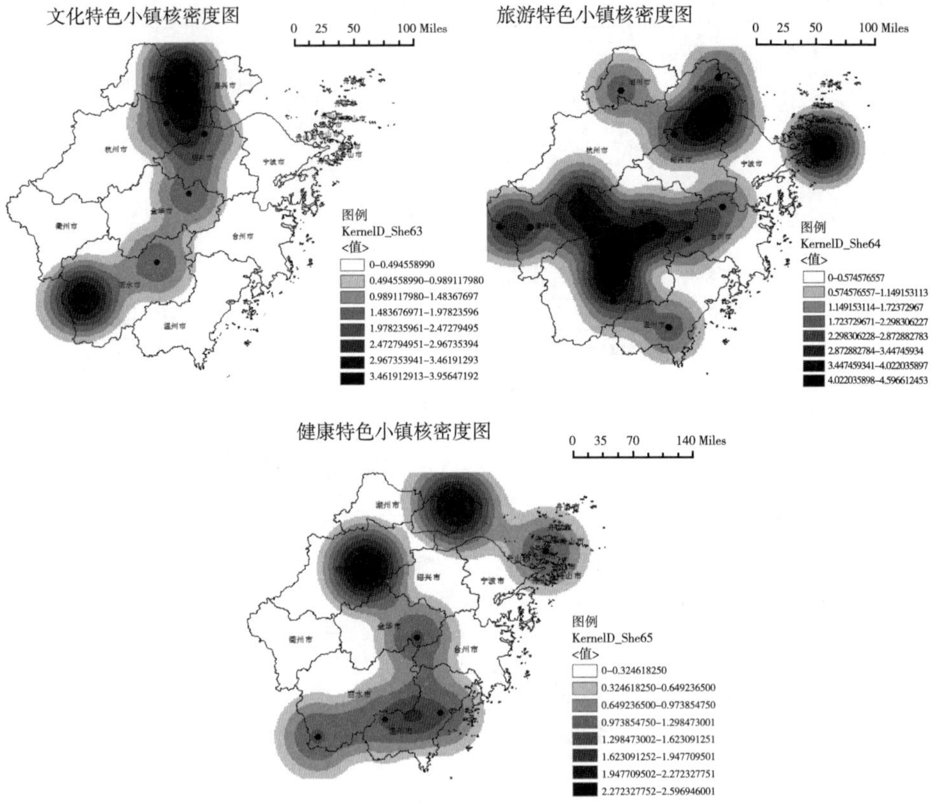

图4-10 浙江第二类特色小镇核密度图

3. 空间集聚特征

上述是基于市域层面利用核密度分析法对浙江特色小镇的所在空间格局进行研究，但是也只能说明浙江前两批创建特色小镇在空间上呈现集中分布的形态，不同类型特色小镇的集中程度也有所差异。为了进一步研究浙江特色小镇空间分布结构，借助空间自相关分析法来研究其空间特征。首先，通过对浙江省第一批和第二批特色小镇利用全局 Moran's I 指数进行空间自相关分析，得出浙江特色小镇在空间的分布规律是分散还是集聚？从表4-10可以看出，两批 Moran's I 指数检验中的P值为0，并且Z值均大于临界值1.65，说明运算结果十分显著，拒绝原假设（原假设通常认为研究要素在空间是随机分布），浙江特色小镇在空间分布是集聚的。如果再对两次的全局 Moran's I 指数进行时空对比，发现其指数变小，浙江省特色小镇的空间集聚程度有稍微弱化趋势。

这可能是因为某些类型的特色小镇在创建与培育的过程中需要特定的产业基础，从而表现出这类特色小镇出现较大地理位置的跨度，造成了总体集聚程度的弱化。例如，比较典型的文化特色小镇，因特殊的文化底蕴主要分布在湖州和丽水两大区域。在得出特色小镇总体上表现出空间集聚现象的规律后，接下来利用 General G 指数进一步分析其空间集聚类型，从表 4－10 General G 指数的结果来看，两次运行的 P 值均为 0，Z 值为正数，并且均大于临界值 1.65，General G 指数观测值大于 General G 指数期望值，即拒绝零假设（零假设一般认为研究要素在空间上不存在聚类现象），说明浙江特色小镇在空间集聚的类型上表现为高值区集聚，也就是说，特色小镇的数量与所在区域表现为正相关关系。特色小镇分布越多的区域，该区域内集聚现象愈加明显，而其数量分布越少的区域，则集聚度愈加不明显，如新兴信息特色小镇的分布就是一个典型的例子。值得注意的是，两次运行的 General G 指数相差不大，这也间接说明，随着特色小镇数量的增加，这种空间集聚的类型并没有随之发生变化。因此，浙江特色小镇在空间分布上是呈现块状的集聚现象，数量多的区域则集聚的程度更加明显。

表 4－10　全局 Moran's I 指数和 General G 指数时空结果

第一批	全局 Moran's I 指数	0.69219	General G 指数观测值	0.00001
	预期指数	－0.02857	General G 指数期望值	0.00001
	方差	0.00726	方差	0.00000
	Z 得分	8.45962	Z 得分	4.06111
	P 值	0.00000	P 值	0.00005
前两批	全局 Moran's I 指数	0.68569	General G 指数观测值	0.00001
	预期指数	－0.01299	General G 指数期望值	0.00001
	方差	0.00505	方差	0.00000
	Z 得分	9.83572	Z 得分	5.60914
	P 值	0.00000	P 值	0.00000

资料来源：浙江特色小镇官网、百度地图。

第五节　本章小结

本章首先对浙江特色小镇持续性发展和建设情况分别进行总体和局部分

析，主要包括特色小镇的发展背景、特色小镇的总体概况以及不同功能类型特色小镇的进一步解读。通过总结特色小镇的发展概况，有助于总体把握其发展进度。然后，针对不同功能类型特色小镇的建设成效进行分析，并且就不同功能类型特色小镇主导产业进一步研究，有利于深入把握特色小镇的建设效果。其次，通过对特色小镇建设情况进行概括总结，进而研究特色小镇的区域特征差异，主要从两个方面来进行分析。一是，从区域层面归纳总结不同市级特色小镇的创建数量以及不同区域内特色小镇的发展指数情况。不难发现，特色小镇虽然分布不均衡，但各区域内特色小镇的发展指数却较为均衡。二是，对第一批和第二批特色小镇的主导产业进行对比分析，发现占比前两位的产业依次为旅游产业和高端装备制造产业。

通过 ArcGIS 绘制出浙江省特色小镇的核密度图，可以发现特色小镇在浙江省的分布并非散乱，而是呈现集聚的块状分布，并且不同类型的特色小镇其核密度图之间存在较大差距。有些特色小镇的数量多，分布较为广泛，存在多个核心区。而有些特色小镇的数量少，分布较为局限，只有一个核心区。按照核心区所分布特色小镇的数量，分为两大类：一类是浙江东北部集聚区，主要是高端装备制造、金融、时尚和新兴信息特色小镇；另外一类则是浙江东北部和西南部集聚区，这类的特色小镇有文化、旅游和健康特色小镇。

浙江特色小镇的全局 Moran's I 指数结果为正值且效果十分显著，说明浙江特色小镇在空间以集聚形式存在，在进行两次全局 Moran's I 指数计算，并就结果进行时空对比分析，发现其指数有所下降，说明随着第二批特色小镇的加入，这种集聚程度出现细微的弱化趋势。在确定特色小镇空间分布集聚情况下，进一步借用 General G 指数来探究其空间集聚类型，结果表明浙江特色小镇在空间集聚类型中属于高值区集聚。同时这种集聚类型并没有随着第二批特色小镇的加入而发生改变。

特色小镇作为一种产业在空间高度集聚的新模式，浙江省在其建设的过程中起到了较为典范的作用。而本书的研究也正是揭示了浙江省特色小镇的空间分布格局，这不仅有利于发现浙江特色小镇的空间分布规律，也为别的省份特色小镇建设提供了经验借鉴。

第五章　中国特色小镇持续性发展动力机制分析

本章将进行特色小镇持续性发展过程中的动力机制分析。新型城镇化背景下，特色小镇的发展在注重以人为本导向下，产业功能与城市功能的良性互动和友好发展，追求人居、产业发展、城镇空间三者间的可持续发展模式，是可持续发展理念在新型城镇化过程中的体现。可持续性发展是新型城镇化发展的主导理念，其要旨是城镇的产业功能和城镇功能协调和互促发展。特色小镇持续性发展动力机制是推动城镇产业功能和城镇功能良性互动、协调发展的各类因素组成的作用机制，是特色小镇持续性发展的核心问题，本部分将以区域经济学理论、城市经济学理论、新经济地理学和空间经济理论等理论为基础，在结合可持续发展理念的基础上，阐述特色小镇发展的动力机制。

第一节　特色小镇持续性发展动力机制分析框架

特色小镇持续性发展是落实新型城镇化建设的关键，而其实现持续性发展的动力源自何处，则显得更为重要。《国家新型城镇化规划（2014—2020年）》中指出，城镇化的发展与工业化的发展相得益彰，二者促进非农产业在城镇内部集聚、农村人口向城镇内部集聚，能有效地一体化解决三农问题。城镇化的本质是要素的集聚，是经济发展各种要素在空间上集聚和重新整合的过程。从城市经济学看，比较利益和规模经济是形成城市的基本条件，区域的比较利益是第一初始动力，规模经济是另一基本经济动力。为了追求规模经济，厂商集中在一起生产以节约成本，从而形成聚集经济，城市也由此产生。相比传统城镇化的动力机制从城镇单向维度的角度出发，新型城镇化发展的动力机制旨在持续深化，推动高质量发展。随着我国工业化步入后期阶段，中心城市的土地、劳动力等生产要素资源日益稀缺，相较而言，工业对经济的正向作用速度有下降趋势。大城市的产业结构调整及转型升级的加快，产业、技术等生产要素正逐渐向特色小镇下移，推动着特色小镇尤其是中心城市周边特色小镇的迅速发展。一方面，具有一定发展基础的特色小镇潜力深厚，对劳动力及资金的吸引力较强，显著降低部分人口跨省及跨市的迁移倾向，在优先争取政府资金支持的同时，通过就近城镇化促进城镇获得进一步发展；另一方面，中心城市周边特色小镇受扩散效应影响明显，资金、技术及创新要素的流入，使特色小镇发展迅速。

不同于西方特色小镇市场主导的动力机制，以制度保障、政策投入为主的政府主导机制是我国特色小镇发展的主要推进模式。我国城镇化道路实质上是一种制度投入型的城镇化，这决定了我国城镇化道路的多元性特征。从动力机制维度看，新型城镇化背景下特色小镇的推进之路，是政府主导并初步推进，从而吸引社会多方力量参与带来市场机制的完善，形成的政府—市场—特色小镇自身“三位一体”协调并进的新型城镇化动力体系。大量学者对我国几十年城镇化运行的动力机制进行了广泛的研究。从背后推动者的角色来看，我国城镇化模式分为“自上而下”和“自下而上”两种模式（杨仪青，2013）。“自上而下”模式里，政府在城镇化推进过程中占据着主导地位，通过提前规划制定出城镇整体发展思路；相较而言，“自下而上”的动力机制则强调特色小镇内部的因素，农民工是城镇化的主要推动者，通过发展自身经济与工业化进程来吸引农村劳动力向城镇集聚，与此同时，促进乡镇企业的发展，成为农村工业化及现代化的首要内生因素（赵永平、徐盈之，2015；吴福象、刘志彪，2008）。但我国特色小镇发展基础普遍薄弱，市场化程度与发达国家特色小镇相比仍然不高，政府行为对城镇经济发展的推动作用不容小觑。归纳以往学者研究，特色小镇持续性发展动力机制主要有内部因素和外部因素两大类。内部因素指城镇本身所拥有的，且自发决定城镇的发展方向，强调驱动城镇发展的客观因素。主要有农村剩余劳动力从事二三产业、工业化、产业升级的驱动机制以及城镇经济水平。外部因素更加强调特色小镇发展外部环境的推动作用，主要包括产业集聚与扩散机制、政府政策导向机制、法律环境等。

结合以往学术研究成果，本书在持续性发展视角下梳理特色小镇发展动力机制，认为特色小镇持续性发展动力机制大体可分为，特色小镇具有客观因素驱动的内部因素和以外部环境施加作用的推动因素。其中，外部推动因素主要包括：以特色小镇周边经济中心的扩散效应、政府政策安排的环境因素；城镇内部可贸易部门与不可贸易部门的发展、城镇化水平及产业结构高度化则构成了特色小镇发展的内部驱动因素。基于本书主题，并结合上述经验事实，绘制了相关理论机制分析图，如图 5-1 所示。

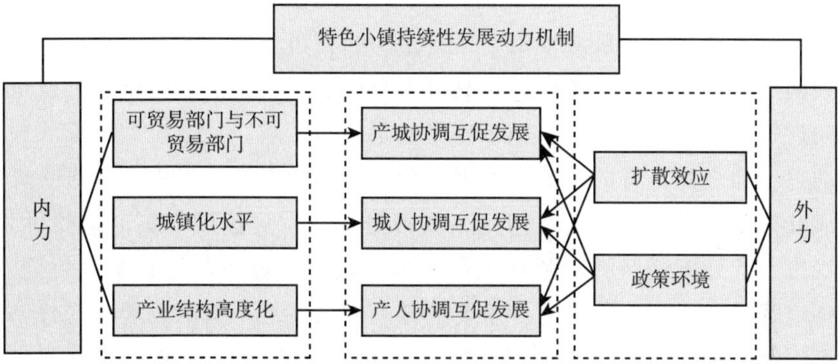

图 5-1　特色小镇持续性发展动力机制形成的理论分析框架

从内部因素看，特色小镇发展是自身客观因素驱动的一种转型和向前发展，从农业共同体到城乡接壤带的自治社区的转变，这种转变是特色小镇城镇化的内部动力使然。可贸易部门和不可贸易部门推动着特色小镇产业发展和城镇功能之间的互动作用。持续性发展的实质是实现城镇功能与产业功能的双向的协调互促发展，产业发展牵引城镇的发展，赋予城镇形态灵魂，城镇功能的完善也能为产业发展提供条件，进一步加强城镇发展的竞争力和生命力。可贸易部门与不可贸易部门的异军突起，是特色小镇发展普遍的先决内生动力；城镇化侧重特色小镇人居与城镇功能之间的互动作用。城人互动指城镇功能的日益改善带来的功能空间与人居之间的有效匹配、友好互促，解决的是随着城市规模的扩大，大量人口涌入，城市社会公共服务的质量及公共设施的建设与庞大人口之间的平衡。城镇化水平越高，城镇的基础设施及公共服务设施水平相应提升；产业结构高度化是从核心层面影响着产人之间的互动，产人互动衡量产业发展与就业者收入水平之间的关系，就业人数的增加与就业者收入水平的提升，与产业发展有着密切关系，产业促进城镇公共设施和公共服务的完善，从收入水平方面提高人口向城镇流动的吸引力，流入的城镇人口增加继续为产业发展提供了劳动力及市场空间。

从外部因素看，扩散效应与政策环境都将对特色小镇产城发展、产人协调互动发展及城人协调互动发展起着显著的外部强化作用。国内外城镇化实践表明，以城市单核集聚发展为特点的城镇化过程，最终转变为以中心城市与周边城镇共促发展为特点的有机统一都市体系，同时也是城镇化由单核大城市集聚发展向多核心扩散发展的普遍方向。我国城镇化已进入工业化后期阶段，中心城市的集聚效应逐渐增强，中心城市的创新技术、高端产业、高层次劳动力等先进生产要素向周围地区加速扩散的同时，先进生产要素也得以流向特色小镇。特色小镇处于城乡接壤地带，置身于中心城市—外围地区特色小镇—农村腹地共同构成大的经济区域中，将具有来自中心城市扩散效应带来的发展优势和空间近邻效应，一边接收大城市技术的辐射与扩散，一边拉动周围农村腹地的劳动力，加之其自身的城镇化发展，最终跟随中心城市与中心城市一体化发展形成社会经济联系紧密的都市区，获得更快的发展速度与更高质量的发展，中心城市及其外围地区的特色小镇最终会构成一个经济区域，实现协同发展。政策环境是特色小镇发展的另一重要外部力量，特色小镇的发展既受经济发展内生原因的影响，也受人文环境、社会发展、政策环境等多种综合因素的推动，其中，政策环境是最重要的外部推力。西方经济学派认为，政策环境是经济增长的重要因素，只有在正确、良好的政策环境下，土地、劳动力分布和资本流动这些要素的作用才能最大限度地发挥作用。政策环境从宏观层面影响着特色小镇生产生活、投资建设、产业结构、生产要素的调整等方方面面，没有恰当的政策环境，会在大方向上引致非城市化的反常现象，抑制特色小镇的可持续性发展。改革开放以来，在我国的特色小镇建设中，政府调整公共政策并进行有效率的制度安排，加速特色小镇内部产业和人口聚集，是特色小镇发展的推动力。

第二节　特色小镇持续性发展动力机制分析：内部动力因素

一、不可贸易部门的专业化

特色小镇的内部可分为可贸易部门和不可贸易部门，各个类别的特色小镇都有其对外发展的特色产业，而这一产业就是特色小镇可贸易部门的主要组成部分，如工业、农业等，主要以第一、第二产业为主，而第三产业中的服务业则是特色小镇不可贸易部门的主要组成部分，不可贸易部门能够为特色小镇的发展提供强大的内在动力。在不可贸易部门中，主要是以商贸、物流、教育、医疗等为主的服务业，这些产业对特色小镇的可持续发展具有一定的推动作用，为特色小镇居民提供生活商品，满足医疗、教育、商贸等需求。除此之外，高速发展的新兴服务业部门为特色小镇提供了金融、文化、物流互联网等新型产业，这些行业的发展极大地促进着特色小镇可持续发展进程。在可贸易部门的产业发展形成了一定基础后，不可贸易部门作为配套产业发展成长起来，受可贸易部门的影响较大，同时对可贸易部门又有一定的反哺作用。不可贸易部门作为以服务业为主的部门，在为特色小镇带来实际经济效益的同时，还能够通过比较优势提升特色小镇不可贸易部门专业化水平，从而提高特色小镇总体的服务水平和基础设施建设水平，一方面可以带动可贸易部门特色产业的发展和可贸易部门相互促进；另一方面能够吸引更多外界的投资、政府的资金支持等，提高特色小镇特色产业的竞争性。因此，不可贸易部门专业化水平能够通过提高特色小镇的建设水平、吸引资金政策支持两方面对特色小镇发展产生影响，提高特色小镇的产城融合水平，从而进一步推动特色小镇的可持续发展。所以本书提出：

假设 H1：服务业不可贸易部门专业化水平的提高能够促进特色小镇的产城融合水平，从而进一步带动特色小镇的可持续发展。

二、产业结构高度化水平

产业是支撑特色小镇发展的基础，是特色小镇持续性发展的基石，产业的层次决定了地区的发展层次，因此，产业结构高度化水平的提高能够在提高特色小镇产城融合水平的基础上进一步推动特色小镇的可持续发展。

首先，从产业发展理论看，产业结构的升级优化是从第一产业逐渐过渡到第二产业、第三产业。我国是农业大国，城镇最初的发展大多都是依靠第一产业当中的农业，但是单纯依靠单一结构的产业特别是农业发展，无法带来更多的经济效益，人民生活水平无法得到太大的改善。第二产业、第三产业的附加值高于第一产业，产业结构向第二、第三产业过渡能够带来更大的经济效益，推动高新技术、创新产业的集聚，而产业的转移也意味着劳动力的转移，能够给就业者带来更高的收入，从而推动特色小镇的持续性发展。

其次，产业的发展一定程度上和城镇化联系在一起。一方面，产业结构的调整，促使产业向二、三产业发展，以工业为主的第二产业引致人口和资本的集聚，推动城镇化进程，而以服务业为主的第三产业则优化了特色小镇的功能，使特色小镇功能更加完善，提高人们的居住水平；另一方面，随着城镇化的进程不断推进，人口不断集聚，对于特色小镇的生活品质提出了更高的要求，又反过来促进了产业结构的进一步优化。总的来说，工业是城镇化的原始动力，而服务业则是城镇化的后续发力点，为特色小镇的基础设施和服务提供了有力支撑，也在一定程度上促进了特色小镇的产城融合。因此，产业结构的高度化在产业发展和城镇化的相互促进中推动了特色小镇的可持续发展。

最后，产业结构的高度化可以促进特色小镇各个产业协调发展，提高特色小镇的竞争力。产业结构的高度化只是代表产业结构的调整升级，并不意味着产业的单一化发展。无论基础产业属于农业还是工业，都可以以特色产业为基础，发挥产业优势，对其他产业起到引领和辐射作用，通过产业的专业化分工，进一步延伸产业链，完善小镇的产业功能，实现小镇的全产业链协调发展，以各产业的共同发展促进特色小镇的经济发展，从而在提高特色小镇产城融合度水平的基础上，推动特色小镇的可持续发展。因此，本书提出：

假设 H2：特色小镇的产业结构对特色小镇的发展有重大影响，特色小镇的产业结构高度化水平越高，特色小镇的产城融合度水平越高，对特色小镇的可持续发展的推动作用也越大。

三、城镇化水平

城镇化水平是推动特色小镇持续发展的重要内在动力。近年来，我国一直致力于城镇化建设，城镇化水平成为衡量地区经济发展水平的一大重要指标。

城镇化水平的提升对特色小镇持续发展的动力作用，一方面，表现在城镇功能方面。随着城镇化水平的提升，政府对特色小镇的财政资金投入不断增加，特色小镇的基础设施建设不断改善，城镇功能日益完善，一方面能够吸引劳动力流入，使城镇规模不断扩大，降低小镇居民的生活成本；另一方面，提高了特色小镇的竞争力，对外来资本的吸引力增加，能够引致更多的资本入驻。

城镇化水平和产业形成良好的互动也能对特色小镇的持续发展提供动力。特色小镇的城镇化水平提高对产业发展具有多方的影响。首先，城镇化水平的提高促进了人口、资本的集聚，对特色小镇的城镇功能提出了更高要求，对基础设施、公共服务等方面的诉求进一步推动了产业结构的调整升级。其次，城镇化水平提高意味着特色小镇在基础设施建设尤其是交通等方面的建设更加完善，一定程度上促进了特色小镇与中心城市、其他地区的交流，有效促进要素的自由流动提升要素空间配置效率，降低了产业发展的交易成本，从而提高了特色小镇产业的竞争力。最后，城镇化水平的提升能够进一步扩大特色小镇的集聚效应，通过人口、资本等要素的集聚推动特色小镇产业的集聚。所以本书提出：

假设H3：特色小镇城镇化水平进一步提升能够提高特色小镇的产城融合度，对特色小镇持续性发展具有促进作用。

第三节　特色小镇持续性发展动力机制分析：外部动力因素

一、政策环境

特色小镇的建设和发展是由政府和市场共同推进的，其中，政府是参与特色小镇建设发展的多元主体之一，是推动特色小镇持续发展的重要外在动力。政府对特色小镇持续发展的动力主要体现在两方面，一方面是对特色小镇的财政支持，另一方面则是对特色小镇倾斜性的发展政策支持。

特色小镇每个发展阶段都需要政府财政资金的支持，由于特色小镇成长期漫长，产业发展前景尚不明确，存在一定的风险，在特色小镇建设初期，经济基础薄弱，特色小镇经济效益无法得到保证，社会资本参与较少，政府财政拨款成为特色小镇建设最重要和最主要的资金来源。特色小镇建设步入正轨之后，同样需要政府资金的持续投入来对公共基础设施等进行改善。政府的财政资金为提升特色小镇的基础设施建设、项目建设水平提供了保障，为吸引外来人口流入创造了良好的环境，带来一定的人口集聚效应，扩大了特色小镇的规模。另外，政府财政支持有助于特色小镇提升产业建设水平、优化产业结构，推动特色小镇产业的发展。因此，政府的财政资金可以通过人口、产业两方面推动特色小镇的持续发展。

特色小镇的建设也离不开政府倾斜性发展政策的支撑。在特色小镇建设初期，政府通过颁布相关引导性政策来推进特色小镇的建设，并主导特色小镇建设和发展的蓝图规划，同时对特色小镇的空间布局进行规划。政府对特色小镇倾斜性的产业政策也推动了特色小镇产业的发展，一方面政府通过对特色产业提供一定的补贴或是政策上的优惠，吸引社会资本的入驻；另一方面，政府对特色小镇空间布局进行整体规划，推动产业集聚发展。总的来说，政府倾斜性支持政策可以通过对生产要素的空间分布、吸引社会资本加入、产业集聚方面的影响，促进特色小镇的产城融合，进一步推动了特色小镇的持续发展。因此，本书提出：

假设 H4：特色小镇之间具有发展的竞争性，特色小镇密度越小，政策环境越好，将越有利于提高特色小镇产城融合度水平，从而推动特色小镇的持续性发展。

二、扩散效应

扩散效应是指所有位于经济中心的周围地区，都会随着中心地区基础设施的改善，从中心地区获得资本、人才等，并被刺激促进本地区的发展，逐步赶上中心地区，是提高特色小镇产城融合度水平、推动特色小镇发展的重要外在动力。

将扩散效应体现在数据上，主要通过考察特色小镇离县级市的距离来确定，特色小镇离县级市的距离会在很大程度上影响特色小镇的发展水平。一方面，特色小镇的经济发展很大程度上来源于集聚效应，而集聚效应体现在地理上，则表现为距离中心城市或是发达的县级市的距离，毗邻发达城区的特色小镇通过扩散效应获得来自经济中心的集聚效应，从发达地区获得资金、人才等重要资源，从而降低自身的发展成本。另一方面，县级市的基础设施、交通物流、资金人才等发展要素都会对特色小镇产生影响，通过扩散效应与县级市实现各类生产要素的共享，并带动特色小镇本土资源的发展，从而推动特色小镇的持续发展。而由于城镇化的不断发展，县级市中心城区会不断向外围扩张，使特色小镇受周边城市的扩散效应也逐渐增强，这部分特色小镇则会拥有更高的产城融合度水平。因此，本书提出：

假设 H5：特色小镇的扩散效应体现为离县级市的地理距离，离县级市距离越近，扩散效应越强，产城融合程度越高，从而越有利于进一步提高特色小镇的持续性发展水平。

第四节　本章小结

本章基于区域经济学理论、城市经济学理论、新经济地理学、城镇化理论，以及产业集群理论等理论，尝试建立特色小镇持续性发展动力机制的理论分析框架，分析特色小镇持续性发展的作用机制，主要从内部动力因素和外部动力因素两方面进行展开，并做出以下相关理论假设（见表 5 - 1）：

表 5－1 相关假设及预期

因素类别	因素	假设说明	影响预期
内部动力因素	不可贸易部门的专业化	假设 H1：服务业不可贸易部门专业化水平的提高能够促进特色小镇的产城融合水平，从而进一步带动特色小镇的可持续发展	+
	产业结构高度化水平	假设 H2：特色小镇的产业结构对特色小镇的发展有重大的影响，特色小镇的产业结构高度化水平越高，特色小镇的产城融合度水平越高，对特色小镇的可持续发展的推动作用也越大	+
	城镇化水平	假设 H3：特色小镇城镇化水平进一步的提升能够提高特色小镇的产城融合度，对特色小镇持续性发展具有促进作用	+
外部动力因素	政策环境	假设 H4：特色小镇之间具有发展的竞争性，特色小镇密度越小，政策环境越好，越有利于提高特色小镇产城融合度水平，从而推动特色小镇的持续性发展	-
	扩散效应	假设 H5：特色小镇的扩散效应体现为离县级市的地理距离，离县级市距离越近，扩散效应越强，产城融合程度越高，从而越有利于进一步提高特色小镇的持续性发展水平	+

新型城镇化背景下特色小镇发展理念是特色小镇持续性发展的理论基础，具体而言，通过城镇功能与产业功能之间的有效匹配，达到城镇化与工业化两者间的协调互促发展，提升“产”的产业竞争力、“城”的城镇化发展质量和“人”的居民福利水平。

内部因素强调从特色小镇自身具备的客观因素出发，促进特色小镇的转型和向前发展，从农业共同体到城乡接壤带的自治社区的转变，这种转变由贸易部门和不可贸易部门、城镇化、产业结构高度化分别从产业功能与城镇功能协调互促发展、城镇功能与人居功能的互促发展及产业功能与人居功能的协调发展三个方面的核心层面共同作用而致。外部因素注重特色小镇发展的外部环境对特色小镇产城互动、产人互动、城人互动的外部强化作用。

第六章 中国特色小镇持续性发展动力机制实证检验

对特色小镇持续性发展总体现状及区域比较进行的初步考察发现，特色小镇持续性发展呈现出一定的空间特性。特色小镇持续性发展的动力机制是维持特色小镇运行过程的各要素相互协调、有效配置涉及的动力因素的运行系统，不仅包含了城镇对生产要素的吸附机制，也涵盖各生产要素之间的相互作用机制。

本章通过建立空间面板数据模型，分别从内部动力因素、外部动力因素两方面对特色小镇持续性发展的动力机制进行实证检验。

第一节 空间相关性分析

一、全局莫兰指数分析

空间相关性的测度属于空间统计分析领域，即空间数据（Spatial Data）的统计分析，是现代计量地理学中一个发展极为迅速的研究领域。该领域的思想根基在于 Waldo Tobler 的“地理学第一定律”，即空间中的现象并非孤立的存在，而是往往存在某种空间关联性，地理距离相近的现象比距离远的现象更明显。空间统计分析充分考虑空间数据的非独立性，采用空间权重矩阵等方式对一般回归模型进行修正以使它们能够适用于空间数据的统计分析。

空间权重矩阵能够定义不同研究单元的空间位置关系，是空间统计分析与传统统计分析的重要区别。通常定义一个二元对称矩阵 W，表达 n 个研究单元的空间位置关系，形式如下。式中，W_{ij}表示单元 i 与 j 的邻近关系，它可以根据“邻近标准”或“距离标准”等不同规则来设定和度量。

$$W_{ij} = \begin{bmatrix} w_1 & w_2 & \cdots & w_{n1} \\ w_{21} & w_{22} & \cdots & w_{n2} \\ \vdots & \vdots & \ddots & \vdots \\ w_{1n} & w_{2n} & \cdots & w_{nn} \end{bmatrix} \tag{6-1}$$

1. 二进制空间邻近矩阵

$$w_{ij} = \begin{cases} 1 & \text{当区域 } i \text{ 和 } j \text{ 相邻接} \\ 0 & \text{其他} \end{cases} \tag{6-2}$$

2. 二进制空间距离矩阵

$$w_{ij} = \begin{cases} 1 & \text{当区域 } i \text{ 和 } j \text{ 的距离小于 } d \text{ 时} \\ 0 & \text{其他} \end{cases} \tag{6-3}$$

空间自相关的测度选用莫兰指数，根据研究角度不同分为全局（Global）和局部（Local）两种。首先，运用全局莫兰指数 Moran's I 检验特色小镇持续性发展水平的全局自相关程度，以进一步体现我国特色小镇持续性发展的空间特征。Moran's I 的计算公式如下：

$$I = \frac{\sum_{i=1}^{n}\sum_{j=1}^{n}\omega_{ij}(x_i - \bar{x})(x_j - \bar{x})}{S^2\sum_{i=1}^{n}\sum_{j=1}^{n}\omega_{ij}} \tag{6-4}$$

式中，x_i表示 i 小镇的产城融合值；x_j表示 j 小镇的产城融合值；S^2为样本方差；$S^2 = \frac{\sum_{i=1}^{n}(x_i - \bar{\bar{x}})^2}{n}$；$\omega_{ij}$ 表示空间权重矩阵。Moran's I 值介于（-1，1）之间，正值表示特色小镇持续性发展水平具有正的空间相关性，负值表示特色小镇持续性发展水平具有负的空间相关性，若 I 值趋近于 0，说明特色小镇持续性发展水平的空间分布是随机的，即独立分布。指数的绝对值越大，则特色小镇持续性发展水平相关程度越显著。Moran's I 的检验结果如表 6－1 所示。

表 6－1　　特色小镇持续性发展水平全局 Moran's I 检验

Variables	I	$E(I)$	$Sd(I)$	z	p－value
ccrhd2014	0.011	－0.003	0.006	2.510	0.006
Ccrhd2015	0.011	－0.003	0.006	2.511	0.006
Ccrhd2016	0.013	－0.003	0.006	2.724	0.003

由表 6－1 可知，2014—2016 年的特色小镇持续性发展水平莫兰指数均大于 0，并且均通过了 1% 的显著性水平检验，说明 2014—2016 年特色小镇持续性发展水平具有显著的正向空间相关性。2016 年的莫兰指数较大，可能的原因是特色小镇在区位、自然条件等方面具有共同的特征，可贸易部门和非贸易部门的发展基础及所受的扩散效应等方面有类似的特征，使相邻特色小镇持续性发展水平具有正相关性。2014 年与 2015 年的莫兰指数数值相等，说明 2014—2015 年特色小镇持续性发展水平的空间相关性变化不大。总体来说，特色小镇持续性发展水平的空间相关性是上升的态势，说明特色小镇持续性发展水平相关性并未出现弱化的趋势。以上分析可见，2014—2016 年我国特色小镇的发展呈明显的空间相关性。

二、局部莫兰指数分析

然而，全局莫兰指数对空间相关性的全局评估存在忽略空间过程的潜在不稳定性的问题。如果进一步考虑到是否存在观测值的高值或低值的局部空间集聚，以及哪个区域单元对于全局空间自相关的贡献更大，以及空间自相关的全局评估在多大程度上掩盖了局部状况或小范围的局部不稳定性时，就需要进行局部空间自相关分析。这里选用局部莫兰指数，即空间自相关的局域指标——LISA（Local Indicators of Spatial Association）揭示每个特色小镇持续性发展水平的局域差异特性，公式如下：

$$I_i = \frac{(x_i - \bar{\bar{x}})}{S^2} \sum_{j=1}^{n} \omega_{ij}(x_j - \bar{\bar{x}}) \tag{6-5}$$

式中，局部莫兰指数 I 用来判断某区域 I 附近的空间集聚情况，它的含义与全局莫兰指数相似。每个单元的局部莫兰指数是描述该研究单元周围显著相似的研究单元之间空间集聚程度的指标，同时，也可以发现，所有研究单元的局部莫兰指数与全局莫兰指数存在比例关系。式中 I_i 为每个研究单元的局部莫兰指数（Local Moran's I），其他变量含义与全局莫兰指数相同。局部莫兰指数使用散点图和 LISA 集聚图进行可视化表达与分析。

1. 散点图分析

运用 ArcGIS 软件进行制作 2014 年、2015 年、2016 年特色小镇持续性发展水平的散点图，并进行系统分析，如图 6－1 所示。

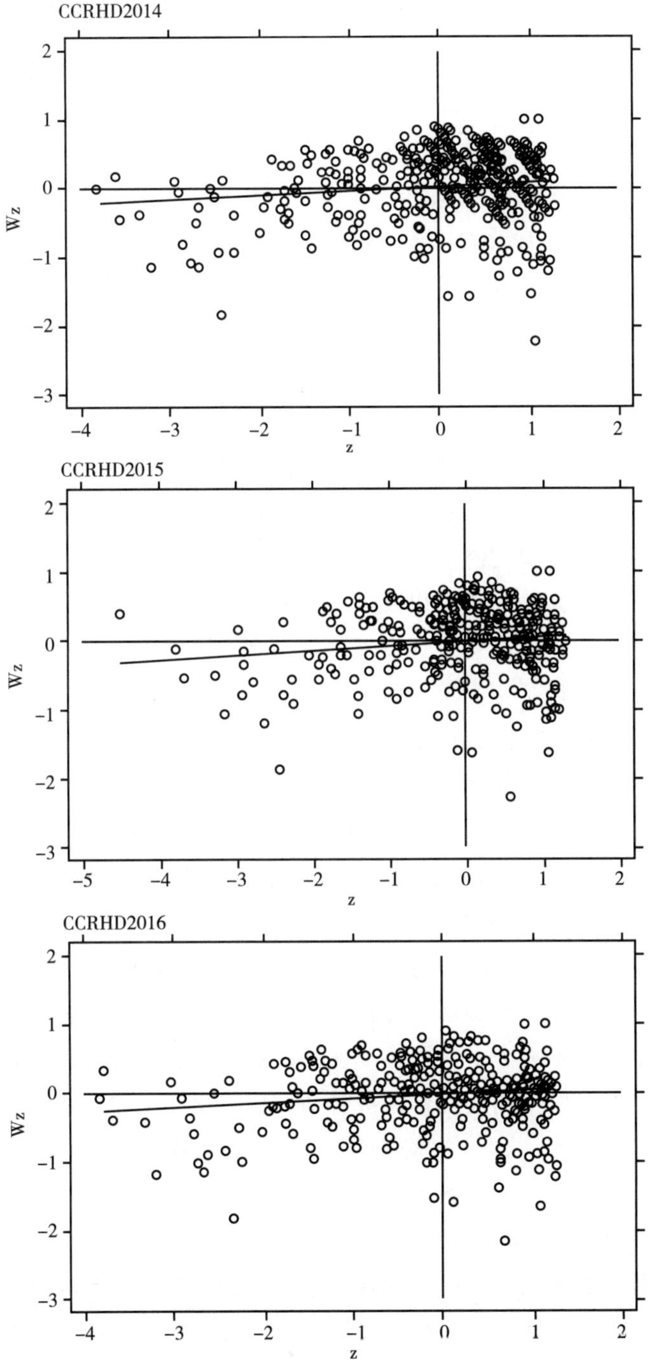

图 6－1　2014—2016 年特色小镇持续性发展水平局部莫兰散点图

（1）从2014年的散点图可以看到，大多数特色小镇集聚到了第一象限，说明高—高类型区处于主导地位，表明持续性发展水平较高的特色小镇趋向于和其他持续性水平较高的特色小镇相邻。由此可见，持续性发展水平较高的特色小镇容易与临近特色小镇形成集聚作用，形成高水平发展地区。第二、四象限的特色小镇数量略少，说明低—高（L－H）、高—低（H－L）类型虽不处于主导地位，但也占有较大比重。位于第三象限的城镇数量较少，说明低—低水平的类型较少，分布在东部、东南部、中部地区的特色小镇较密集，而位于西北部和东南部的特色小镇较为稀疏，这些小镇的持续性发展水平总体较低，并且数量较少。

（2）从2015年特色小镇持续性发展水平的莫兰指数散点图可以看出，2015年特色小镇依然集聚在第一象限，表明特色小镇中高—高（H－H）类型区依旧占据主导地位，持续性发展水平较高的小镇倾向于聚集在其他发展状况较好的特色小镇周边，除此之外，低—低（L－L）类型的特色小镇数目也较多，在第一象限内代表高—高类型以及第三象限代表低—低类型的特色小镇中空间单元存在正相关性，而在持续性发展水平呈现高—低型和低—高型的第二象限和第四象限，则体现了空间单元的异质性。

（3）从2016年的散点图可以看出，位于第一象限的高—高（H－H）类型区处于主导地位，持续性发展水平较高的特色小镇彼此相邻，能够促进该地区形成高质量、可持续发展的城市群或都市区，有效带动当地经济可持续发展。该类型处于主导地位说明我国的特色小镇发展在部分地区有了初步的成效，尤其是在东南部地区已较为成熟。处于第二象限和第四象限的低—高（L－H）、高—低（H－L）类型区较高—高（H－H）类型区少，说明仍有很多地区的特色小镇发展不均衡不可持续，高持续性发展水平特色小镇的城市扩散效应和集聚效应不显著，对周边地区的影响不明显，低持续性发展水平的特色小镇因为自身发展中的问题难以被带动发展。从图中看，仍有一部分地区处于第三象限的低—低（L－L）类型区，说明我国仍有一部分小镇的可持续发展水平较低，发展体系不成熟。

总体来看，2014—2016年的散点图变化趋势并不明显，说明2014—2016年特色小镇的发展缓慢，高—高（H－H）类型区处于主导地位。由于空间异质性，经济可持续发展的地区特色小镇密集度较高，中心城市的发展能够带动临近小镇的可持续发展水平，高—高（H－H）类型区主要集中在经济发达的东部、东南部地区。我国总体的特色小镇可持续发展水平不高，大量的低—高

(L－H)、高—低 (H－L)、低—低 (L－L) 类型区遍布在全国各个地区，特色小镇发展体系尚不完善。

2. LISA 集聚图分析

为了系统刻画特色小镇持续性发展水平的空间分布特征，本书选取 2014—2016 年的 LISA 集聚图进行分析。进一步运用 ArcGIS10.5 和 Geoda 软件计算特色小镇持续性发展水平的局部莫兰指数，并在此基础上形成 LISA 集聚图。

(1) 对 2014 年的特色小镇的空间分布进行分析可知，位于东部、南部和东北部的特色小镇分布较为密集，而位于西北、西南地区的特色小镇较为稀疏。高—高 (H－H) 类型的特色小镇大多分布在东南部、南部地区，且形成了一条密集的高—高 (H－H) 类型集中带，说明东南部和南部的特色小镇总体发展水平较高，高经济发展地区高持续性发展水平的特色小镇发展能够带动周边城镇的可持续发展，最终形成一条密集的高水平城镇带。东南、东部地区有少数的低—高 (L－H) 类型的特色小镇，这类地区的特色小镇持续性水平较低，但周围的特色小镇持续性发展水平高，这主要是由于自身管理、建设等方面的问题导致的发展不足。

东部地区由于地理位置、自然环境和交通运输方面的优势，成为特色小镇最为密集的地区。东北地区的低—低 (L－L)、高—低 (H－L) 类型区交叉分布，总体发展水平较东南部低。部分高—低 (H－L) 类型区说明了城镇自身发展水平较高，但总体发展水平不高，周围的城镇是持续性发展水平较低，高持续性发展水平城市的扩散效应和集聚效应都较弱，难以带动周边地区发展，因此没有形成水平较高的城市群都市区。西北和西南地区的地理位置相对偏远、自然资源紧缺、交通受到限制，特色小镇的发展比较困难，整体的可持续发展水平最低。西南地区形成了一个高—高 (H－H) 类型区，最可能的原因是在政府的支持下，通过加强对中心城镇的建设，增加财政资金投入和政策支持，提升了该地区中心城市的扩散效应，形成高—高 (H－H) 类型区。西北地区高—低 (H－L) 类型区的形成主要是由于当地的条件限制，在政府支持下发展起来的高水平特色小镇的扩散作用和集聚作用难以发挥，特色小镇的发展受到限制。同时也体现了我国特色小镇是由政府主导的特点。

(2) 在 2015 年，持续性发展水平属于高—高 (H－H) 型的特色小镇多集中在东南部地区，尤其是长三角地区，这表明，在这一地区的特色小镇存在一定的溢出效应，持续性发展水平较高的特色小镇通过以点带面的形式对周边的城镇产生影响，推动了临近的特色小镇发展，从而呈现出地区集聚现象，表现出一定的空间正相关性，这部分特色小镇依靠良好的区位优势和经济基础，产业发展势头良好，并通过便利的交通等优势实现要素自由流动，从而形成显著的集聚效应。例如，浙江绍兴市越城区的东浦镇，以黄酒作为特色产业，本身具有良好的产业基础，并依托东部沿海地区的区位优势和经济优势，通过溢出效应和辐射效应对长三角地区其他小镇产生了一定的带动作用。

而在东北地区分布较多的高—低（H－L）型特色小镇，这主要由于该地区产业基础薄弱、经济发展水平较低，特色小镇的带动和辐射作用不强，表现了一定程度的空间异质性。例如，乌拉满族镇依靠当地的自然风景和民族风俗发展旅游业，但是发展有限，没有通过旅游业带动临近特色小镇的发展，辐射作用有限。部分地区特色小镇呈现低—高（L－H）型的分布格局，这部分特色小镇自身的持续性发展水平较高，但是周边临近地区的特色小镇持续性发展水平较低，这也呈现出空间异质性，表现出特色小镇持续性发展水平没有出现集聚效应。而低—低（L－L）型特色小镇则多位于西藏和云南等地，这部分地区多为少数民族聚集地区，经济发展较为落后，产业基础薄弱，多分布民族聚居型特色小镇或农业发展型特色小镇，只能借助民族特色发展特色旅游业或者依靠农业发展，难以通过经济的发展形成集聚效应。例如，西藏的巴嘎乡，作为以牧为主、农牧结合的县城，还依靠原始的农业发展经济，没有通过现代科技带动产业结构调整升级，难以对周边地区起到辐射带动作用。

（3）2016 年，我国特色小镇持续性发展水平空间分布特征较 2014 年、2015 年变化不大。与 2015 年相比，持续性发展水平属于高—高（H－H）型的特色小镇主要还是分布在东南部和南部，并且在长三角地区的集聚特征明显，这说明由于良好的区位优势和坚实的经济基础，长三角地区的特色小镇发展较快，持续性发展水平与国内其他地区相比都处在高水平，同时借助长三角地区经济和资源优势，带动了周边地区的发展，形成了高水平的集聚现象。位于浙江仙居的白塔镇，2015 年该特色小镇的持续性发展水平并不显著，到 2016 年，其持续性发展水平成为高—高（H－H）型，一方面得力于白塔镇的产业和经济发展，白塔镇以旅游兴镇，依托神仙居景区秀丽的风景，打造成神仙氧吧特色小镇，凭借旅游业带动当地经济发展，发展形势良好；另一方面要归功于东南地区特色小镇的集聚效应，浙江省作为特色小镇的发源地，对特色小镇发展极为重视，浙江省特色小镇持续性发展都处于高水平，而白塔镇作为第二批全国特色小镇之一，一定程度上受到了周边发展良好的特色小镇的影响。

东北地区依旧呈现持续性发展水平高—低（H-L）型和低—高（L-H）型特色小镇交替分布的现象，没有形成良好的集聚效应，但总体上看，这一区域的持续性发展水平在逐渐提高，黑龙江的五大连池镇和赵光镇持续性发展水平在2015年还处于不显著的状态，到了2016年转变为低—低（L-L）型。由于东北地区的经济基础相对薄弱、交通条件相对落后，这一区域的特色小镇发展较为缓慢，因此这一地区的特色小镇要继续发挥资源优势，凭借独特的地理环境、特色资源等发展产业，同时对周边的地区发挥带动作用。西部地区整体来看基本没有变化，说明西部地区的特色小镇还没有发挥其优势，相互联系还不够紧密，西部地区要重视交通运输等基础设施建设，提高地区之间资源、人才、信息等要素的流动，从而推动西部地区特色小镇的发展。

总体来说，2014—2016年，我国特色小镇持续性发展水平分布格局略有变化，但进步不大。持续性发展水平属于高—高（H-H）型的特色小镇集中在东南部地区和南部地区，充分发挥了特色小镇"小"而"特""小"而"精"的特点，借助特色小镇的良好发展对周边地区起到了良好的辐射作用，溢出效果明显，特色小镇之间联系紧密，产生了显著的集聚效应，形成了持续性发展高水平的小镇集群。东北部地区主要是高—低（H-L）型和低—高（L-H）型特色小镇，特色小镇还需要进一步发展，通过加强地区间的合作交流，推动要素的自由流通，从而实现区域的协调发展。而在西部地区多分布低—低（L-L）型特色小镇，除此之外，大部分小镇所处区域为持续性发展水平不显著的地区，表明这些特色小镇持续性发展水平还需要进一步提高，需要通过政策、资金、人才等方面支持推动特色小镇的产业和经济发展，从而进一步促进特色小镇持续性发展，并实现特色小镇持续性发展高水平的集聚。

第二节　研究设计

一、计量模型选取

研究特色小镇持续性发展的动力机制，采用OLS模型进行估计时普遍会产生一定的设定误差，进而带来模型计算结果出现较大的偏误，这是普通最小二乘法的系统偏差（吴玉鸣，2007）。Anselin（1988）的研究表明，几乎所有空间单元一定程度上都具有空间依存性和空间相关性。空间计量模型能够考察样本单元间的空间相关性，避免实证结果的偏误。在选用实证模型检验之前，需要将研究数据之间的空间作用量化处理。在研究特色小镇持续性发展总体现状，进行区域比较以及空间性相关检验中发现，特色小镇持续性发展呈现出一定的空间特性。因此，在选择计量模型中引入估计空间效应的空间计量回归模型，是较为科学的考量。使用的空间计量模型有空间杜宾模型、空间滞后误差模型（SARMA）、空间误差模型（SEM）、空间滞后模型（SAR）等多种类型。

基于理论分析建立如下的计量模型，首先，空间计量模型的一般形式为：

$$Y = \lambda W_1 + X\beta + \mu \tag{6-6}$$

$$\mu = \rho W_2 + \varepsilon \quad \varepsilon \sim N(0, \sigma^2 I)$$

式中，Y 是被解释变量，为 $n \times 1$ 的向量；X 是解释变量，为 $n \times k$ 的矩阵；W_1 是（因变量）空间权重矩阵，W_2 是（残差）空间权重矩阵；μ 是随机干扰项，ε 为服从白噪声分布的向量；ρ 是空间相关系数，其正值表示空间溢出效应，负值表示离散效应；λ 是残差相关系数。

（1）在空间自回归模型的基础上，考虑（$\rho \neq 0$，$\lambda \neq 0$），这时模型就演变为空间滞后误差模型（SARMA）。

$$Y = \lambda WY + X\beta + \mu \tag{6-7}$$

$$\mu = \rho W\mu + \varepsilon \quad \varepsilon \sim N(0, \sigma^2 I) \quad (\lambda \neq 0, \rho \neq 0)$$

（2）空间误差模型强调空间异质性的存在，认为目标变量间空间相关性是由区域间随机冲击产生的，冲击存在于随机误差扰动项中。在空间自回归模型的基础上，考虑 $\lambda \neq 0$，$\rho = 0$，这时模型演变为空间误差模型（SEM）。

$$Y = \lambda WY + X\beta_1 + WX\beta_2 + \varepsilon \tag{6-8}$$

$$\varepsilon \sim N(0, \sigma^2 I)$$

（3）空间滞后模型（SLM）也称为空间自回归模型（SAR），重点在于研究因变量之间的空间相关性，强调因变量空间溢出效应。在空间自回归模型的基础上，考虑 $\lambda = 0$，$\rho \neq 0$，这时模型就演变成空间滞后模型（SLM）。

$$Y = X\beta + \mu \tag{6-9}$$

$$\mu = \rho W\mu + \varepsilon \quad \varepsilon \sim N(0, \sigma^2 I)$$

（4）空间杜宾模型（SDM）是空间计量模型的一般形式，因变量观测值不仅受相邻区域因变量的影响，还受相邻区域自变量的影响，空间杜宾模型能够更加准确地识别出影响因变量的关键因素，全面考察空间单位之间的交互效应。在满足某些条件下，空间杜宾模型可以简化为空间滞后模型和空间误差模型。其一般形式如下：

$$Y = \lambda WY + X\beta_1 + WX\beta_2 + \varepsilon \tag{6-10}$$

$\varepsilon \sim N(0,\sigma^2 I)$

式中，λ 为空间误差模型中空间误差效应的系数，衡量近邻物关于被解释变量的误差冲击对本事物的影响程度；ρ 为空间滞后效应的影响系数；ε 为服从正态分布的随机误差项，W 为空间权重矩阵。

在选择适用的模型进行问题研究之前，需对空间误差模型（SEM）、空间滞后模型（SLM）、空间杜宾模型（SDM）的适用性进行判断。Anselin 和 Rey（1998）提出区分计量模型的检验方法——拉格朗日乘子检验及其稳定性检验，基于距离空间权重矩阵、K 阶邻近空间权重矩阵，利用拉格朗日乘数（LM）检验选用最合适的空间计量模型，检验结果如表 6－2 所示。

表 6－2　　LM 检验结果

	LM－err	LM－lag	RLM－err	RLM－lag
k 阶邻近空间权重矩阵（$k=4$）	169.7145 (0.0000)	84.4547 (0.0000)	89.7543 (0.0000)	2.3541 (0.0290)
距离空间权重矩阵	145.6458 (0.0000)	82.2784 (0.0000)	69.4157 (0.0000)	1.0161 (0.0000)
空间固定效应 LR 检验		556.3644 (0.0000)		
时间固定效应 LR 检验		409.5441 (0.0000)		

注：括号中的数值为统计量的 P 值。

从表 6－2 可以看出，LM err、LM lag 均通过显著性水平检验，进一步观察 RLM lag 与 RLM err 两个模型检测统计量也在 1% 的显著性水平下显著，表明选择 SLM 和 SEM 模型都可行，结合 Wald 检验结果，表明 SDM 模型是恰当的，因此采用两者结合的 SDM 模型进行回归分析是最优计量模型。

在不构建空间交互项模型情况下，进行空间固定效应与时间固定效应的 LR 检验，得出模型同时具备时间效应与空间效应，表明选用 SDM 模型，选择时间空间双固定模型更优。

基于前文理论分析，构造如下计量分析模型：

$$lnsusta = \rho WlnSus + \beta_1 Spe + \beta_2 lnUrb + \beta_3 lnStr + \beta_4 lnPol + \beta_5 lnSca + \beta_6 Dis + \beta_7 lnPop + \beta_8 lnSta + \mu \quad (6-11)$$

$\mu = \lambda W\mu + \varepsilon \quad \varepsilon \sim N(0,\sigma^2 I)$

式中，λ 为空间误差模型中空间误差效应的系数，衡量近邻物关于被解释变量的误差冲击对本事物的影响程度；ρ 为空间滞后效应的影响系数；ε 为服从正态分布的随机误差项，W 为空间权重矩阵；$ccrhd$ 为计算出来的产城融合度得分，作为被解释变量；$WlnSus$ 为 $lnSus$ 的空间滞后项；Urb 为城镇化水平，用于检验城镇化水平发展程度对产城融合的影响；Str 为产业结构高度化水平，是为了检验产业结构高度化是否有利于产城融合的发展；Pol 为政策环境，用于检验不同的政策环境变化对特色小镇产城融合发展的影响；Sca 为城镇规模，用于控制城镇规模集聚效应对产城融合的影响；Dis 是距离虚拟变量，代表特色小镇距离县级市的距离，到县级市大圆距离 15 公里内为 1，15 公里外为 0，为了检验处于不同区域的特色小镇对产城融合的影响；Pop 为常住人口数，用于检验常住人口居住数量对特色小镇产城融合的影响。

二、变量选取说明

在上述模型的基础上，本书共设定被解释变量 1 个，即特色小镇持续性发展水平，解释变量有不可贸易部门专业化水平、城镇化水平、产业结构高度化、政策环境、城镇规模、距离、常住人口、从业人员，具体变量说明见表 6－3。

表 6－3　　变量说明

	变量	测度方法	含义
被解释变量	特色小镇持续性发展水平	测度“产”“城”“人”每个方面融合水平后，再利用熵值法计算产城融合水平	特色小镇可持续发展的核心是实现产城融合发展，产城融合能够有效促进产业发展、城镇功能完善、人口就业三者的相互融合、协调发展
解释变量与控制变量	不可贸易部门专业化水平	用小城镇服务业就业占整个地区服务业就业的比例进行测度	不可贸易部门专业化衡量的是特色小镇的城镇功能，体现体系内部的生产水平和居民消费水平。数值越大，说明小城镇服务业发展基础越好，并具有竞争力
	城镇化水平	用城镇建成区常住人口数除以城镇行政区全部人口数测度	城镇化水平的提升能进一步改善城镇基础设施的建设、完善城镇功能，吸引劳动力，减少产业发展的交易成本，有助于生产要素的创造
	产业结构高度化	用非农业就业人数占总就业人数的比例来测度产业结构高度化水平	地区产业结构优化能促进各产业部门的协调发展，产业结构高度化有利于特色小镇产业集聚，从而可以降低生产成本，提高产品的核心竞争力

续表

	变量	测度方法	含义
解释变量与控制变量	政策环境	用小城镇密度来测度政策环境对小城镇持续性发展的影响，定义小城镇密度为县区城镇数量除以县区行政区面积	同一县区的小城镇之间具有发展的竞争力，小镇密集的地区政府对每个小镇的资金投入相对减少，公共设施的匮乏会降低小镇产城融合发展质量
	城镇规模	城镇建成区总人口可以体现城镇规模的大小，用于控制城镇规模集聚效应对产城融合的影响	城镇建成区总人口数影响城镇产业生产水平和居民消费水平，体现城镇规模
	距离	到县级市大圆距离15公里内为1，15公里外为0	为控制临近县级市对特色小镇产城融合水平的影响，加入特色小镇到最近县级市距离虚拟变量
	常住人口	用特色小镇常住居民数量来体现	特色小镇的常住居民数量越大，小镇的基础设施建设和服务水平越薄弱，密集的居住人口会带来环境、交通、出勤、基础设施等压力
	从业人员	用城镇就业人数除以城镇总人口数来测度从业人员占总人口的比重	特色小镇产城融合水平较高会带来规模扩张和产业高度发展。一方面为本地提供更多的就业机会，提高就业收入水平；另一方面吸引外来人员就业，促进城镇产业发展水平

1. 特色小镇持续性发展水平（*Sus*）

特色小镇持续性发展水平作为被解释变量，特色小镇可持续发展的核心是实现产城融合发展，产城融合能够有效促进产业发展、城镇功能完善、人口就业三者的相互融合、协调发展。用特色小镇产城融合度水平替代特色小镇的持续性发展水平，主要是因为特色小镇的产城融合水平更能体现特色小镇“产”“城”“人”三个方面的协调发展水平。特色小镇产城融合度的测算方法为：分别测度“产”“城”“人”每个方面融合水平后，再利用熵值法计算特色小镇整体产城融合水平。

2. 不可贸易部门专业化水平（*Spe*）

根据区域和城市经济学理论，生产部门可以分为可贸易部门和不可贸易部门。不可贸易部门主要为本地居民提供商品和服务，满足地区内部需求；可贸易部门主要满足地区外部需求，生产的产品可用于外部贸易，是城镇规模扩张的主要动力。可贸易部门专业化水平越高，产业竞争力越强，城市规模扩张程度和发展水平越高。不可贸易部门专业化衡量的是特色小镇的城镇功能，体现体系内部的生产水平和居民消费水平。不可贸易部门对城市功能的完善有着极大的推动作用，发展潜力越大，对特色小镇持续性发展的推动作用越大。因此，不可贸易部门专业化水平是衡量特色小镇持续性发展的一个重要指标。用小城镇服务业就业占整个地区服务业就业的比例进行测度，数值越大，说明特色小镇服务业发展基础越好，并具有竞争力。

3. 城镇化水平（*Urb*）

城镇化水平体现了一个地区城镇化所达到的高度，其主要有三个方面含义：一是一个地区居住在城镇的人口占城乡总人口的比例；二是集聚程度达到城镇规模的居民点的数目；三是单个城市用地和发展规模。城镇化水平能够较好地反映地区经济发展程度。随着该地区城镇化水平的提高，城镇基础设施建设和就业水平提高，城市对人口的吸引力增强，人口向这些新兴的城镇地区流动，有利于促进户籍人口城镇化发展，缓解中心城市的住房压力，提升居民收入水平。人口的集聚效应和城市规模扩张能够减少生产交易成本，增强城镇的核心竞争力。城镇化水平用城镇建成区常住人口数除以城镇行政区全部人口数测度。

4. 产业结构高度化（*Str*）

产业结构是衡量城镇产业发展水平的一个重要指标。地区产业结构优化能促进各产业部门的协调发展，产业结构高度化有利于特色小镇产业集聚和高技能产业的发展，从而可以降低生产成本，提高产品的核心竞争力。产业结构高度化取决于农业外的其他产业的发展水平，因此用非农业就业人数占总就业人数的比例来测度产业结构高度化水平。

5. 政策环境（*Pol*）

特色小镇的发展由政府和市场共同推进，政策对地区的作用主要体现在财政投入和政策支持。政府的资金投入能够完善特色小镇基础设施建设，提高公共服务水平。政府资金对可贸易部门的支持能够有效促进产业发展和城市规模扩张。同时，政策导向作用是引领特色小镇发展方向的重要因素。由于政府资金的有限性和政府优先发展更具潜力特色小镇的目标，特色小镇密集的地区往往存在发展中的竞争性，政策环境也能体现特色小镇之间产城融合的竞争性。本书将用特色小镇密度来测度政策环境对特色小镇产城融合水平的影响，定义特色小镇密度为县区城镇数量除以县区行政区面积。

6. 城镇规模（*Sca*）

城镇规模大小对特色小镇发展水平具有影响，一般来说，规模较大的特色小镇具有明显的规模效应和扩散作用。规模较大的城镇会吸引更多外地人员流动，人员的流动为当地带来丰富的劳动力，劳动力市场的充实为可贸易部门提供了低廉的生产成本，从而提升城镇可贸易部门的竞争力，人员居住密集、就业机会多的城镇也会促进城镇规模的扩大。但特色小镇的发展是以自身特色为依据，不单是依靠劳动密集型产业的发展，过分追求城镇规模只会导致“废城”“空城”现象。城镇建成区总人口数影响城镇产业生产水平和居民消费水平，可以体现城镇规模的大小，因此采用城镇规模作为控制变量，用于控制城镇规模集聚效应对特色小镇持续性发展的影响。

7. 距离（*Dis*）

为控制临近县级市对特色小镇持续性发展水平的影响，加入特色小镇到最近县级市距离虚拟变量。到县级市大圆距离15公里内为1，15公里外为0。特色小镇到县级市的距离会影响特色小镇的发展水平，距县级市较近的特色小镇会受到县级市扩散效应的影响，县级市所具有的资金投入、交通物流、基础设施建设都会影响特色小镇的发展程度。

8. 常住人口（*Pop*）

“人”是特色小镇发展的基础，也是特色小镇发展的最终目标。人口数量大并不总是代表劳动力丰富，有时会给城镇建设造成较大的压力。特色小镇的产业结构高级化发展水平取决于人口的受教育水平和高技能人才的比重。特色小镇的常住居民数量越大，基础设施建设压力越大，服务水平越薄弱，密集的居住人口会带来环境、交通、出勤、基础设施等压力。

9. 从业人员（*Sta*）

城镇就业人员数量能够体现该地区“人”的发展水平。产城融合水平较高的特色小镇规模扩张和产业高度发展，一方面，为本地提供更多的就业机会，提高就业收入水平；另一方面，吸引外来人员就业，促进城镇产业发展。用城镇就业人数除以城镇总人口数来表征。

三、数据来源

本书数据来源于2014—2016年的《建制镇统计年鉴》《中国县域统计年鉴(乡镇卷)》。鉴于统计年鉴的连贯性以及统计条目的一致性，选用了2014—2016年为研究年限，考虑数据指标的可行性与科学性，最终选用全国镇域层面的399个特色小镇作为实证分析对象，由于个别统计数据的缺失，在数据的处理上采用平滑曲线法与增长率相结合的方法进行缺失数据的修复。

第三节　实证检验结果分析

一、基本回归结果分析

表6-4报告了特色小镇持续性发展动力机制检验的基准回归结果。不可贸易专业化水平（*Spe*）系数在1%的显著水平上为正，表明服务业和工业不可贸易专业化水平较高，有利于特色小镇持续性发展。工业和服务业专业化发展对特色小镇持续性发展水平有着明显的提升作用。在特色小镇发展的过程中，可贸易部门主要用于对外输出和交易，通过与外部地区进行交换为本地发展换取资本和财政支持，进一步带动当地相关产业发展和城镇化水平提高。服务业不可贸易部门专业化水平的提升能够提高小镇持续性发展水平，不可贸易部门为特色小镇居民提供生活商品、满足医疗、教育、商贸等需求，除此之外，高速发展的新兴服务业部门为特色小镇提供了金融、文化、物流互联网等新型产业，这些行业的发展极大地促进着特色小镇持续性发展进程。不可贸易部门专业化能完善特色小镇城镇功能，提高人民生活水平，还能刺激和带动邻近区域发展。因此，协调发展可贸易部门和不可贸易部门能促进特色小镇的持续性发展。

城镇化水平（*Urb*）的系数均在1%的显著性水平上为正，表明特色小镇城镇化水平的提高有利于其产城融合的发展。城镇化水平代表了城镇人口的集聚程度，城镇化水平的提高一方面能够促进城镇基础设施建设水平的提高，吸引人口的流入，进一步促进城镇内部现代化治理水平的提升；另一方面通过城市规模的扩张，降低了城镇的交易成本，提高了城镇产业的生产效率，从而促进了城镇“产、城、人”的融合，实现城镇人口流动的动态平衡局面。

产业结构高度化（*Str*）的系数在1%的水平下显著为负，表明了降低产业结构的高度化水平有利于特色小镇持续性发展。产业结构高度化是指由劳动密集型产业向资金密集型、技术密集型产业发展，由农业向第二、三产业转移。第三产业是特色小镇经济持续发展的主要动力，但过于重视不可贸易部门而忽视基础产业不利于特色小镇的发展。学术界大部分学者认为产业结构高度化是产业结构调整升级的表现，通过构建产业结构高度化指标衡量产业结构调整和升级的程度（黄亮雄等，2015；李东坤等，2016）。林春艳等（2016）则在测度产业结构高度化水平的基础上，研究中国产业结构高度化水平的空间网络关联效应。

表6-4　　基准回归结果

变量	（杜宾模型）	（SARMA）	（误差模型）	（滞后模型）
	lnSus	*lnSus*	*lnSus*	*lnSus*
lnSpe	0.010*** (0.003)	0.006*** (0.002)	0.011*** (0.003)	0.011*** (0.003)
lnUrb	0.011*** (0.004)	0.009*** (0.003)	0.011*** (0.004)	0.011*** (0.004)
lnStr	-0.033*** (0.006)	-0.020*** (0.005)	-0.032*** (0.006)	-0.032*** (0.006)
lnPol	0.023** (0.009)	0.012 (0.008)	0.023** (0.009)	0.023** (0.009)
lnSca	-0.007 (0.005)	-0.005 (0.004)	-0.007 (0.005)	-0.007 (0.005)
Dis	0.352*** (0.021)	0.247*** (0.019)	0.339*** (0.020)	0.339*** (0.020)
lnPop	-0.008 (0.005)	-0.004 (0.005)	-0.007 (0.005)	-0.007 (0.005)
lnSta	-0.003** (0.001)	-0.003** (0.001)	-0.001* (0.001)	-0.001* (0.001)
wy_Sus		-3.744*** (0.269)		

续表

变量	（杜宾模型）	（SARMA）	（误差模型）	（滞后模型）
	lnSus	*lnSus*	*lnSus*	*lnSus*
W * *lnSpe*	0.002 (0.005)			
W * *lnUrb*	-0.000 (0.009)			
W * *lnStr*	-0.010 (0.013)			
W * *lnPol*	0.008 (0.021)			
W * *lnSca*	-0.005 (0.011)			
W * *Dis*	0.060 (0.061)			
W * *lnPop*	-0.017 (0.013)			
W * *lnSta*	0.002 (0.001)			
rho	-0.004 (0.047)			0.020 (0.044)
lambda		0.746*** (0.037)	-0.003 (0.048)	
N	1194	1194	1194	1194
r2_a	0.0796	0.0021	0.0923	0.0927

Standard errors in parentheses　* $p<0.1$，** $p<0.05$，*** $p<0.01$。

政策环境（*Pol*）的空间误差模型、空间滞后模型和空间杜宾模型检验，均在5%的显著水平上为正，而在SARMA模型检验下不显著，总体上，政府政策支持、较好政策环境的特色小镇能促进持续性发展。本书用特色小镇密度来测度政策环境对特色小镇持续性发展的影响，从竞争性的角度分析，同一县区的特色小镇之间具有发展的竞争性，特色小镇密集的地区平均得到的政府财政资金支持和发展政策偏向较少，政府重点将财政资金投入可贸易部门中，促进城镇扩张和集聚，而较少把资金投入基础设施、公共服务的建设中，会降低特色小镇的发展水平和居民生活质量，说明特色小镇之间具有发展的竞争性。刘荣增等（2012）以小城镇个数除以区域土地面积来测算小城镇的密度；王雪芹等（2020）则用最邻近距离法对小城镇的密度进行测算，研究小城镇的分布格局。

城镇规模（*Sca*）系数在1%的显著水平上为负，一般来说城镇规模的扩大能够提升城市的规模集聚效应和规模扩散效应，毗邻中心城市的特色小镇通过城市规模扩大的扩散效应，能够获得经济中心的集聚效应。但在本书中，城镇规模的扩张不利于特色小镇持续性发展。随着城镇规模的扩张，需要投入城镇基础设施和公共设备的资金会增多，政府过于重视一些特色小镇不可贸易部门专业化水平的提升，导致资金过度投入而回报率低的现象，过分强调城镇规模的扩张而忽略了特色小镇的持续发展。本书表明了城镇规模扩张不利于特色小镇持续性发展。

距离（*Dis*）系数在1%的水平上显著为正，特色小镇到县级市的距离会影响特色小镇的发展水平，距县级市较近的特色小镇会受到县级市扩散效应的影响，县级市所具有的资金投入、交通物流、基础设施建设都会影响特色小镇的发展程度。为控制临近县级市对特色小镇持续性发展水平的影响，加入特色小镇到最近县级市距离虚拟变量，到县级市大圆距离15公里内为1，15公里外为0。说明位于较好位置的特色小镇拥有较好的自然地理条件，有利于产城融合的发展。比如位于东部沿海地区特色小镇的产城融合水平一般高于中西部地区的特色小镇产城融合水平。距离（*Dis*）的系数最大，说明地理因素是影响特色小镇产城融合的最重要的因素，处于较好区位的特色小镇具有天然的发展优势和潜力。具有优美的环境和自然风光的小镇可以借助自然资源优先发展旅游业，处于交通物流要塞的特色小镇更容易成为商贸中心，位于经济发达地区的小镇容易受到大城市的扩散效应和涓滴效应。特色小镇的区位因素对其产城融合发展具有较大的影响作用，区位条件很大程度上决定了特色小镇拥有的自然资源、政府支持、外在影响、建设基础。

从业人员数（*Sta*）和常住人口数（*Pop*）的系数均显著为负，表明从业人员和常住人口较少的特色小镇产城融合水平较高，在一定程度上减少特色小镇的人口数量有利于特色小镇的自然发展，促进产城融合。一方面，从业人员数一定程度上也代表了特色小镇相关产业吸纳的劳动人口数，当前我国特色小镇许多产业发展尚未成熟，过多吸纳劳动人口反而造成了劳动力的闲置和浪费，不利于生产效率的提高；另一方面，从业人口数和常住人口数仅能代表一部分劳动力数量，并不能代表劳动力的素质，特色小镇由于处于发展期，对高层次人才的吸纳能力较弱，人数的增多在给特色小镇基础设施和居住空间造成压力的同时，人口受教育水平和劳动素质却没有得到提升，导致特色小镇劳动力的技能与水平与特色小镇产业的发展无法匹配，这两方面的原因使从业人员和常住人口数目的增多对特色小镇产城融合水平产生消极影响。

二、特色小镇影响效用分解

某个空间观测单元相联系的任意给定解释变量的改变对该地区（被解释变量）本身的影响可称为直接效应，任意给定解释变量的改变亦可通过空间交互作用潜在地影响其他所有地区（被解释变量），此种间接形式的影响可称为间接效应或溢出效应。为了检验本书的解释变量如何影响特色小镇的持续性发展水平，判断是否具有溢出效应。本书采用似然比（*LR*）检验对直接效应、间接效应和总效应进行分析，结果如表 6 – 5 所示。

表 6 – 5　　效应分解

变量	(1) *lnSus*
LR_Direct	
lnSpe	0.010*** (0.003)
lnUrb	0.011*** (0.003)
lnStr	–0.032*** (0.006)
lnPol	0.023** (0.009)
lnSca	–0.006 (0.005)
Dis	0.353*** (0.021)
lnPop	–0.008 (0.006)

续表

变量	(1) *lnSus*
LR_Direct	
lnSta	-0.003*** (0.001)
LR_Indirect	
lnSpe	0.002 (0.005)
lnUrb	-0.000 (0.009)
lnStr	-0.011 (0.013)
lnPol	0.010 (0.022)
lnSca	-0.005 (0.011)
Dis	0.061 (0.060)
lnPop	-0.017 (0.013)
lnSta	0.002 (0.002)
LR_Total	
lnSpe	0.013** (0.006)
lnUrb	0.011 (0.010)
lnStr	-0.043*** (0.015)
lnPol	0.032 (0.024)
lnSca	-0.012 (0.012)

续表

变量	(1) *lnSus*
LR_Total	
Dis	0.414*** (0.066)
lnPop	−0.025* (0.015)
lnSta	−0.001 (0.001)
N	1194
r2_a	0.0796

Standard errors in parentheses　* $p<0.1$，** $p<0.05$，*** $p<0.01$。

（1）不可贸易专业化水平对特色小镇持续性发展的直接效应和总效应显著为正，间接效应为正但不显著。说明随着特色小镇不可贸易专业化水平的提升，其对特色小镇持续性发展的影响为正，各特色小镇的不可贸易部门专业化水平相互之间的影响力不明显，没有显著的溢出效应。可能的原因是不可贸易部门专业化水平的提高能够直接带动本地的服务业部门，增强特色小镇的公共服务能力，为居民提供更好的生活保障和基础设施保障，能够直接影响特色小镇的持续性发展水平。而不可贸易部门是为城镇内部提供生活用品、完善城镇功能的部门，特色小镇之间的交流和贸易往来不明显，因此空间上的间接效应不显著。

（2）城镇化水平对特色小镇持续性发展的直接效应在5%的显著水平上为正，而间接效应和总效应不显著，城镇化水平的总效应为正。城镇化水平的提高能促进特色小镇持续性发展，但对空间邻近区域的特色小镇正向影响作用不显著。原因在于，城镇化水平的提高促进城镇功能完善，吸引临近地区的人员流入，降低生产成本和消费成本，有利于城市功能与产业结构、人口发展质量相匹配，促进城镇的可持续发展。而在空间上，城镇化水平的提高通过空间交互作用对其他地区产生的影响不明显，对城镇规模较小的特色小镇，城镇化水平的提高能直接影响该地区的产城融合水平，但只有城镇化水平高的大规模特色小镇才会对周围地区产生溢出效应，我国特色小镇的总体经济基础较差，市场经济不活跃，产城融合水平较高的特色小镇大多集中在长三角和京津冀地区，因此，从整体上看，特色小镇的溢出效应不明显。

（3）产业结构高度化对特色小镇持续性发展水平的直接效应和总效应在5%的显著水平上为负，间接效应为负但不显著，表明该特色小镇的产业结构高度化对周围地区的持续性发展水平提高有一定的抑制作用但不显著。

（4）政策环境对特色小镇持续性发展的直接效应为正，对特色小镇持续性发展的间接效应和总效应为正但不显著。政策环境对特色小镇的发展有直接的促进作用，我国特色小镇的发展由政府和市场共同推进，政府的建设资金主要流向特色小镇公共服务设施的建设，这一环节是实现城乡二元经济结构转换、缩小特色小镇之间的差距、推动特色小镇经济发展的重要环节。但政策环境对特色小镇持续性发展的空间溢出效应不显著，临近特色小镇政策环境的改善对周边特色小镇持续性发展水平没有显著的影响。原因是政府资金对特色小镇的公共设施建设能够保障本地居民完备的生活条件，完善城市公共服务设施，促进当地经济的发展，而对周边特色小镇的影响不明显，只有较大规模的投入使特色小镇建设过程中的生产要素发生空间变化、吸引人口流动、增加市场资本的投入时，政策带给特色小镇的溢出效应才会较显著。但我国目前的特色小镇发展水平低，政策支持不足以支撑小镇的高质量发展，因此空间溢出效应不显著。例如，京津冀地区是国家的政治中心，在国家政策的大力支持下经济得到快速发展，但京津冀周围的地区并没有受到溢出效应的影响而实现经济发展速度的提升。

（5）特色小镇到县级市的距离对其持续性发展的直接效应和总效应为正，对其持续性发展的间接效应为正但不显著。特色小镇到县级市距离的直接效应为正，体现了县级市对外围特色小镇的影响以扩散效应为主。县级区域中心城市正处于集聚发展阶段，应提供更多的政策支持来促进其发展为中小城市，增强对临近地区的扩散效应，从而带动临近地区可持续发展水平的提高。间接效应不显著说明了扩散效用的有限性，在空间上只能对临近地区产生集聚作用，通过对临近地区经济水平的影响作用于其他地区的效应不明显。

（6）人口数量对特色小镇持续性发展的总效应显著为负，直接效应和间接效应均为负但不显著。人口数量增加不利于提高特色小镇的持续性发展水平，人口增加可能会增加劳动力供给，降低劳动力成本，但人口给地区带来的社会、环境压力较大。人口数量增加会提高就业率，但特色小镇的持续发展要求第一、二、三产业的协调发展，而如今特色小镇重在发展二、三产业。人口扩张会对城镇建设产生较大的压力，人口密集度增加，居民日常生活需要的住房不足，城镇基础设施和公共服务也面临着更大的压力，对特色小镇持续性发展水平造成压力。

(7) 从业人员对特色小镇持续性发展的直接效应显著为负，间接效应为正而总效应为负，说明从业人员数量的增加并不利于特色小镇持续性发展水平的提高，而当地就业人员增加对临近地区的发展有正向作用但不显著。可能的原因是，就业人员的增加会提升本地的就业率，为产业提供更多的劳动力，但从业人员的增加也意味着给特色小镇带来人口和环境压力，对旅游发展型、民族集聚型和历史文化型的特色小镇来说是一种负担。间接效应不显著说明了就业人员的增加对临近特色小镇的持续性发展有略微的正向作用但不显著，就业人员的增加可以带动当地的可贸易部门发展水平，提升与邻近地区之间的贸易交流，会在一定程度上影响临近地区的工业可贸易部门水平，但这种作用不明显。

以上实证结果表明，不同因素对特色小镇持续性发展水平和直接效应、间接效应和总效应结果都不相同，不同因素对特色小镇高质量发展路径的影响机制也不相同。研究各类解释变量对被解释变量特色小镇持续性发展水平的直接效应，与之前特色小镇持续性发展动力机制的实证分析结果大致相同。不同因素对特色小镇持续性发展的间接效应均不明显，表明特色小镇的空间溢出效应不明显，主要原因是我国特色小镇的发展水平较低，主要依靠政府资金投入来推进建设，市场缺乏活力，可持续发展水平高的城市群或都市区较少。在空间上，我国领土广阔，特色小镇的分布稀疏，空间上的联系不够紧密。由于空间异质性，我国特色小镇的发展水平具有较大的差异，部分地区的特色小镇由于地理位置偏僻、自然资源匮乏、产业结构不合理、缺少特色产业等劣势很难带动其发展水平。这导致我国各特色小镇之间的空间溢出效应不明显，各地区特色小镇发展水平差异较大。

三、稳健性结果检验分析

为进一步检验模型的稳健性，通过调整研究单元的空间关系，分别使用地理距离矩阵和最小临近矩阵两种空间权重矩阵，对两种空间计量模型进行检验，结果如表 6 - 6 所示。

以地理距离矩阵为例，结果显示，各变量的检验结果与基准回归结果高度吻合。空间杜宾模型中，不可贸易部门专业化水平、城镇化水平、政策环境和距离因素均在显著性水平下为正，而产业结构高度化和从业人员系数显著为负。除此之外，城镇规模和常住人口变量的系数符号也比较稳定，与基准回归结果一致。对 SARMA 模型进行稳健性检验，结果与基准回归结果相比较基本一致但略有不同。其中，政策环境基准回归结果并不显著，而稳健性检验结果中显著为正，显著性增强，从业人员这一变量在基准回归结果中显著为负，稳健性结果中系数为负但并不显著，显著性有所减弱，其他变量的检验结果均与基准回归结果保持一致。检验结果证明了空间计量模型具有稳健性。

表 6－6　　稳健性检验结果

	地理距离矩阵——SDM	地理距离矩阵——SARMA	最小临近矩阵——SDM	最小临近矩阵——SARMA
ln*Spe*	0.010 *** (0.003)	0.011 *** (0.003)	0.010 *** (0.003)	0.010 *** (0.003)
ln*Urb*	0.010 *** (0.004)	0.011 *** (0.004)	0.011 *** (0.004)	0.010 *** (0.003)
ln*Str*	-0.033 *** (0.006)	-0.032 *** (0.006)	-0.031 *** (0.006)	-0.034 *** (0.006)
ln*Pol*	0.021 ** (0.009)	0.023 ** (0.009)	0.022 ** (0.009)	0.024 ** (0.009)
ln*Sca*	-0.007 (0.005)	-0.007 (0.005)	-0.007 (0.005)	-0.008 (0.005)
Dis	0.370 *** (0.025)	0.339 *** (0.020)	0.350 *** (0.021)	0.340 *** (0.020)
ln*Pop*	-0.007 (0.005)	-0.007 (0.005)	-0.008 (0.005)	-0.006 (0.005)
ln*Sta*	-0.004 *** (0.001)	-0.002 (0.001)	-0.003 ** (0.001)	-0.001 * (0.001)
Wy_Sus		0.034 (0.232)		0.849 ** (0.393)
δ	-0.102 (0.263)		-0.006 (0.051)	
ρ		0.148 (0.340)		-0.253 * (0.135)
N	1194	1194	1194	1194
r2_a	0.0720	0.0929	0.0790	0.1073

注：***、** 和 * 分别表示在 1%、5% 和 10% 水平上显著，括号内为 t 统计量。

第四节 地区异质性分析

一、标准差椭圆分析

标准差椭圆法可分析离散数据集的分布特征。在真实的地理环境下，点数据集的方向分布往往跟真实地理实体的走向具有相关性，这些方向特性可以通过标准差椭圆法对点数据的方向分布统计来计算。椭圆的长轴方向表征点数据集的主要分布方向，短轴表示次分布方向。长轴和短轴差越大，方向性越明显。椭圆的面积表示离散点分布的紧凑程度，扁率等于长短轴之差与长轴长度的比值，表现要素空间分布状态。

对特色小镇进行分类，六种类型分别是商贸流通型 16 个，工业发展型 103 个，农业服务型 79 个，旅游发展型 111 个，历史文化型 81 个，民族集聚型 8 个。并运用 ArcGIS 对六类特色小镇进行椭圆差标准计算。

1. 商贸流通型特色小镇

运用椭圆标准差计算得到商贸流通型特色小镇的相关数据，得到椭圆图的中心点坐标为（647.45，4247.57）公里，椭圆周长为 7507.57 公里，面积为 4016709 平方公里，椭圆的长轴长度为 1488.31 公里，短轴长度为 859.13 公里，椭圆的方向角度为 54.63°。从数据结果看，商贸流通型特色小镇的分布较为稀疏，椭圆的长半轴显示特色小镇的分布方向为东北—西南走向，具有明显的空间集聚特征，集聚在京津冀地区和成渝城市群。这两个地区属于全国经济高度发达并且人口稠密的城市群区域，是城市发展到成熟阶段的高级空间组织形式，群内成员城市之间交通、通信发达、生产要素密集，为商贸流通型特色小镇的发展奠定坚实的基础。位于京津冀地区的特色小镇交通便利、经济发达，是我国一直以来的政治经济中心和商业贸易往来中心，具有明显的区位优势和资金优势，并且易于得到政策支持，商业和贸易往来频繁，容易形成商贸流通型特色小镇。而成渝地区的特色小镇交通位于贸易往来中心地区，四通八达的交通网络连接国内各个地区，促进商贸流通型特色小镇的产生。

2. 农业服务型特色小镇

农业服务型特色小镇椭圆的平均中心点坐标为（748.59，4083.06）公里，位于河南一带。通过计算得出椭圆的周长为6317.28公里，面积为3137214.47平方公里，椭圆的长轴长度为1093.76公里，短轴长度为913.05公里，椭圆的方向角度为25.33°。长半轴比短半轴长180.71公里，长短轴长度差距较大，这说明农业服务型特色小镇的方向性较为明显。从椭圆的长半轴可以看出农业服务型特色小镇的分布方向呈现东北—西南走向，分布较为稀疏，短半轴长度较长，表明农业服务型特色小镇呈现离散型分布。

总体来看，农业发展型特色小镇呈现分散式空间分布，没有体现一定的聚集，这是由农业服务型特色小镇的特点所决定的。我国是农业大国，拥有坚实的农业发展基础和丰富的农业资源，因此全国各个地区都有特色小镇依托农业资源优势发展特色农业，每个地区都有其独特的农业产业和各自发展农业的区位优势，根据这一特点，各个地区的农业服务型特色小镇应当继续发挥资源优势，借助特色农业产业发展经济，并与时俱进运用科技的力量发展现代农业、生态农业等，同时加强各个地区的联系，优质特色小镇要发挥引领作用，带动周边地区的发展，实现区域的协调发展。

3. 民族集聚型特色小镇

运用ArcGIS计算民族集聚型特色小镇的椭圆差，共有8个民族集聚型特色小镇数据，椭圆图的中心点坐标为（973.74，4795.92）公里，椭圆的周长为869.87公里，面积为50985平方公里，椭圆的长半轴长度为178.92公里，短半轴的长度为90.71公里，方向角度为31.76°。椭圆长半轴表示数据分布的方向，民族集聚型特色小镇的分布方向是东北—西南。计算得出的短半轴较短，说明小镇分布的向心力明显。长短半轴之间的差值较大，表明数据的方向性明显，即扁率较高。椭圆图的中心点位于京津冀地区，椭圆图的周长和面积都较小，民族集聚型特色小镇在全国范围内分布密集。

从空间上来看，民族集聚型特色小镇具有明显的空间集聚性，主要集聚在京津冀地区。该地区的人口分布密集、城镇化水平高，区位条件优越、产业布局合理和资金来源充足，结果表明民族集聚型特色小镇的空间分布与人口密集度和区位条件具有联系。

4. 旅游发展型特色小镇

旅游发展型特色小镇椭圆图的中心坐标为（575.51，4033.31）公里，椭圆图的周长和面积分别是6855.32公里和3732475.88平方公里，椭圆图的长轴值和短轴值分别为 1129.84 公里和 1051.61 公里，椭圆图的方向角度为 55.43°。椭圆的长半轴表示数据分布的方向是东北—西南方向，短半轴的长度表示数据分布的范围呈离散型分布。长短半轴之间的值差相差较少，椭圆图近似一个圆形，表明特色小镇分布的方向性并不明显，特色小镇总体呈紧凑分布。旅游发展型特色小镇 111 个，占据了全国特色小镇近 1/3 的份额，说明我国特色小镇的定位以旅游发展型为主。特色小镇的空间集聚型并不明显，旅游型特色小镇主要依靠自身得天独厚的自然条件，因地制宜地发展特色旅游业，对周围城镇的集聚作用不强。旅游发展型特色小镇均匀分布在中部、东部和南部地区，各地根据当地独特的地理位置和资源环境发展旅游业。椭圆图的面积较大，全国各地均有分布旅游发展型特色小镇。

长三角地区覆盖东部沿海最为发达的浙江、江苏等省，区域地貌多以平原为主，文化底蕴深厚，降水丰富形成众多河流、自然风景秀丽，拥有密集的旅游发展型特色小镇，在总量上远高于京津冀和成渝城市群，吸引各地的游客前来观光。成渝地区地处四川盆地，区内属亚热带季风气候，自然资源丰富，以生态旅游为主，并形成生态旅游与文化、现代农业和新兴健康养生产业结合的特色镇。京津冀地区的核心——北京市长期以来都是全国政治中心，现存我国最大的历史文化遗址，该地区的旅游发展型特色小镇中生态旅游类占比少，文化遗址类占比较大。其他地区，中部河南、山西、湖北等省份，地形以平原为主，也在历史的长河中形成了自身独特的文化背景和丰厚的文化底蕴。西部地区地形复杂多样，以独特的自然景观和多元的民族文化为旅游业发展重心，广袤无垠的西部草原、严峻酷寒的青藏高原、庄严静肃的布达拉宫、文化多元的西部民族，都为我国西部地区增添了一抹神秘色彩，极大地促进了旅游型特色小镇的建设。

5. 历史文化型特色小镇

运用 ArcGIS 软件计算历史文化型特色小镇的椭圆标准差，得到历史文化型特色小镇椭圆的平均中心点坐标为（618.88，3873.56）公里，位于湖北与湖南交界地带，说明历史文化型特色小镇主要分布在我国的中西部地区。通过计算得出椭圆的周长为 6126.42 公里，面积为 2938849.3 平方公里，椭圆的长轴长度为 1073.20 公里，短轴长度为 871.71 公里，椭圆的方向角度为 53.11°。长半轴比短半轴长 201.49 公里，二者差距较大，表明历史文化型特色小镇的方向性较为明显。从椭圆的长半轴可以看出，历史文化型特色小镇的分布方向呈现东北—西南走向，整体分布较为稀疏，短半轴长度较长，表明历史文化型特色小镇呈现离散型分布。总体来看，历史文化型特色小镇在我国的分布较为分散，大多数特色小镇都处于标准差椭圆当中，分布不均匀，主要集中在长三角地区和中部地区，尤其是陕西、四川、贵州一带。

长三角地区依托较好的经济和资源优势，对于历史文化产业的挖掘和培育拥有先进优势，同时借助发达的交通，实现了区域间资源要素的优化配置，形成了一定的集聚效应。而中部地区，尤其是陕西、四川和贵州一带，分布有较多的历史文化型特色小镇，这些地区的历史文化、风俗习惯具有其独特的优势。例如，贵州省贵阳市的青岩古镇，作为第二批中国历史文化名镇之一，至今已有600多年的历史，人文历史底蕴深厚，地域特色颇具魅力，借助历史文化的积淀培育历史文化产业，打造历史文化型特色小镇，也取得了较好的发展。

6. 工业发展型特色小镇

运用ArcGIS软件计算工业发展型特色小镇的椭圆标准差，得到工业发展型特色小镇椭圆的平均中心点坐标为（940.03，4120.97）公里。通过计算得出椭圆的周长为6215.52公里，面积为3051459.48平方公里，椭圆的长轴长度为1057.50公里，短轴长度为918.55公里，椭圆的方向角度为14.51°。长半轴比短半轴长180.71公里，长短轴长度差距较大，这说明工业发展型特色小镇的方向性较为明显。从椭圆的长半轴可以看出，工业发展型特色小镇的分布方向呈现东北—西南走向，并且长轴几乎呈现南北走向，短半轴长度较长，表明工业发展型特色小镇呈现离散型分布。总体来看，工业发展型特色小镇呈现分散式空间分布，在长三角地区和山东、河北一带出现了一定的集聚，而位于椭圆内的其他工业发展型特色小镇则分散分布于各个省份，没有出现明显的集聚。

长三角地区历来是中国工业产业发展的引领地区，作为经济发达、拥有一定产业基础的地区，特色小镇有着先天的发展优势。例如，江苏扬州的杭集镇，是扬州市首批“一区四园”之一，享有“中国牙刷之都”和“中国酒店日用品之都”美誉，建立在牙刷产业发展基础之上，同时坚持一、二、三产业共同发展，实现产业链延伸，形成了产业的集聚，带动了特色小镇和所在城市的经济发展。没有出现集聚的地区特色小镇分布较为分散，需要在发挥产业优势的基础上，加大整合产业资源力度，不断拉长壮大产业链，放大产业集聚效应，实现特色产业对其他产业的溢出效应以及特色小镇之间相互的带动效应。

二、特色小镇分类实证分析

使用空间计量模型对不同类型的特色小镇持续性发展动力机制进行显著性检验，得到如表6－7所示的结果。从表中看到，对于不同类型的特色小镇，解释变量对特色小镇持续性发展作用的显著性水平存在着明显差异，说明对不同类型的特色小镇，解释变量对特色小镇持续性发展水平的作用机制、作用效果都具有较大差别。

表6－7　异质性结果检验

变量	（商贸流通）	（工业发展）	（农业服务）	（旅游发展）	（历史文化）	（民族集聚）
	ln*Sus*	ln*Sus*	ln*Sus*	ln*Sus*	ln*Sus*	ln*Sus*
			Main			
ln*Spe*	−0.009 (0.007)	0.005 (0.004)	0.006 (0.005)	0.013** (0.006)	0.010 (0.007)	0.084*** (0.008)
ln*Urb*	0.143*** (0.029)	0.001 (0.004)	−0.009 (0.009)	0.036*** (0.008)	−0.009 (0.011)	−0.047*** (0.007)
ln*Str*	−0.063*** (0.009)	0.009 (0.010)	−0.037*** (0.010)	−0.017 (0.014)	−0.162*** (0.021)	0.036*** (0.011)
ln*Pol*	0.115*** (0.034)	0.027 (0.024)	0.015 (0.010)	0.037 (0.030)	0.032 (0.022)	−0.814*** (0.113)
ln*Sca*	−0.136*** (0.028)	−0.011 (0.007)	0.009 (0.012)	−0.034*** (0.012)	0.010 (0.012)	0.010 (0.018)
Dis	0.000 (0.000)	0.319*** (0.037)	0.297*** (0.037)	0.376*** (0.043)	0.000 (0.000)	0.000 (0.000)
ln*Pop*	0.119*** (0.023)	−0.003 (0.009)	−0.013 (0.015)	−0.016* (0.009)	−0.013 (0.014)	0.082*** (0.018)
ln*Sta*	0.006* (0.003)	−0.004 (0.003)	−0.005*** (0.002)	−0.001 (0.003)	0.000 (0.002)	−0.003*** (0.001)
			Wx			
ln*Spe*	−0.094** (0.043)	−0.022 (0.019)	0.063* (0.037)	−0.013 (0.026)	0.019 (0.024)	0.180*** (0.018)

续表

变量	（商贸流通）	（工业发展）	（农业服务）	（旅游发展）	（历史文化）	（民族集聚）
	lnSus	lnSus	lnSus	lnSus	lnSus	lnSus
			Wx			
ln*Urb*	0.506*** (0.120)	0.073 (0.049)	0.026 (0.069)	0.008 (0.053)	-0.291** (0.135)	0.025 (0.024)
ln*Str*	-0.077* (0.046)	-0.029 (0.088)	-0.209** (0.082)	-0.203 (0.149)	0.162 (0.141)	-0.037 (0.029)
ln*Pol*	0.063 (0.079)	0.310 (0.240)	0.037 (0.070)	-0.024 (0.227)	0.200* (0.119)	-1.228*** (0.182)
ln*Sca*	-0.423*** (0.101)	-0.043 (0.065)	0.018 (0.092)	-0.079 (0.083)	0.273** (0.120)	-0.206*** (0.053)
Dis	0.000 (0.000)	-0.058 (0.297)	0.388* (0.206)	-0.015 (0.538)	0.000 (0.000)	0.000 (0.000)
ln*Pop*	0.393*** (0.114)	0.034 (0.081)	-0.044 (0.115)	0.138 (0.106)	-0.171 (0.135)	0.179*** (0.044)
ln*Sta*	0.010* (0.006)	0.010* (0.006)	0.000 (0.004)	-0.003 (0.007)	0.001 (0.004)	-0.010*** (0.002)
			Spatial			
rho	-0.977** (0.459)	-0.500* (0.278)	-1.164*** (0.337)	-0.293 (0.330)	0.135 (0.281)	-1.341*** (0.116)
N	48	309	237	333	243	24
r2_a	0.5941	0.6009	0.0002	0.0904	0.0014	0.0002

Standard errors in parentheses　* $p<0.1$，** $p<0.05$，*** $p<0.01$。

不可贸易专业化水平对旅游发展型和民族集聚型的特色小镇持续性发展作用显著，而对其他类型的特色小镇持续性发展不显著。旅游发展型和民族集聚型特色小镇对于不可贸易部门的要求较高，不可贸易部门的专业化水平能够有效促进城镇基础设施建设和公共服务的提高，城镇服务水平的提高是旅游型特色小镇建设的一部分，城镇化水平提高会吸引周围地区的人员流入从而提高民族集聚水平。而对于其他类型的特色小镇，可贸易部门专业化水平提升更能促进特色小镇持续性发展水平提高。

城镇化水平对商贸流通型、旅游发展型和民族集聚型特色小镇的持续性发展具有显著的作用，而对其他三种类型特色小镇的持续性发展作用不明显。城镇化水平的提高能极大地提升城市社会公共服务质量，提升居民生活水平，降低生活成本；另外，城镇化水平的提升带来人口的规模性增长，带来消费和收入的双重增长，政府也会在产业政策的补贴上投入更多预算。商贸流通型特色小镇的城镇规模提升为生产要素的流动提供便捷的通道，有效降低产业发展和集聚的成本，并为商贸产业发展提供源源不断的劳动力，扩大产业规模，降低生产成本，为特色小镇的商业化建设提供动力。

产业结构高度化水平对商贸流通型、农业服务型和历史文化型特色小镇持续性发展的作用显著为负，而对民族集聚型特色小镇持续性发展的作用显著为正。

政策环境对商贸流通型特色小镇持续性发展的作用显著为正，说明商贸流通型特色小镇发展一定程度上取决于政策支持和资金投入。商贸流通型特色小镇的发展依赖于产业水平的提高和生产规模的扩大，政府对企业的政策支持能有效促进可贸易部门的规模扩张，提升产业的竞争性。政策环境对民族集聚型特色小镇持续发展的作用显著为负。民族集聚型特色小镇分散在我国的中西部地区，以民族文化和特色风俗为优势发展特色产业，一般该地区周边的经济水平不太发达，特色小镇分布过于密集不利于小镇持续性发展。城镇规模对商贸流通型、旅游发展型特色小镇持续性发展的作用显著为负，对民族集聚型特色小镇的持续性发展作用为正。造成这种结果的原因是商贸流通型和旅游发展型特色小镇所处的地区具有一定的经济基础，同时商业、旅游业发展也能有效促进当地经济水平的提高，在当地城镇规模达到一定水平后，继续扩大城镇规模需要更多的资金投入来建设基础设施、提升城镇服务水平，若资金投入不能满足城镇规模的程度，对外来人员的吸引力不明显甚至减少人员流动数量，会造成大而空的现象。而对于民族集聚型特色小镇，一般位于经济欠发达地区，周围及邻近地区缺少城镇规模水平高的中心城市，较小的城镇规模对人员流动的促进作用也不明显，因此扩大城镇规模能够起到引导当地经济建设的作用。

特色小镇到县级市的距离对工业发展型、农业服务型、旅游发展型特色小镇的持续性发展作用明显。特色小镇到县级市的距离这一指标衡量的是距县级市较近的城镇是否会受到县级市扩散作用的影响。县级市一般发展水平较周围小城镇发展水平高，城镇化水平较高，政府资金投入充足，对周边地区具有较强的城镇扩散效应，使部分特色小镇从中受益进而得到快速发展。工业发展型特色小镇在已有传统工业的基础上，依靠产业创新优化产业空间布局，以工业发展促进城镇建设。这类特色小镇受到中心城镇的扩散效应，能带动当地工业产业创新和结构优化水平，为工业产业提供丰富劳动力。农业服务型特色小镇以农业为核心产业，兼顾其他农业服务业的发展。实现农业与二、三产业的良好互动、协调发展，需要可贸易部门与不可贸易部门协调发展。与县级市的距离越近，县级市的扩散作用越会促进产业部门的发展，提升农业就业水平。农业服务型和旅游发展型特色小镇的可贸易部门发展水平较低，主要依靠农业和旅游业来发展特色小镇经济，经济不发达的特色小镇受到县级镇的辐射作用，有利于提高工业可贸易部门水平，得到更多的政策支持，从而对农业和旅游业有较大的促进作用。

常住人口数量对商贸流通型、旅游发展型和民族集聚型特色小镇持续性发展的促进作用显著为正。对商贸流通型特色小镇来说，人口众多的城镇就业人口数和城市规模水平一般也较高，通过人口数量的增加提升就业基数，为商贸流通型特色小镇增加劳动力供给、提升产业规模、降低生产成本提供了前提。但常住人口数量对旅游发展型特色小镇持续性发展的抑制作用显著，降低常住人口数量能够更好地保护当地的自然资源和环境，旅游业的发展重点在于第三产业水平的提升，而常住人口数量对第一产业的促进作用较大。

就业人口数对农业服务型和民族集聚型特色小镇持续性发展的抑制作用较显著。农业服务型特色小镇的发展取决于第一产业和第三产业的发展水平，我国农业现代化战略是提升农业发展水平的关键。民族集聚型特色小镇的发展关键在于传承和发扬当地的民族文化和特色风俗。

从整体上来看，商贸流通型特色小镇在发展商贸等可贸易部门的同时，要重视城市功能与一定阶段产业发展的有效匹配，也要求城市功能与人口生活质量之间的适应协调。政府政策支持对商贸流通型特色小镇的促进效用，例如，京津冀地区处于全国政治中心，也是商贸流通型特色小镇的集聚区。工业发展型特色小镇持续性发展的主要影响因素是与县级市的距离，工业发展型特色小镇受到县级市的扩散作用和辐射作用较明显，扩散作用能够优化产业结构，带来创新驱动力。农业服务型特色小镇的发展依托现代农业的建设，同时将农业与第二、三产业融合，产业间协调发展更能促进城镇化进程。旅游发展型特色小镇服务业不可贸易部门专业化水平提高对特色小镇持续性发展的正向影响程度要大于可贸易部门专业化水平，加强城镇的基础设施和公共服务建设，减少城镇规模和人口数量有助于城镇生态环境的恢复，提高旅游业的竞争力。历史文化型特色小镇依托民俗文化、历史遗址、民族特色等资源，将文化内涵融入旅游的新型特色小镇，在政策支持下的文化底蕴丰富地区，传承和发扬本地的历史文化，如西安、洛阳等地区具有悠久的历史，丰富的历史文化底蕴吸引了众多游客参观。民族集聚型特色小镇要发扬民族特色，也要处理好地区内部人员流动、民族聚集的问题，往往民族聚集地的人口密度较低，将民族人口与产业结构提高、城镇化建设融合起来协调发展。对于工业可贸易部门发展水平较低的特色小镇，提高可贸易部门专业化水平的相关因素会带动当地特色小镇持续性发展的水平；而对于可贸易部门水平较高的特色小镇，提升第三产业的发展水平对特色小镇持续性发展有较强的促进作用。根据不同类型特色小镇的“产”“城”“人”发展现状进行调整，因地制宜地促进特色小镇可持续发展。

第五节 本章小结

本章主要运用空间计量的相关内容分析影响特色小镇持续发展的因素，并从多个方面分析特色小镇的空间分布特征。首先，用全局莫兰指数和局部莫兰指数来检验全国特色小镇在空间上是否具有空间相关性以及空间相关性的显著程度，实证结果说明 2014—2016 年全国特色小镇之间存在空间相关性并呈逐渐加强的趋势。其次，用 ArcGIS 软件制作全国特色小镇持续性发展水平集聚的散点图，并分析高—高集聚、低—低集聚、高—低集聚和低—高集聚这四种类型的点分布，分析点数据分布的背后原因。然后，用 ArcGIS10. 5 和 Geoda 软件计算特色小镇产城融合度，并在此基础上制作体现特色小镇集聚分布的三年 LISA 集聚图，对 2014—2016 年各自分布的集聚图和总体情况进行分析，在东南部地区特色小镇持续性发展水平高且集聚分布，形成一条密集的高—高集聚带；特色小镇在长三角地区、川渝地区、京津冀地区集中分布，分布类型多样，对于已成规模的特色小镇，中心城市对周围地区能够产生明显的扩散效应和集聚效应，带动地区发展水平；特色小镇在西北、西南地区稀疏分布，并且分布类型以低—低集聚为主。莫兰指数、散点图和 LISA 集聚图分别体现了全国范围内特色小镇全局和局部的空间相关性，特色小镇在 4 个集聚分布类型以及特色小镇在全国范围的集聚分布特征。

以特色小镇的持续性发展水平为被解释变量，运用空间计量模型，研究影响特色小镇持续性发展水平的相关因素。本书采取了空间滞后模型、空间误差模型、空间杜宾模型和空间滞后误差模型，选取不可贸易部门专业化水平、城镇化水平、产业结构高度化、政策环境、城镇规模、小镇到县级市的距离、常住人口、就业人口作为主要解释变量，这些解释变量涵盖了影响特色小镇持续性发展水平的主要因素，从各个方面体现特色小镇“产”“城”“人”的融合水平。在此基础上做了基准回归分析、小镇异质性分析和效用分解分析 3 个实证检验。运用基准回归分析检验解释变量对被解释变量的直接影响程度；将全国的特色小镇根据小镇发展的特色进行分类，分析解释变量对不同类型的特色小镇持续性发展的影响程度；以及分析解释变量对特色小镇持续性发展影响的直接效应、间接效应和总效应水平。特色小镇的地区异质性分析方面，运用 ArcGIS 软件制作不同类型的特色小镇标准差椭圆分布图，目的是分析离散数据集的分布特征，计算不同类型特色小镇的点数据坐标中心、点数据分布范围的周长、面积和 X、Y 轴的分布，体现不同类型特色小镇的分布方向、分布范围、分布地区、是否出现明显的集聚等特征，从更深层度分析不同类型特色小镇的椭圆分布特征，并从整体上研究不同类型特色小镇分布的共同点的差异。

本章运用丰富的空间计量模型和空间计量工具，采用 2014—2016 年全国范围内 398 个特色小镇的数据，实证分析了特色小镇分布的空间特征和特色小镇持续性发展水平的影响因素，使研究结果更具有说服力，并为我国特色小镇实际建设提供了实证支持。

第七章　中国特色小镇持续性发展主体行为研究

第一节　特色小镇持续性发展主体行为界定

由西方特色小镇建设的成功经验可见，政府因为在政治、经济、文化等领域拥有广泛的影响力，成为特色小镇建设的强大推动者。恰恰因此，应着力避免政府在特色小镇建设中一家独大的角色错位。政府部门的主要职能在于提供公共服务，而不是作为一个经济体开展产业运营。因此，建立一个“政府—社会—当地居民”多元主体在内的协同治理主体体系必要且重要。政府部门、社会资本和当地居民应各司其职、各尽所能地促进当地特色小镇的健康可持续性发展。

一、政府部门

政府部门作为国家权力执行机关，其主要职责在于增强公共产品和服务的供给能力，提升供给效率，减轻当地财政负担，提升社会公共效益。一般来说，政府部门执行其顶层设计、制度建设和执法管理的权利与义务，在特色小镇建设中提供基础设施和公共服务设施，并进行特色产业的培育。政府部门作为公民权利的委托行使人，在行使权利的过程中不应包含个人利益。然而，根据博弈论的“理性经济人”假设条件，政府部门在特色小镇建设过程中可能本能地制定有利于自身的导向性政策，从而保障自身利益。部分政府官员为提升个人政绩，会选择利润回报率更高的项目而减少对特色产业的培育。如果政府部门基于“理性经济人”的属性做出决定，最终可能会使特色小镇的政策导向与公共利益偏离甚至相悖。因此，在特色小镇建设中，政府部门在培育当地特色产业与文化的同时，要特别注意小镇原有环境风貌保护，尊重当地居民的居住环境，立足于小镇原有的发展基础和资源，扩大小镇发展优势，促进特色小镇持续性发展。

二、社会资本

我国特色小镇基本建设在远离市中心且资源丰富、环境优美的区域，在开发建设过程中的资金需求数量庞大，而乡镇级别的政府部门可用的财政支出比较少，资金供给与需求上的不匹配，使特色小镇建设资金压力巨大。庞大的社会资本加持，能够有效保证特色小镇建设中的资金流通，有助于完善小镇内产业链，推动特色小镇持续性发展。如今，越来越多的社会资本开始参与特色小镇的建设和发展，并发挥越来越重要的作用，不但包括国有企业、民营企业、混合所有制企业以及外资投资企业等，一些金融机构也通过出资、提供资金贷款的形式广泛参与进来。这些社会资本方单独或形成联合体，通过投资与政府部门共同参与特色小镇的建设。

在古典经济学“利润最大化”的原则下，社会资本方作为特色小镇的参与主体，追求自身经济效益最大化的同时，应该兼顾公共利益，充分利用当地资源要素，为特色小镇提供资金与技术服务，为特色小镇公共事业做出贡献。我国目前对特色小镇的监管力度仍然比较低，社会资本方如果在建设特色小镇的过程中偏离了原有的方向，甚至出现把特色小镇变为房地产开发，损害其他参与主体的利益，利用自身强大的金融支撑，对特色小镇建设进行垄断，过度开发当地自然资源，最终会造成“公地悲剧”，违背了特色小镇建设的可持续性原则。

三、当地居民

特色小镇居民是特色小镇建设的参与主体和受用主体，也是特色小镇文化与特色的保护者和传承者。小镇居民对于特色小镇建设参与的深度与广度会直接关系到居民的经济收入以及特色小镇是否具有持久性和真实性的“特色”，是特色小镇可持续发展的重要保证。特色小镇的建设会给当地居民带来利益和福利，但是过度的开发与建设也会给小镇居民带来生态环境恶化、生活成本提高等问题。居民往往处于特色小镇建设中的被动地位，不能及时发现政府部门的一些决策可能已经脱离了居民的意愿，而居民又无法从中获得相应的利益与补偿，从而产生更多的社会问题。由此，在特色小镇建设过程中，当地居民的充分参与至关重要。

第二节 特色小镇持续性发展主体行为演化博弈分析

演化博弈是以有限理性作为基础的博弈论，它遵从“物竞天择，适者生存”的基本原则，并将参与博弈的主体设定成一个“种群”，群体之间的行为达到均衡，需要参与主体之间互相学习、模仿，通过研究参与主体之间策略比例的变化趋势及稳定性，来分析预测群体行为的长期演变趋势，以此来解释各类不同的社会现象。

在特色小镇建设的过程中，各个参与主体之间面临多种策略选择，随着时间的推移，各参与主体只有选择某一特定的博弈策略才可以获得长期持续的收益，实现特色小镇的可持续性发展。因此，本节从演化博弈的视角来分析特色小镇建设中各主体之间的博弈行为。

一、基本假设

假设 H1：参与主体为政府部门、社会资本与当地居民，并且三者均具有有限理性，均以自身利益最大化为目标。

假设 H2：地方政府部门可以选择“作为”或者“不作为”。“作为”代表着地方政府积极参与特色小镇的建设，通过提供相应的优惠政策支持、建设基础设施、提供政府补贴等方式，致力于特色小镇的发展，从而实现当地经济效益与政府社会效益的同时增长；“不作为”代表地方政府出于对风险及其他因素的考虑不参与特色小镇的建设，从而会影响当地政府部门的公信力和影响力。该模型下“作为”与“不作为”两种策略选择对应的概率分别为 x 和 $1-x$，期望收益为 U_{A1} 和 U_{A2}。

假设 H3：社会资本方可以选择“投资”或者“不投资”。“投资”代表着社会资本方受到当地政府优惠政策吸引，积极投资特色小镇的建设项目；“不投资”代表着社会资本方并不看好特色小镇的发展，不愿意投入资本和精力到特色小镇的建设中去。该模型下“投资”与“不投资”两种策略对应的概率分别为 y 和 $1-y$，期望收益为 U_{B1} 和 U_{B2}。

假设 H4：当地居民可以选择“监督”或者“不监督”。“监督”代表着当地居民为了小镇的发展与自身利益，对政府和社会资本方进行积极监督与反馈，其对特色小镇建设的满意程度不仅影响地方政府公信力，还会对社会资本方的行业声誉产生作用；“不监督”代表当地居民不愿意花费时间与精力对特色小镇项目进行监管。该模型下“监督”与“不监督”两种策略对应的概率分别为 z 和 $1-z$，期望收益为 U_{C1} 和 U_{C2}。

二、模型参数设置

在上述分析的基础上，列出三方演化博弈的具体行为参数，见表7-1。

表7-1　博弈行为参数及含义

参数	含义
C_1	政府部门参与特色小镇建设所需要投入的前期成本
R_1	政府部门从传统行业中所获收益
V_1	中央政府对于当地政府参与特色小镇建设给予的补贴
L	政府部门不参与特色小镇建设引起的政府公信力损失
C_2	社会资本投资特色小镇所付出的成本
V_2	当地政府对于社会资本投资特色小镇给予的补贴与福利
R_2	社会资本对传统行业投资所获收益
R_3	政府部门参与特色小镇建设所获收益
R_4	社会资本投资特色小镇所获收益
D	当地居民参与监督反馈时发现社会资本积极参与特色小镇建设时所增加的声誉水平
C_3	当地居民参与监督反馈所需要的成本
V_3	政府部门对于当地居民参与监督反馈所给予的奖励

在特色小镇兴起之前，社会资本方就已经对一些传统行业进行投资，此时可以获得的收益记为 R_2，政府部门的收益表示为 R_1。对于当地政府部门而言，如果积极作为，那么前期为特色小镇建设需要投入的土地、公共服务等成本记为 C_1，而中央政府给予地方政府的资金支持为 V_1，从特色小镇建设中获得的经济与社会效益共记 R_3，如果地方政府不作为，会引起政府公信力损失为 L。

社会资本方如果对特色小镇建设项目进行投资，势必会有资金的投入成本 C_2，并且此时社会资本会得到地方政府的支持以及政策优惠等福利，这些资金与福利加在一起记为 V_2，但只有在政府作为并且社会资本投资的情况下才能享受。投资特色小镇建设可以获得的经济收益为 R_4。

当地居民若参与监督反馈，需要付出的成本记为 C_3，此时政府对于居民积极监督的奖励为 V_3，若居民参与监督反馈时，发现社会资本方积极投资参与了特色小镇的建设，会引起社会资本方的声誉水平增加 D。

三、模型的构建与分析

在前文界定的演化博弈模型中，政府部门、社会资本和当地居民三者之间的博弈组合共有 8 种，8 种策略组合下各自的收益如表 7－2 所示。

表 7－2　　三方博弈矩阵收益表

博弈策略	收益情况（依次为政府部门、社会资本与当地居民）
（作为，投资，监督）	$V_1+R_1+R_3-C_1-V_2-V_3$ $V_2+R_2+R_4+D-C_2$ V_3-C_3
（作为，投资，不监督）	$V_1+R_1+R_3-C_1-V_2$ $V_2+R_2+R_4-C_2$ 0
（作为，不投资，监督）	$V_1+R_1+R_3-C_1-V_3$ R_2 V_3-C_3
（作为，不投资，不监督）	$V_1+R_1+R_3-C_1$ R_2 0
（不作为，投资，监督）	R_1-L $R_2+R_4+D-C_2$ $-C_3$
（不作为，投资，不监督）	R_1 $R_2+R_4-C_2$ 0
（不作为，不投资，监督）	R_1-L R_2 $-C_3$
（不作为，不投资，不监督）	R_1 R_2 0

1. 政府部门

在“政府部门—社会资本—当地居民”的收益组合中，政府部门进行作为和不作为，特色小镇建设的期望收益如下：

$$U_{A1} = yz(V_1 + R_1 + R_3 - C_1 - V_2 - V_3) + y(1-z)(V_1 + R_1 + R_3 - C_1 - V_2) + (1-y)z(V_1 + R_1 + R_3 - C_1 - V_3) + (1-y)(1-z)(V_1 + R_1 + R_3 - C_1)$$

$$U_{A2} = yz(R_1 - L) + (1-y)z(R_1 - L) + y(1-z)R_1 + (1-y)(1-z)R_1$$

$$\overline{U}_A = xU_{A1} + (1-x)U_{A2}$$

政府部门策略选择的复制动态方程为：

$$F(x) = \frac{dx}{dt} = x(U_{A1} - \overline{U}_A) = x(1-x)(U_{A1} - U_{A2}) = x(1-x)[V_1 + R_3 - C_1 - V_2 y + (L - V_3)z]$$

令 $A = \frac{V_1 + R_3 - C_1 + (L - V_3)z}{V_2}$，当 $y = A$ 时，$F(x) \equiv 0$，所有 x 的取值都为稳定状态，也就是说，无论政府部门选择“作为”策略还是“不作为”策略的比例如何，其策略都不会随着时间发生改变；当 $y \neq A$ 时，令 $F(x)=0$，可得 $x=1$ 和 $x=0$ 为两个零点，由于稳定点处要求导数为负数，因此对 $F(x)$ 进行求导可以得到：

$$\frac{dF(x)}{dx} = (1-2x)[V_1 + R_3 - C_1 - V_2 y + (L - V_3)z]$$

当 $y > A$ 时，$\left.\frac{dF(x)}{dx}\right|_{x=0} < 0$，$\left.\frac{dF(x)}{dx}\right|_{x=1} > 0$，故此时 $x=0$ 为稳定点，即政府部门的演化稳定策略为不作为；当 $y < A$ 时，$\left.\frac{dF(x)}{dx}\right|_{x=0} > 0$，$\left.\frac{dF(x)}{dx}\right|_{x=1} < 0$，故此时 $x=1$ 为稳定点，即政府部门的演化稳定策略为积极作为。从而可以绘制如图 7－1 所示的政府部门动态趋势相位图，其中 $P_1 = \frac{V_1 + R_3 - C_1}{L - V_3}$，$Q_1 = \frac{V_1 + R_3 - C_1}{V_2}$。

由以上分析可知，政府部门是否采取“作为”策略与中央对地方政府的补贴 V_1、政府部门建设特色小镇所获收益 R_3、政府部门建设特色小镇所需成本 C_1、政府部门对社会资本的补贴 V_2、政府部门对当地居民参与监督的奖励 V_3 等因素相关。当中央政府给予地方政府的资金补贴 V_1 越大，地方政府部门建设特色小镇可以获取的收益 R_3 越大，投入成本 C_1 越小，以及对社会资本和当地居民的补助 V_2 和 V_3 越小，这时存在 $0 < y < A$，即地方政府的演

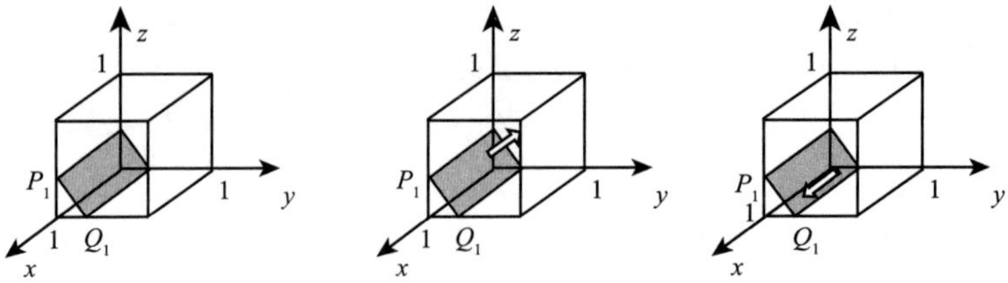

图 7－1 政府部门动态趋势相位图

化策略倾向于从“不作为”转向“作为”。

2. 社会资本

在“政府部门—社会资本—当地居民”的收益组合中，社会资本投资和不投资特色小镇建设的期望收益如下：

$$U_{B1} = xz(V_2 + R_2 + R_4 + D - C_2) + z(1 - x)(R_2 + R_4 + D - C_2) + (1 - z)x(V_2 + R_2 + R_4 - C_2) + (1 - z)(1 - x)(R_2 + R_4 - C_2)$$

$$U_{B2} = R_2$$

$$\overline{U}_B = yU_{B1} + (1 - y)U_{B2}$$

社会资本策略选择的复制动态方程为：

$$F(y) = \frac{dy}{dt} = y(U_{B1} - \overline{U}_B) = y(1 - y)(U_{B1} - U_{B2}) = y(1 - y)(V_2x + DZ + R_4 - C_2)$$

令 $B = \frac{C_2 - R_4 - DZ}{V_2}$，当 $x = B$ 时，$F(y) \equiv 0$，所有 y 的取值都为稳定状态；当 $x \neq B$ 时，令 $F(y) = 0$ 可得 $y = 1$ 和 $y = 0$ 为两个零点，因此对 $F(y)$ 进行求导可以得到：$\frac{dF(y)}{dy} = (1 - 2y)(V_2x + DZ + R_4 - C_2)$

当 $x > B$ 时，$\left.\frac{dF(y)}{dy}\right|_{y=0} > 0$，$\left.\frac{dF(y)}{dy}\right|_{y=1} < 0$，故此时 $y = 1$ 为稳定点，即社会资本的演化稳定策略是投资；当 $x < B$ 时，$\left.\frac{dF(y)}{dy}\right|_{y=0} < 0$，$\left.\frac{dF(y)}{dy}\right|_{y=1} > 0$，故此时 $y = 0$ 为稳定点，即社会资本的演化稳定战略为不投资。从而绘制如图 7－2 所示的社会资本动态趋势相位图，其中 $P_2 = \frac{C_2 - R_4}{V_2}$，$Q_2 = \frac{C_2 - R_4}{D}$。

由此可见，社会资本的演化策略会同时受到自身、政府补贴以及当地居民

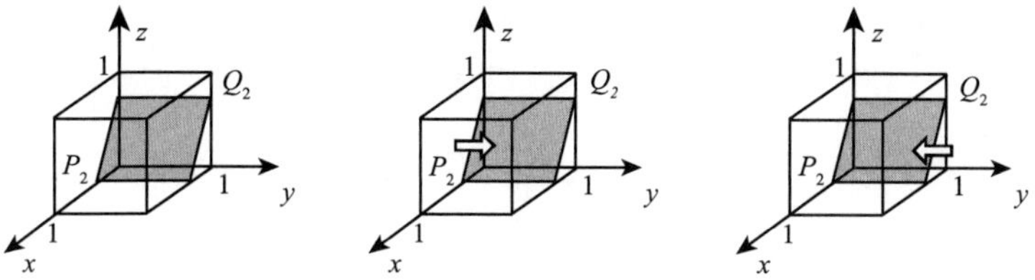

图 7－2　社会资本动态趋势相位图

策略的影响。如果参与特色小镇建设的社会资本获得的收益 R_4 越大以及社会资本声誉水平 D 增加越多，且政府部门对积极参与特色小镇建设的社会资本的优惠政策与补贴 V_2 越大，企业的成本投入 C_2 越小，这时存在 $B<x<1$，即社会资本会更倾向于从“不投资”策略转向采取“投资”策略。

3. 当地居民

在“政府部门—社会资本—当地居民”的收益组合中，当地居民监督和不监督特色小镇建设的期望收益如下：

$$U_{C1}=xy(V_3-C_3)+x(1-y)(V_3-C_3)+(1-x)y(-C_3)+(1-x)(1-y)(-C_3)$$

$$U_{C2}=0$$

$$\overline{U}_C=zU_{C1}+(1-z)U_{C2}$$

当地居民策略选择的复制动态方程为：

$$F(z)=\frac{dz}{dt}=z(U_{C1}-\overline{U}_C)=z(1-z)(U_{C1}-U_{C2})=z(1-z)(xV_3-C_3)$$

令 $C=\dfrac{C_3}{V_3}$，当 $x=C$，则 $F(z)\equiv 0$，此时所有的 z 均处于稳定状态；当 $x\neq C$ 时，令 $F(z)=0$ 可得 $z=1$ 和 $z=0$ 为两个稳定点，此时对 $F(z)$ 进行求导可以得到：$\dfrac{dF(z)}{dz}=(1-2z)(xV_3-C_3)$。

当 $x>C$ 时，$\left.\dfrac{dF(z)}{dz}\right|_{z=0}>0$，$\left.\dfrac{dF(z)}{dz}\right|_{z=1}<0$，此时 $z=1$ 为稳定点，即当地居民的演化稳定策略为监督；当 $x<C$ 时，$\left.\dfrac{dF(z)}{dz}\right|_{z=0}<0$，$\left.\dfrac{dF(z)}{dz}\right|_{z=1}>0$，此时 $z=0$ 为稳定点，即当地居民的演化稳定策略为不监督。从而绘制如图 7－3 所示的当地居民动态趋势相位图，其中 $P_3=Q_3=\dfrac{C_3}{V_3}$。

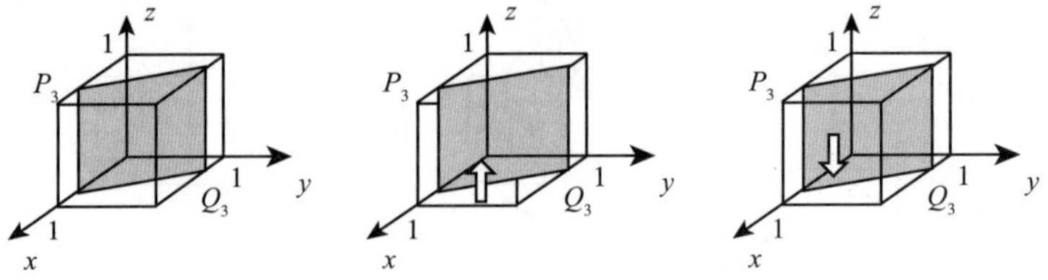

图 7-3　当地居民动态趋势相位图

由以上分析可知，若当地居民积极参与监督反馈的成本 C_3 越低，获得的政府补贴 V_3 越高，此时存在 $C<x<1$，即当地居民的策略选择倾向于从“不监督”向“监督”演化。

四、三方共同作用的演化策略稳定性分析

由于演化博弈中的复制动态方程反映的是群体的动态，由单个复制动态方程求出的均衡点不一定就是该系统的演化稳定策略。因此，需要进一步分析该系统的雅可比矩阵，构建雅可比矩阵如下：

$$J=\begin{bmatrix} \frac{\partial F(x)}{\partial x} & \frac{\partial F(x)}{\partial y} & \frac{\partial F(x)}{\partial z} \\ \frac{\partial F(y)}{\partial x} & \frac{\partial F(y)}{\partial y} & \frac{\partial F(y)}{\partial z} \\ \frac{\partial F(z)}{\partial x} & \frac{\partial F(z)}{\partial y} & \frac{\partial F(z)}{\partial z} \end{bmatrix}$$

$$=\begin{bmatrix} (1-2x)[V_1+R_3-C_1-V_2y+(L-V_3)z] & x(1-x)(-V_2) & x(1-x)(L-V_3) \\ y(1-y)V_2 & (1-2y)(V_2x+DZ+R_4-C_2) & y(1-y)D \\ z(1-z)V_3 & 0 & (1-2z)(xV_3-C_3) \end{bmatrix}$$

由于本书着重分析在特色小镇建设过程中如何通过多元主体的协调配合实现可持续发展的问题，因此主要分析（1，1，1）点的稳定性。将 $x=1$，$y=1$，$z=1$ 代入上文雅可比矩阵中，得到（1，1，1）点所对应的雅可比矩阵：

$$J=\begin{bmatrix} C_1+V_2+V_3-V_1-R_3-L & 0 & 0 \\ 0 & C_2-V_2-D-R_4 & 0 \\ 0 & 0 & C_3-V_3 \end{bmatrix}$$

根据矩阵性质，若假设（1，1，1）点为稳定点，则需要同时满足以下条件：

$$\begin{cases} C_1 + V_2 + V_3 - V_1 - R_3 - L < 0 \\ C_2 - V_2 - D - R_4 < 0 \\ C_3 - V_3 < 0 \end{cases}$$

这时，政府部门—社会资本—当地居民倾向于采取“积极作为，参与投资，参与监督反馈”策略，同时，在由多方主体构成的演化博弈中，单个主体的策略除了考虑自身的影响因素之外，还会受到其他两方的共同作用和影响。

1. 政府部门采取“积极作为”策略的影响因素

当 $V_1 + R_3 + L > C_1 + V_2 + V_3$ 时，政府会选择“作为”策略。那么影响地方政府部门采取“作为”策略的因素主要有以下几个方面：

首先，政府的收益 R_3 和前期投入成本 C_1。尽管从短期来看，特色小镇的建设需要投入较大的前期成本，政府可能会因为害怕承担政绩风险而选择不作为。但若从长远战略来看，R_3 除了包括建设特色小镇所带来的持续不断的经济收益，还会带来生态环保、文化传承、旅游休闲、当地居民生活幸福感增加等无法用金钱来衡量的社会效益，并且在特色小镇发展到一定程度后，需要投入的成本 C_1 也会逐渐减少。因而从长远角度来说，政府部门积极作为获得的收益 R_3 会远远超过投入成本 C_1。

其次，中央政府的补贴 V_1 以及地方政府对社会资本及当地居民积极参与建设的补贴 $V_2 + V_3$，中央政府为了减轻地方政府前期投入的财政压力，提倡并在全国范围内推广特色小镇建设，就应当适当提高对地方政府的补贴力度，地方政府有了中央的财政支持，可以进一步地挖掘当地的特色资源形成产业化。但同时中央补贴的力度不可过大，当 $V_1 > C_1$ 时，也就是中央政府在特色小镇建设过程中的补贴远远超过了地方政府建设特色小镇的前期成本，反而会形成一种负面效应，此时无论特色小镇建设能否成功，地方政府都会选择参与特色小镇建设，这反而违背了中央精神，导致特色小镇沦为“花瓶工程”。而地方政府虽然应该给予社会资本和当地居民资金与政策优惠，但若当 $V_2 + V_3$ 过高时，地方政府在财政上可能会不堪重负，最终选择不参与特色小镇建设，因此，这需要地方政府做出综合权衡。

最后，政府部门公信力的损失 L。如果地方政府选择不参与特色小镇的建设，往往会引起政府公信力的损失。政府公信力是国家和社会凝聚力的最重要基础，而政府公信力的损失不仅会导致公众对政府的信任度降低，政府的号召响应力降低，甚至可能会对当地的长远治理造成影响。因此从政府公信力来看，当地政府也应该选择“积极作为”策略。

2. 社会资本采取“参与投资”策略的影响因素

当 $V_2+D+R_4>C_2$时，社会资本方会选择“参与投资”策略。具体来看影响社会资本方采取“投资”策略的因素主要有以下几个方面：

首先，社会资本的收益情况和前期投入成本 C_2。当收益 $R_4>C_2$时，社会资本倾向于选择“投资”策略。而对参与特色小镇建设的社会资本方来说，要将建设特色小镇与自身的长远发展战略结合起来，做到社会责任的履行和获取经济利益相统一。尽管从短期看，社会资本前期需要投入的人力、物力、财力较大，但是随着特色小镇逐渐发展成熟，企业的成本投入逐年下降，而收益则会逐年上升，社会资本积极参与投资获得长期收益总额必将会超过成本的支出。

其次，社会资本积极参与建设特色小镇获得自身形象的提升，声誉水平的提高。社会资本的声誉水平作为一种非正式约束，可以对一些正式的规则做出补充，前期一系列的理论以及实证研究可以证明，社会资本的公众口碑与其经济效益呈现出明显的正相关性。从短期看，社会资本的声誉水平 D 的增加并不明显，但是，在演化稳定策略的长期博弈过程中，如果社会资本采取“参与投资”的策略，那么 D 的增加将会变得非常显著，并且时间越长 D 会越大。因此，在当今的网络时代，社会声誉水平的增加也是社会资本选择投资特色小镇项目的一大重要因素。

最后，政府部门的优惠补贴。为了吸引更多的社会资本投资特色小镇项目，政府应该制定一些合理的优惠政策并且适当提高补贴力度，使项目可以以较高的政府补贴弥补社会资本的前期投入成本。但同时政府部门也要严格设置社会资本获取政府补贴的门槛，并对获取补贴的社会资本后续的行为进行跟踪，保证补贴的质量，防止在特色小镇建设中出现恶意获取补贴却没有用在特色小镇项目的现象，违背了可持续发展的目标。

3. 当地居民采取“积极监督”策略的影响因素

当 $V_3>C_3$时，当地居民会选择“积极监督”策略。

首先，当地居民参与监督反馈时需要花费的成本 C_3。近年来，随着互联网技术的不断发展，信息的传播越发便捷，当地居民想要参与监督反馈的成本也日益降低，从前居民想要参与反馈可能需要写信、电话、现场监督，而今可以通过微信公众号、APP、直播监督等众多方式，大大降低了所需成本，这也导致居民们越发趋向于采取"监督"策略。

其次，政府的因素，即政府对主动参与监督的当地居民给予一定的奖励额 V_3。理论上说 V_3 越大，会有更多的居民参与监督反馈，但是考虑到政府的财政成本以及为了防止一部分居民"搭便车"现象，这种奖励可以是象征性的定额奖励，不宜定得过高。并且如果当"政府部门—社会资本"已经选择了（积极作为，参与投资），形成了良性循环系统的情况下，当地居民为了防止自己的利益受到损害，最优策略一定是积极参与监督反馈。如此可见，三者之间不仅出于对自身利益的考虑，又出于对社会责任的考虑，可以形成一个良性的闭环生态系统。

五、三方演化博弈模型的数值仿真分析

本书运用 Matlab 对政府部门、社会资本和当地居民不同情况下的行为选择的博弈过程进行仿真分析，首先设定初始参数取值 $C_1=3$，$R_1=2$，$V_1=2$，$L=1$，$C_2=7$，$V_2=2$，$R_2=3$，$R_3=7$，$R_4=10$，$D=2$，$C_3=1$，$V_3=1.5$，政府部门、社会资本、当地居民的初始策略选择概率均设定为 0.5，分析不同参数数值变化对系统演化轨迹的影响。

1. 政府补贴对演化结果的影响

（1）中央政府对于当地政府的补贴变化。以初始参数取值为基础，对 V_1 分别取值 0.5、2、3.5，研究其对地方政府演化趋势的影响，如图 7-4 所示。由图 7-4 可以看出，随着中央政府补贴力度的加大，地方政府趋向于 1 的速度越来越快，即地方政府选择积极作为策略的速度越来越快。中央政府为了减轻地方政府前期投入的财政压力，提倡并在全国范围内推广特色小镇建设，就应当适当提高对地方政府的补贴力度，地方政府有了中央的财政支持，会更愿意更快地选择参与特色小镇建设，但同时中央补贴的力度不可过大，当中央政府在特色小镇建设过程中的对地方政府的补贴太大时，反而会形成一种负面效应，此时无论特色小镇建设能否成功，地方政府都会选择参与特色小镇建设，这其实违背了中央精神，导致特色小镇沦为"花瓶工程"。

（2）当地政府对于社会资本投资的补贴变化。以初始参数取值为基础，对

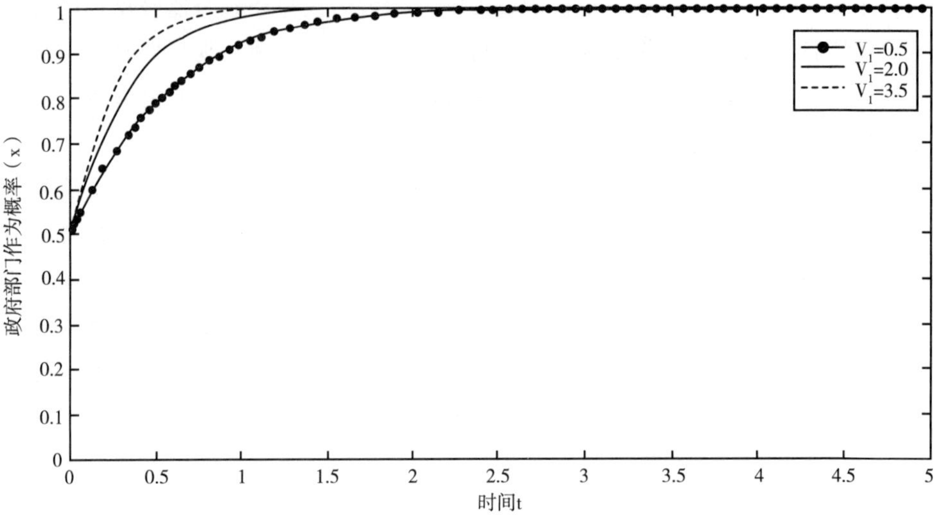

图 7－4　中央政府对地方政府补贴变化对演化结果的影响

V_2分别取值 2、5、8，研究其对博弈系统内各主体演化趋势的影响，如图 7－5 所示。由图 7－5 可知，地方政府的补贴力度没有改变社会资本的选择概率演化趋势，社会资本对于合作策略的选择概率一直趋向于 1，但是政府补贴力度越大时，社会资本趋向于 1 的速度越快。而对于当地政府来说，随着补贴力度的增大，先是其趋向于 1 的速度明显变小，当补贴力度过大时，政府部门会不堪重负，最终趋向于 0。对于当地居民来说，当政府部门选择不参与的策略时，其最终也会趋向于 0 的趋势。仿真结果表明：政府部门应该适当加大对于社会资本的补贴力度，以此降低社会资本的前期投入成本，这有利于加快社会资本选择参与投资的策略，但应该注意补贴力度不可过大，这会给政府自身带来过重的财务压力，最终导致其选择不作为的策略。而与此同时政府部门也要严格设置社会资本获取政府补贴的门槛，并对获取补贴的社会资本后续的行为进行跟踪，保证补贴的质量，防止在特色小镇建设中出现恶意获取补贴却没有用在特色小镇项目的现象，违背了可持续发展的目标。

2. 参与特色小镇建设所获收益对演化结果的影响

（1）当地政府参与特色小镇建设收益的变化。以初始参数取值为基础，对 R_3分别取值 7、8、9，研究其对地方政府演化趋势的影响，如图 7－6 所示。由图 7－6 可以看出，随着当地政府参与特色小镇建设可获的收益越来越高，

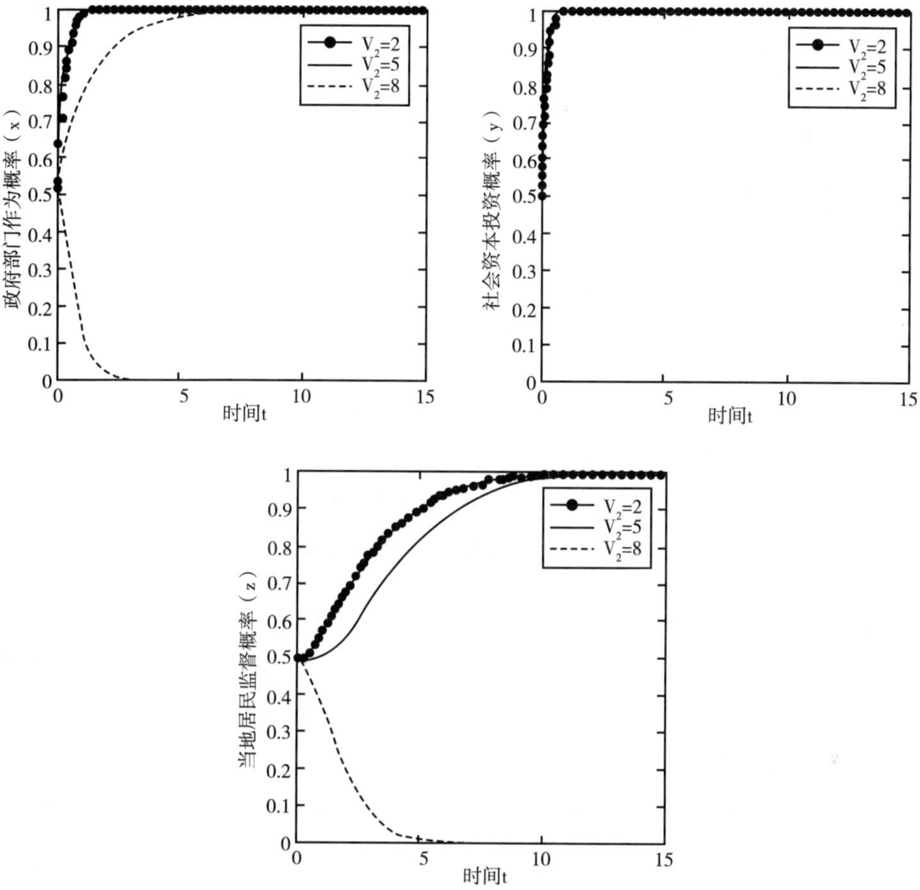

图 7－5　地方政府对社会资本补贴变化对演化结果的影响

其趋于 1 的速度越来越快，即地方政府选择积极作为策略的速度越来越快。仿真结果表明：当政府部门参与特色小镇建设可以获得的收益越大时，它会更快地选择积极作为策略。如果从长远战略来看，R_3除了包括建设特色小镇所带来的持续不断的经济收益，还会带来生态环保、文化传承、旅游休闲、当地居民生活幸福感增加等无法用金钱来衡量的社会效益。而当地政府作为社会公共部门，社会效益的增长也是其应该主要考虑的因素，因此综合来看，当地政府会较快的选择积极作为策略。

（2）社会资本参与特色小镇建设收益的变化。以初始参数取值为基础，对 R_4 分别取值 2、6、10，研究其对社会资本演化趋势的影响，如图 7－7 所示。由图 7－7 可以看出，当社会资本投资特色小镇可以获得的收益较小时，

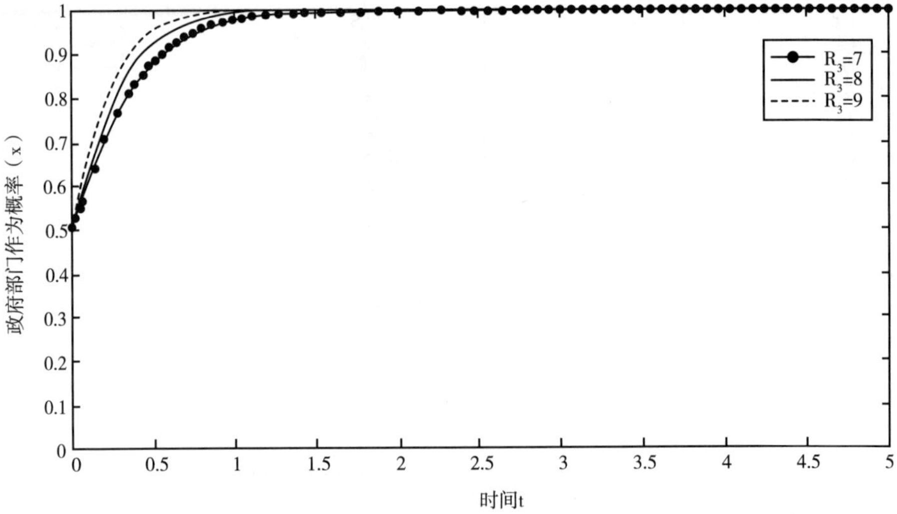

图 7－6　地方政府收益变化对演化结果的影响

社会资本的选择概率会趋向于 0，而随着收益越来越大，社会资本趋向于 1 的速度越来越快。社会资本作为以营利为目的的经济组织，它比较看重的因素依旧以经济收益为主，因此在投资特色小镇可以带来的经济收益过低时，它会趋向于选择不投资的行为策略。

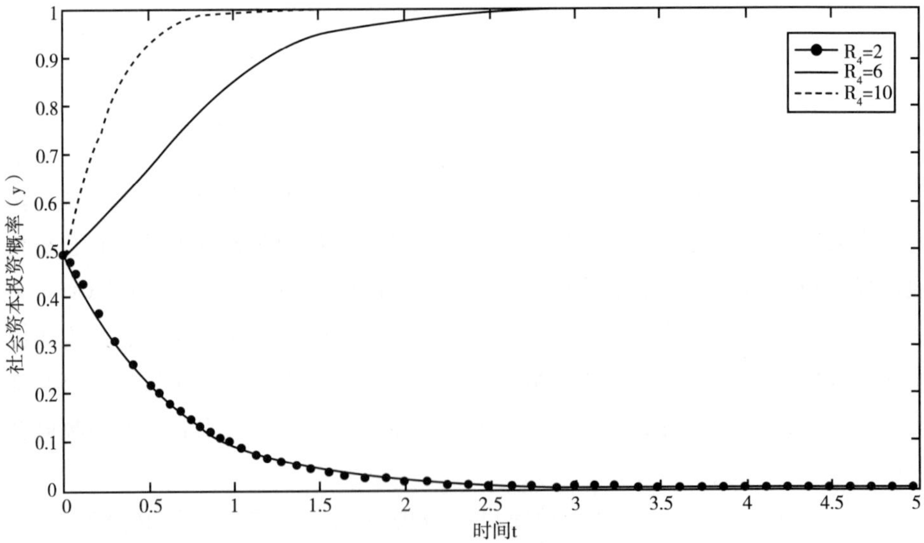

图 7－7　社会资本收益变化对演化结果的影响

3. 参与特色小镇监督成本对演化结果的影响

以初始参数取值为基础，对 C_3 分别取值 1、2、3，研究其对当地居民演化趋势的影响，如图 7－8 所示。由图 7－8 可以看出，当地居民参与特色小镇监督所需付出的成本较小时，他们的选择策略会趋向于 1，随着所需成本越来越高，当地居民的选择策略会越来越快的趋向于 0，即选择不参与。在现实情况中，当地居民选择不参与监督的原因可能是害怕承担过多的时间和经济成本，但近年来，随着互联网技术的不断发展，信息的传播越发便捷，当地居民想要参与监督反馈的成本也日益降低，从前居民想要参与反馈可能需要写信、打电话、现场监督，而今可以通过微信公众号、APP、直播监督等众多方式，大大降低了所需付出的时间、经济成本，这也会导致居民们的选择趋向于 1。

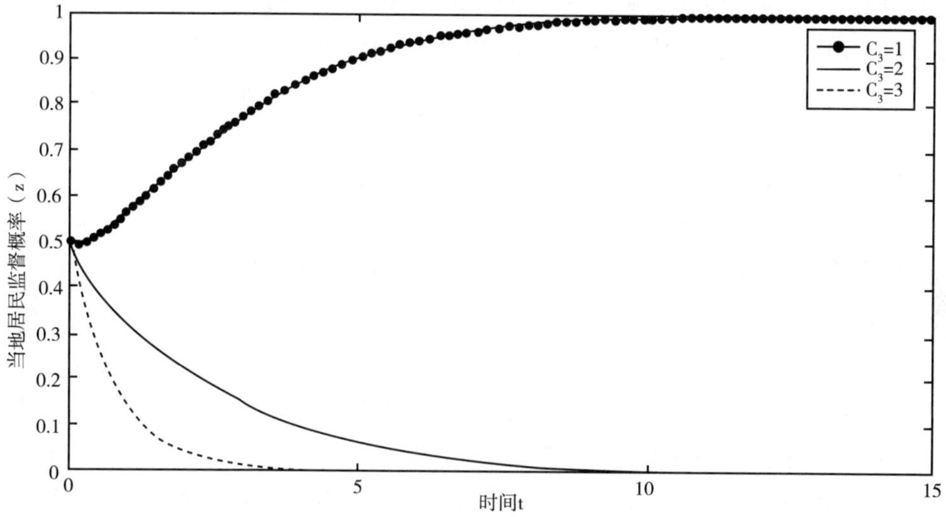

图 7－8　当地居民参与成本变化对演化结果的影响

第三节　特色小镇持续性发展主体行为冲突

由于特色小镇建设过程中参与主体的行动目标各不相同，必然导致各行为主体行动逻辑或行动策略不同，进而使参与主体之间，尤其是当地部门与社会资本、社会资本与当地居民、当地居民与政府部门之间呈现出不同的特点，由此导致了一系列的合作困境。

一、政府部门与社会资本

政府部门与社会资本从表面上看皆是追求“利益最大化”，然而从本质上来看依然大相径庭。政府部门作为公共利益的维护者，除了追求经济利益，也要追求以公共利益为代表的社会利益的提高。政府部门运用自身权利对公共资源进行合理配置，以此来调整特色小镇建设过程中分配不均的情况，同时政府部门要审时度势引导社会资本方承担在特色小镇建设中的社会责任，以维护弱势群体的利益。

社会资本最本质的属性是“经济人”，他们希望在特色小镇建设的过程中尽可能少地承担社会责任，以此降低自己的成本，所以较为忽略生态环境的保护及社会效益。在特色小镇建设过程中，一部分社会资本表面上遵循特色小镇建设的方针政策，但在实际生活中却对特色小镇项目进行垄断，构造适合自己发展的经营环境，甚至还有一部分社会资本方利用现有政策中的漏洞，骗取政府部门的项目补贴，为自己获取最大的经济利益。在政府部门监管失灵的情况下，部分社会资本可能会摒弃共同利益，谋取私利之后随即撤资离开，最终导致特色小镇的市场秩序遭到毁灭性的破坏，进而导致特色小镇建设的失败。

政府部门与社会资本在特色小镇建设中通常占据有利地位，他们掌握的信息和可供选择的策略较多，并且两者优势互补，社会资本可以为政府部门带来资金支持，政府部门也可以利用政策优惠吸引更多的社会资本参与到特色小镇的项目以此来提高政绩。但当这两者不满足于当前的利益实现程度，实现权资勾结进而引发严重的利益失衡，导致特色小镇建设过程中负外部性的产生，从而严重影响特色小镇的建设与可持续发展。显然，在特色小镇建设过程中如果不引入合适的居民监督反馈机制，极有可能会导致当地居民的利益受到严重损害。而监督反馈机制的设立，可以对社会资本方和政府部门进行有效的监督与管理，倡导双方共同维护社会公共利益，保护特色小镇的生态环境，保障小镇居民的合法权益。

二、社会资本与当地居民

社会资本是当地政府部门为了特色小镇建设筹集资金而引入的投资企业和金融机构，他们为小镇的建设和开发提供资金和技术支持，并从中获取收益。而当地居民支持社会资本参与特色小镇建设的主要原因，在于他们认为社会资本可以给自己带来更高的收益，但当付出的代价高于所获收益时，两者则会产生冲突。社会资本方往往以利润最大化为目标，在投资特色小镇项目之后获取相应的投资收益，而当地居民的诉求也主要体现在经济效益上，他们希望特色小镇的发展可以带来更多的收入、更丰富的就业方式。仅仅由社会资本方来制定规则会导致当地居民无法获得本应属于他们的经济效益，但如果忽略社会资本的利益，只让当地居民进行特色小镇的建设与开发，那么资金不足的情况下只能进行低效率的开发。因此，这两者其实是互利共生的关系。

社会资本对特色小镇的建设与开发在一定程度上改变了小镇原来的命运，特色小镇的发展有助于当地居民生活水平的提高、小镇经济状况的改善，具有较强的正外部性。然而社会资本方仍然主要考虑自身的利益，对当地居民的利益诉求考虑不多，随着对特色小镇建设影响力的逐渐加深，当地居民开始进入弱势地位，即缺乏利益诉求的渠道，导致当地居民的利益受到损害。相反，社会资本方由于自身的优势地位，通过各种手段来谋取更多的利益诉求，不仅不与当地居民分享收益，甚至利用小镇的资源进行垄断，同时特色小镇在建设过程中会对当地生态环境产生一定的影响，当地居民不仅无法获得自身合法利益，甚至赖以生存的居住环境也遭到破坏，不断的利益失衡会加剧当地居民与社会资本的冲突，导致双方的合作困境。

社会资本与当地居民为了特色小镇的可持续性发展，不能仅局限于当前的经济效益，而是应该从长远的角度出发，考虑到特色小镇建设成功后所能带来的社会及文化效益。除此之外，社会资本要受到当地居民的合理监督，合理适度地利用小镇资源。

三、政府部门与当地居民

政府部门作为特色小镇建设项目的监管者、协调者，与当地居民有着密切的联系。政府部门与当地居民长期在小镇居住，对于特色小镇的经济现状、城镇建设情况以及自然资源禀赋都很熟悉，同时双方都有相同的利益诉求，政府部门通过特色小镇的建设来提升经济效益与社会效益，使当地居民获益，当地居民支持特色小镇建设与发展，有助于政府部门政策目标的实现。

然而在特色小镇建设过程中，当地居民与政府部门仍然存在着一定的冲突。特色小镇的建设目标之一是为当地居民提供服务，因此除了保证当地居民收入的增加、就业机会的增多，还应通过基础设施的建设提高居民生活舒适度，让其真正享受到特色小镇建设带来的有利成果。然而，政府部门在招商吸引社会资本投资的过程中，难免出现一系列的问题，如果只是谋取经济的快速发展，为社会资本提供便利而忽视了当地居民的合法利益，会导致当地居民缺乏话语权，不能积极参与其中，从而利益受到损害。反之，如果不注重经济效益，就不能推动当地经济发展，即便保障了当地居民的利益，也会由于资金的匮乏，难以继续建设特色小镇。

由于我国特色小镇起步时间晚，当地居民文化水平限制，加上多层次、多渠道的公众参与反馈机制尚未建立完善等原因，小镇的居民在争取自身利益的过程中阻力较大，利益诉求也往往会被忽略。在受到利益驱使下的政府部门为了减少成本并且追求政绩的提升可能会做出有悖于当地居民利益的决策。目前，根据我国法律规定，为了当地的开发和建设，可以向当地农民进行土地征用，随后对被征地农民进行经济上的补偿。但是，特色小镇的土地政策仍需完善：一方面特色小镇的土地监管政策模糊并且不全面，当地居民由于失去土地而造成的收入损失无法获得足够的补偿。另一方面目前的特色小镇建设过程中利益诉求反馈机制和渠道的设立尚不完善，导致当地居民的利益诉求往往得不到政府部门的重视，甚至有“官商勾结”的恶劣现象发生，政府部门先征收当地农民的土地之后再给予经济补偿，导致农民承受高额的利益损失，对特色小镇的建设产生严重影响。

正是政府部门和当地居民所处地位的差距悬殊，导致政府部门缺乏对当地居民的重视程度，无法意识到当地居民才是小镇建设中最应该惠及的目标群体，因为他们不仅是特色小镇的主人，同时也是特色小镇建设过程中不良后果的承担者。

第四节　本章小结

本章运用演化博弈的思想与方法构建了特色小镇持续性发展进程中政府部门、社会资本与当地居民三方动态演化博弈模型，考虑了影响博弈三方在特色小镇持续性发展过程中选择策略的各因素，计算各参与主体的复制动态方程并绘制出动态趋势相位图，最后进一步构建该系统的雅可比矩阵，分析如何通过多元主体的协调配合实现特色小镇的持续性发展。主要结论如下：

（1）由政府部门的复制动态方程可知，政府部门的策略选择主要受到政府自身和社会资本策略的影响。如果中央对地方政府的补贴以及政府部门建设特色小镇可以获得的收益越大，同时政府投入成本及对社会资本和当地居民的补助越小，这样会促使 x 的值趋向于1，即当地政府会倾向于选择“作为”策略。

（2）由社会资本的复制动态方程可知，社会资本的策略选择会同时受自身、政府部门以及当地居民策略的影响。如果参与特色小镇建设的社会资本获得的收益越大，政府部门给予的补贴越多及社会资本声誉水平提升越多，同时社会资本的成本投入越小，这样能使 y 的值趋向于1，即社会资本会倾向于选择“投资”策略。

（3）由当地居民的复制动态方程可知，当地居民的策略选择主要受到自身以及政府部门的策略选择，与社会资本的策略选择关系不大。如果当地居民获得的政府补贴越高，同时参与监督反馈的成本越低，这样能使 z 的值趋向于1，即当地居民会倾向于选择“监督”策略。

（4）通过对构建的演化博弈模型求解发现，当满足适当的条件时，所构建的博弈模型会收敛于点（1，1，1），即点（1，1，1）是该模型的演化稳定策略。这也证明了，在长期的演化博弈过程中，三方可以达到“政府部门作为、社会资本投资、当地居民监督”的理想模式，从而实现特色小镇的持续性发展。

第八章　中国特色小镇持续性发展主体统计调查与经验证据

本章主要是基于上一章特色小镇持续性发展主体行为的演化博弈分析，进一步探索微观主体行为对特色小镇持续性发展的作用机制和实际效果。在对特色小镇持续性发展主体的行为进行界定的基础上，利用来自长三角地区 58 个国家级特色小镇的社会资本和当地居民调查数据进行描述性统计分析，充分展示以社会资本和当地居民为代表的特色小镇持续性发展主体的基本特征及其参与特色小镇可持续发展行为的具体表现；运用该抽样调查数据对特色小镇持续性发展主体的参与行为抉择进行实证检验，揭示其行为特征和逻辑规律。

第一节　特色小镇持续性发展主体的统计调查

一、社会资本参与特色小镇持续性发展的行为动机及行为表现

（一）样本选择与数据来源

本书中所选取的样本主要来自长三角地区的上海、杭州、南京、宁波、丽水 5 个城市，首先，从目前特色小镇的地区分布上来看，国家公布的两批 403 个特色小镇的名单中，长三角地区共有 69 个小镇上榜，是目前全国范围内特色小镇分布密度最高的地区；其次，出于长三角地区各个城市特色小镇的数量多少以及作者的调研便利性考虑选择了这 5 个城市。

本书先从各城市内国家级特色小镇开始调查，然后再到省级特色小镇，实地走访了上海市特色小镇 9 个、杭州市特色小镇 20 个、宁波市特色小镇 10 个、南京市特色小镇 7 个以及丽水市特色小镇 12 个，在每个特色小镇周边随机选择 5 ~ 7 个社会资本作为样本进行调查，采取调查组与社会资本内部人员

面对面交流的方式，并且问卷的填写时间基本控制在10分钟以内，同时在填写之前声明调研问卷的匿名性和保密性，确保各被调查者填写的真实性。另外由于本书是为了调查社会资本参与特色小镇持续性发展的意愿，因此被调查者主要针对社会资本内的中高层等或对于社会资本内部基本策略较为了解的人群。本书的问卷发放及回收工作从2020年10月开始到2021年4月结束，在所选择的上海、杭州、南京、宁波和丽水5个城市共发放问卷350份，另外还利用了问卷星平台发放了电子问卷78份，去除问题填写不完整以及答案前后不一致等无效问卷后，获得有效问卷共406份。总体而言，大多数被调查者对于调查内容较为有兴趣，也保证了此次调查结果的可靠性。

（二）问卷设计

本书参考了大量国内外文献，设计出相应的问题与选项，围绕社会资本参与特色小镇持续性发展情况的调查主题，问卷设计主要包括以下五个部分，第一部分：社会资本基本情况，主要是社会资本的类型，成立时间，组织规模等；第二部分：社会资本对于特色小镇的认知情况，主要是社会资本对于特色小镇以及国家政策的了解程度等；第三部分：社会资本的经济预期，主要是社会资本对于参与特色小镇持续性发展风险、成本等看法的同意程度；第四部分：社会资本的参与意愿，主要是社会资本的参与意愿以及原因；第五部分：被调查者的基本情况。由于本书选取的被调查者主要针对中高层等对于社会资本内部发展情况较为了解的人群，确保了问卷的科学性和可靠性。

（三）抽样社会资本的统计特征

在被调查的样本企业中，其基本特征可见表8-1。

（1）从抽样社会资本的类型来看，国有企业占比最高，达到38.84%，其次是民营企业，占比为23.92%，外商投资企业、混合所有制企业以及其他企业数量较少，尤其是其他企业，占比仅为5.53%。从总体上来说，公有资本的数量在社会资本中占据优势地位。

（2）从抽样社会资本的成立时间来看，大多数的社会资本成立时间都在1~5年和6~10年，分别占比为33.71%和31.71%，成立时间较短的社会资本占比最少，为14.17%，成立时间10年以上的企业占比也达到20.42%。由此可见，抽样的社会资本成立时间基本都较长，经营状况已经较为稳定。

（3）从抽样社会资本的组织规模来看，规模达到20~200人的社会资本占比最高，达到了46.11%，其次是规模达到200人以上的社会资本，占比34.59%，而组织规模为20人以下的社会资本较少，占比19.31%。由此可见，抽样的社会资本组织规模基本都已经达到一定水平，实力相对比较雄厚，具有可以参与特色小镇持续性发展的能力。

表8－1　　抽样社会资本基本特征统计

调查项目	选项	所占比例（%）
企业类型	国有企业	38.84
	民营企业	23.92
	外商投资企业	16.92
	混合所有制企业	14.78
	其他企业	5.53
成立时间	1年以内	14.17
	1～5年	33.71
	6～10年	31.71
	10年以上	20.42
组织规模	20人以下	19.31
	20～200人	46.11
	200人以上	34.59
行业领域	农林牧渔业	11.65
	制造业	20.68
	信息传输、计算机服务和软件业	14.66
	文化、体育和娱乐业	8.65
	居民服务和其他服务业	11.65
	金融业	5.26
	交通运输业	12.03
	电力、燃气及水的生产供应	9.77
	建筑业	5.64
发展阶段	初创期	24.17
	发展期	40.86
	成熟期	34.96

（4）从抽样社会资本涉及的行业领域来看，占比最高的行业为制造业，达到 20.68%，其次为信息传输、计算机服务和软件业、交通运输业以及居民服务和其他服务业分别占比 14.66%，12.03% 和 11.65%，剩余的各个行业也都占有一定的比例，体现出样本的多样性和代表性。

（5）从抽样社会资本的发展阶段来看，大多数社会资本都处于发展期，占比达 40.86%，其次是处于成熟期的社会资本，另有 24.17% 的社会资本处于初创期。初创期的社会资本一般情况下资金比较匮乏，没有多余的资金投入特色小镇建设，而所选样本处于初创期的社会资本较少，大多数的社会资本都已达到发展期。

（四）抽样社会资本的行为动机

（1）在未来发展方面，从图 8－1 可以看出，超过 50% 的社会资本都认为参与特色小镇持续性建设有利于其未来的发展，另外有 23.75% 的社会资本认为参与特色小镇持续性建设对其未来发展是否有利具有不确定性，仅有约 20% 的社会资本认为，参与特色小镇持续性建设对于其未来发展没有益处。据此可以看出，抽样的社会资本大多认为参与特色小镇持续性建设可以为其未来的发展带来利益。正是因为特色小镇的发展具有较大的市场潜力，社会资本对其投资的未来收益充满信心，更多的社会资本才愿意参与特色小镇的持续性发展建设中。

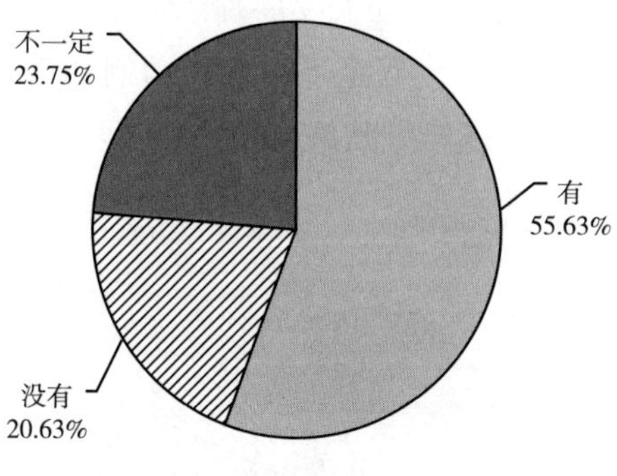

图 8－1 参与特色小镇是否有利于社会资本未来发展

（2）在社会形象方面，从图 8－2 可以看出，有 51.47% 的社会资本都认为参与特色小镇持续性建设可以提升自身的社会形象，有 26.69% 的社会资本对于参与特色小镇持续性建设是否能提升自身社会形象持不确定的态度，而 21.84% 的社会资本认为参与特色小镇持续性建设并不能提升自身的社会形象。

特色小镇的建设是一项较为复杂的工程，而社会资本参与特色小镇建设有助于发挥其在资金、技术创新以及资源等方面的优势，因此，社会资本的参与对于特色小镇的发展具有重大的意义，大多数的社会资本都认为参与特色小镇建设可以给自己带来社会形象的提升，社会形象的提升有助于企业品牌的宣传与推广，给消费者带去正面的印象，从而激发社会资本更强烈的参与意愿。

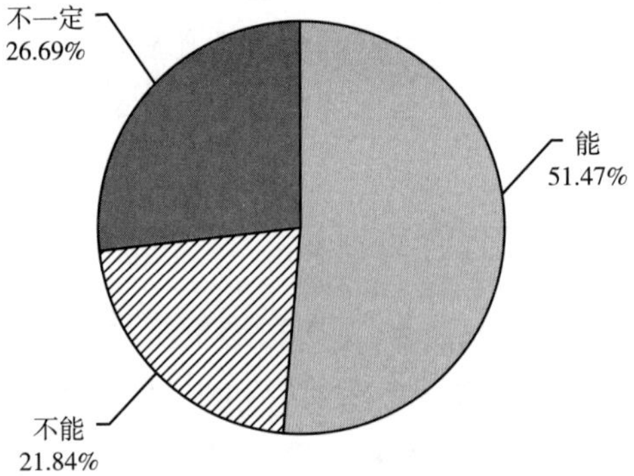

图 8-2　参与特色小镇是否能提升社会形象

（3）在社会责任方面，从图 8-3 可以看出，有 42.18% 的社会资本比较同意参与特色小镇持续性建设是其应尽的社会责任这个观点，其次有 28.3% 的社会资本处于中立的态度，较为不同意和完全不同意的社会资本占比较少，不足 20%。特色小镇是借势国家五大发展理念而出现的新兴实践，受到国家的高度支持，但是投资周期长、资金不足等原因制约着特色小镇的建设与发展，而社会资本参与特色小镇建设是解决特色小镇项目资金不足的有效手段，

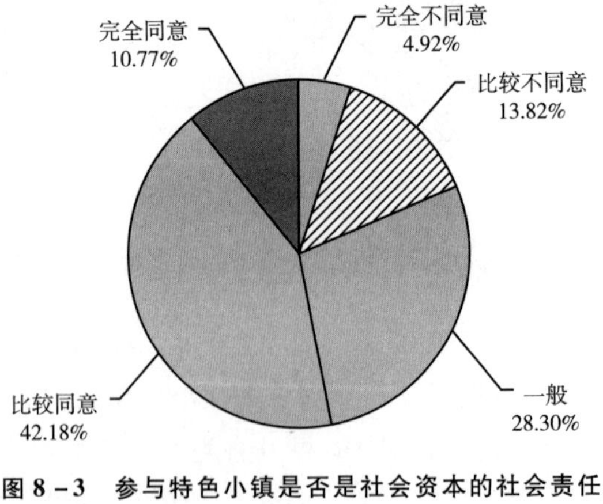

图 8-3　参与特色小镇是否是社会资本的社会责任

同时激发了特色小镇的活力，是推动特色小镇持续创新发展的重要途径。根据数据，大多数的社会资本都意识到了参与特色小镇持续性发展是自己应尽的社会责任，因此更多的社会资本会愿意参与进来，缓解政府的财政压力，促进特色小镇的健康持续发展。

（4）在有效途径方面，从图8-4的统计图中可以看出，有37.56%的社会资本认为参与特色小镇持续性建设是其获取社会资源的有效途径，其次是保持中立态度的社会资本占比28.95%，完全同意和完全不同意此观点的社会资本占比都比较少，分别为10.15%和9.29%。社会资本参与特色小镇持续性建设，有助于与政府形成良好的合作关系，这对于社会资本未来获取更多的信息资源和政府支持打下了良好的基础。

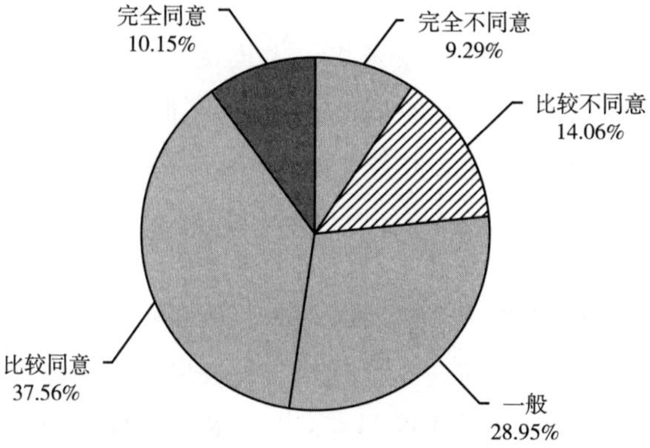

图8-4 参与特色小镇是否是获取社会资源的有效途径

（五）抽样社会资本的行为表现

（1）从抽样社会资本对于特色小镇的了解程度统计图8-5可以看出，选择完全不了解和完全了解的社会资本都比较少，占比分别为8.42%和8.02%，选择不太了解的社会资本占15.56%，选择比较了解的社会资本占20.68%，选择一般的社会资本数量最多，占比达到46.32%。从统计数据可以看出，大多数的社会资本对于特色小镇都有一定程度的了解，但是了解度较高的社会资本仍不多，政府部门应该加大对于特色小镇的宣讲力度，让更多的社会资本了解特色小镇的基本情况，以此吸引更多综合实力较强的社会资本加入特色小镇持续性发展的建设中。

（2）从抽样社会资本对特色小镇相关国家政策的了解程度统计图8-6可

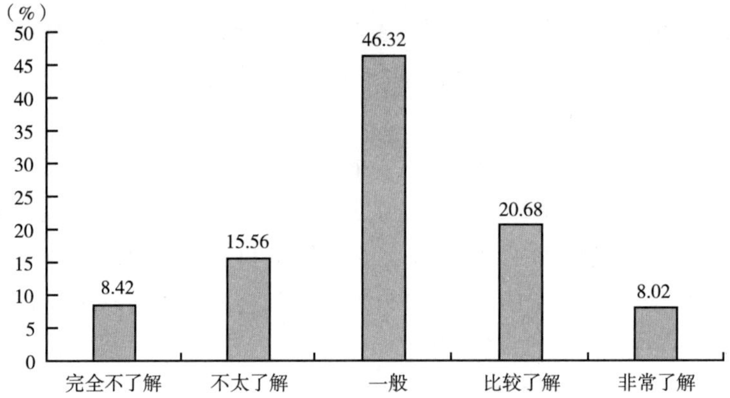

图 8-5　社会资本是否了解特色小镇

以看出，选择一般的社会资本数量最多，占比达 42.57%，其次是选择不太了解的社会资本，占 27.06%。而选择比较了解和非常了解的社会资本占比较低，分别为 10.18% 和 5.90%，相较于图 8-5，对于国家政策不了解的社会资本比例有所上升，说明社会资本对于特色小镇国家政策的了解程度不及对于特色小镇的了解程度，一些社会资本可能明白特色小镇是什么，但是却未曾了解过有关特色小镇的国家政策，特色小镇作为一种新兴实践，融合了开放、绿色等多种理念，国家为了支持特色小镇建设与发展出台了相关政策，这些政策为各个地区建设特色小镇指明了正确的方向，但是从抽样数据来看，社会资本对于国家政策的了解程度依旧有待提升。

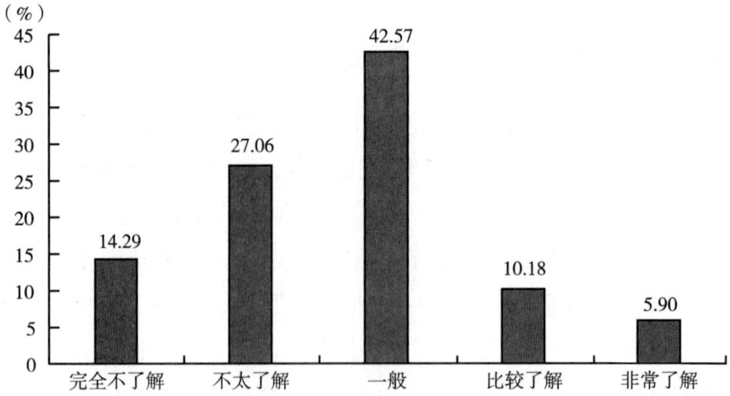

图 8-6　社会资本是否了解关于特色小镇的国家政策

二、当地居民参与特色小镇持续性发展的行为动机及行为表现

（一）样本选择与数据来源

本书所选取的样本主要来自长三角地区的上海、杭州、南京、宁波、丽水5个城市，原因与上文相同，不再赘述。

本书同样先从各城市内国家级特色小镇开始调查，然后再到省级特色小镇，实地走访了上海市特色小镇9个、杭州市特色小镇20个、宁波市特色小镇10个、南京市特色小镇7个以及丽水市特色小镇12个，在每个特色小镇随机选取10个左右的当地居民作为样本进行调查，采取调查组与当地居民面对面交流的方式，并且问卷的填写时间基本控制在10分钟以内，同时在填写之前声明调研问卷的匿名性和保密性，打消各被调查者填写的顾虑。本书的问卷发放及回收工作从2020年10月开始到2021年4月结束，在所选择的上海、杭州、南京、宁波和丽水5个城市共发放问卷405份，另外还通过了问卷星平台发放了电子问卷123份，去除信息不完整及问题答案前后不一致的问卷后，获得有效问卷505份。总体而言，大多数被调查的居民对于此项调查内容较为有兴趣，保证了调查结果的可靠性。

（二）问卷设计

本书参考了大量国内外文献，将其与本书的主题相结合，设计出相应的问题与选项，由于当地居民参与特色小镇持续性发展的情况是本次调查的主题，因此问卷设计主要包括以下三个部分，第一部分：当地居民基本信息，主要是居民的性别、年龄、健康状况等；第二部分：家庭基本情况，主要是居民家庭的主要收入来源、家庭人均月收入等；第三部分：当地居民的认知情况及参与意愿，主要是当地居民对于特色小镇及相关政策的了解情况和参与意愿等。考虑到可能出现由于问卷过于烦琐而导致被调查居民丧失耐心，从而对问卷的可靠性产生负面影响的情况，调查组对于问卷的结构和通俗性等方面进行了数次的调整，以确保问卷的真实性和有效性。

（三）抽样居民的统计特征

1. 抽样居民自身统计特征分析

从所调查的抽样居民自身的基本特征来看（见表8-2），关于性别的样本数

量分布较为均衡。男、女的样本居民均约等于 50%。其中男性居民占比为 52.11%，女性居民占比为 47.89%；抽样居民的年龄分布基本服从正态分布特征，主要集中在 36~45 岁，占比为 38.03%，45 岁以上的居民占比较低，其中 56 岁及以上的比例仅有 10.8%；从抽样居民的政治面貌来看，分布差距较大，其中政治面貌为非党员的居民占比高达 89.67%，剩下仅有 10.33% 的居民政治面貌为党员；从抽样居民的身体健康状况来看，被调查的居民身体健康状况大多数为良好和非常好，两者占比分别为 41.31% 和 23.47%，而身体状况为较差和非常差的居民占比较低，仅有 8.92% 和 4.23%，身体健康的居民更有余力参与特色小镇持续性发展，有利于后文的研究；从文化程度来看，整体上抽样居民的文化程度呈中等水平，其中文化程度为大专的居民占比最多，为 42.25%，高中文化程度和本科及以上的比例分别为 34.58% 和 15.19%，而初中文化程度及以下的居民占比很低，不到 10%，说明目前我国居民素质已得到了普遍提升。

表 8-2　抽样居民自身基本特征统计分析

调查项目	选项	所占比例（%）
性别	男	52.11
	女	47.89
年龄	25 岁及以下	19.25
	26~35 岁	22.07
	36~45 岁	38.03
	46~55 岁	9.86
	56 岁及以上	10.80
政治面貌	共产党员	10.33
	非党员	89.67
身体健康状况	非常好	23.47
	良好	41.31
	一般	22.07
	较差	8.92
	非常差	4.23
文化程度	小学及以下	0.47
	初中文化程度	7.51
	高中文化程度（含中专、高职）	34.58
	大专	42.25
	本科及以上	15.19

2. 抽样居民家庭统计特征分析

从所调查的抽样居民的家庭基本特征来看（见表8－3），抽样居民的家庭主要收入来源大多为工资收入。其中依靠工资收入的居民占比最高，达到37.56%，其次为经营性收入，为21.13%，另外也有19.72%的居民是依靠外来务工收入，如果当地进行特色小镇建设可以增加一定数量的工作渠道，那么这部分居民可以选择留在当地进行就业，不需要再到外地务工，而依靠国家政府补贴性收入的居民占比非常少，目前大多数居民都可以找到工作获得一定的收入，仅仅依靠国家政府补贴性收入的人越来越少，体现我国经济社会水平的普遍提升；抽样居民的家庭就业人数较为可观。在被调查的居民中，超过50%的居民家庭就业人数都是3人及以上，家庭就业人数1～2人的占比38.97%，而家中无人就业的居民仅仅只有3.76%。由此可见，抽样居民家庭内基本能达到至少1人就业来获得收入。

表8－3　　　　抽样居民家庭基本特征统计分析

调查项目	选项	所占比例（%）
家庭主要收入来源	农业收入	14.08
	外来务工收入	19.72
	经营性收入	21.13
	工资收入	37.56
	国家政府补贴性收入	7.51
家中就业人数	0人	3.76
	1～2人	38.97
	3人及以上	57.28
家庭人均月收入	2000元以下	7.98
	2000～5000元	19.72
	5001～10000元	35.68
	10001～15000元	24.88
	15000元以上	11.74
家庭收入稳定情况	非常不稳定	5.21
	比较不稳定	8.43
	一般	19.13
	比较稳定	50.50
	非常稳定	16.74

续表

调查项目	选项	所占比例（%）
对家庭成员就业满意程度	非常不满意	5.27
	比较不满意	15.66
	一般	30.52
	比较满意	41.99
	非常满意	6.57

抽样居民间的家庭人均收入差距较大。家庭人均收入在5001～10000元的居民占比最高，达到35.68%，家庭人均收入为2000～5000元和10001～15000元的居民占比差距不大，但是这两者的收入差距却相对较大。另外，家庭人均收入在2000元以下和15000元以上的居民数量都不多，占比分别为7.98%和11.74%；抽样居民家庭收入基本稳定情况较高。其中家庭收入比较稳定的居民占比50.5%，超过总调查人数的一半，而家庭收入非常稳定和一般的分别占比16.74%和19.13%，家庭收入比较不稳定和非常不稳定的居民数量较少，都不足10%；抽样居民对于家庭成员劳动就业情况满意程度较高，但也有较大一部分居民认为还有提升空间。对于家庭成员就业情况比较满意的人数最多，达到41.99%，其次也有30.52%的居民对于家庭就业满意情况表示一般，而表示非常满意和非常不满意的人数都比较少。由此可见，目前大多数居民对于家庭的就业情况都基本满意，但是不乏也有一部分居民认为家庭就业还可以有较大的提升空间。

（四）抽样居民的行为动机

（1）从图8－7可以看出，超过50%的居民都认为特色小镇建设以来，当地的生活水平有所提高，其中52.92%的居民认为生活水平有所提高，12.68%的居民认为生活水平明显提高，认为生活水平下降的居民占比较低。Zeithaml曾经在消费者领域提出过感知价值的相关理论，消费者在衡量所得和所失以后，才能对产品的综合价值进行评估，同样，当地居民在感知到了特色小镇建设带来的收益，权衡特色小镇带来的价值和改变之后，才会做出最有利于自己的选择，而从调研数据可以看出，抽样居民大多都认为特色小镇项目可以提升当地的生活水平，给自己带来益处，这无疑促进了当地居民积极参与特色小镇建设，实现特色小镇的持续性发展，由此进一步提高自己的生活水平。

（2）从图8－8可以看出，在所调查的居民中有43.66%的居民认为特色

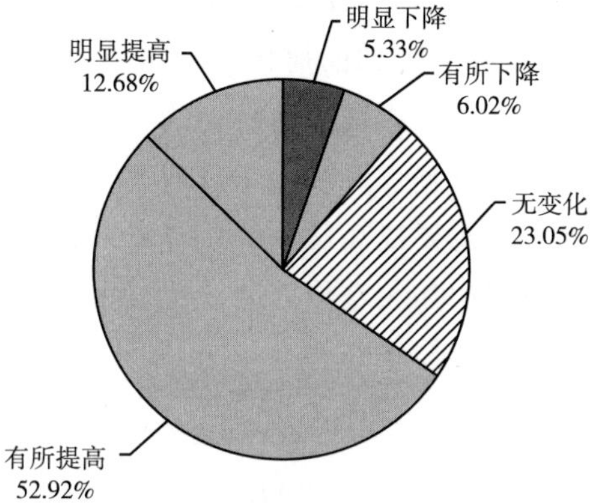

图 8－7　特色小镇建设以来是否改变生活水平

小镇建设以来，当地的就业渠道有所增加，而 33.33% 的抽样居民认为就业渠道明显增加，仅有 23% 的居民认为就业渠道没有增加，认为增加了的比重明显高于认为没有增加的比重。特色小镇与当地的多元产业相融合，不仅可以为返乡的创业者提供新兴的发展平台，同时促进了乡村产业的多元化发展，延长了当地产业链条，给当地居民带来更多就业机会，大多数的居民都感知到了特色小镇的建设为当地带来了更广阔的就业渠道，因此这些居民会愿意参与特色小镇建设，为特色小镇的持续性发展注入更多的活力。

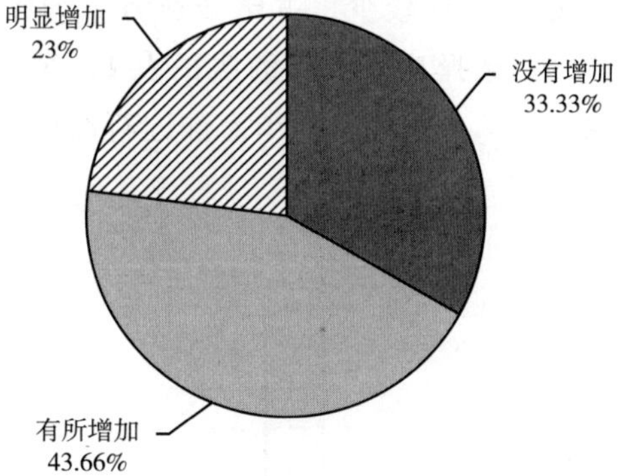

图 8－8　特色小镇建设以来是否增加就业渠道

（五）抽样居民的行为表现

（1）从抽样居民是否听说过特色小镇相关词语和政策的统计图 8－9 可以看出，超过一半的居民听说过与特色小镇相关的词汇和政策，但是有 59.42%

的居民仅只是偶尔听说一些并不全面的特色小镇词汇和相关政策，经常听到的居民较少，不到 20%，而从未听到的居民也比较少，占比 23.84%。自 2014 年特色小镇相关概念在浙江省首次被提出后，这一区域经济创新发展模式开始在全国遍地开花，但从样本数据可以看出，目前大多数居民对于特色小镇只是停留在偶尔听说的层面上，想要提高居民的参与意识，不仅需要居民自身的理性思维，同时也需要政府部门加大宣传力度，让更多的居民意识到自己主动参与的重要性，引导居民积极参与实践。

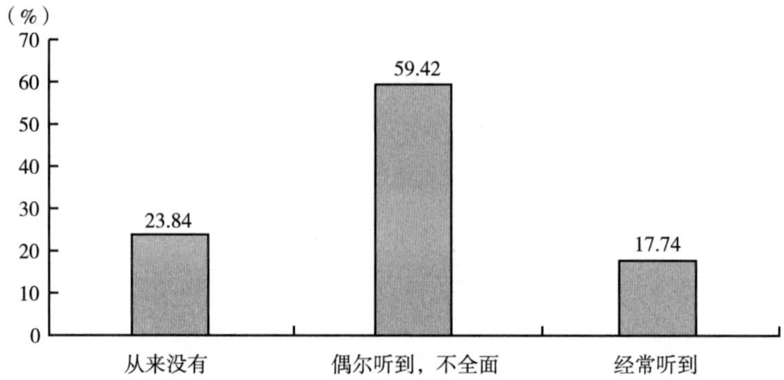

图 8-9　抽样居民是否听说过特色小镇

（2）从抽样居民对特色小镇了解程度的统计图 8-10 可以看出，选择完全不了解和完全了解的居民都比较少，占比分别为 7.51% 和 8.21%，选择不太了解的居民占 16.72%，选择比较了解的居民占 17.70%，而选择一般的居民数量最多，占比达 49.86%。特色小镇作为推进新型城镇化的重要载体，对

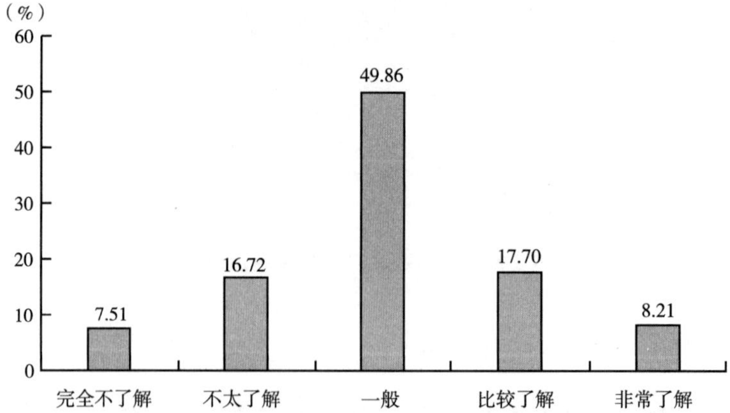

图 8-10　抽样居民对特色小镇的了解程度

于承接农村人口转移、改善生态环境以及促进乡村振兴等都具有重要的意义，在特色小镇的众多特征中，多功能融合是其核心特征，也是其区别于产业园区、经济开发区、建制镇等其他经济空间载体的关键所在，但是从目前的调研样本来看，大多数居民对于特色小镇的了解程度都不算太高，公众对于特色小镇的认知依旧停留在表面，而其对于特色小镇的真正概念和多元化功能的了解程度依然有待提高。

（3）从抽样居民对于特色小镇相关政策理解程度的统计图8－11可以看出，大多数的居民都不怎么能理解政府出台的政策，选择不太理解的居民占比最高，达到44.46%，而选择比较理解和完全理解的居民仅分别为11.19%和4.92%。尽管听说过特色小镇相关词语和政策的居民数量不少，但是可以真正理解相关政策的居民却只占少数，如果公众对于政府出台的相关政策不能很好的理解，不仅会降低当地居民的参与意愿，而且也加大了未来政策的推行难度。

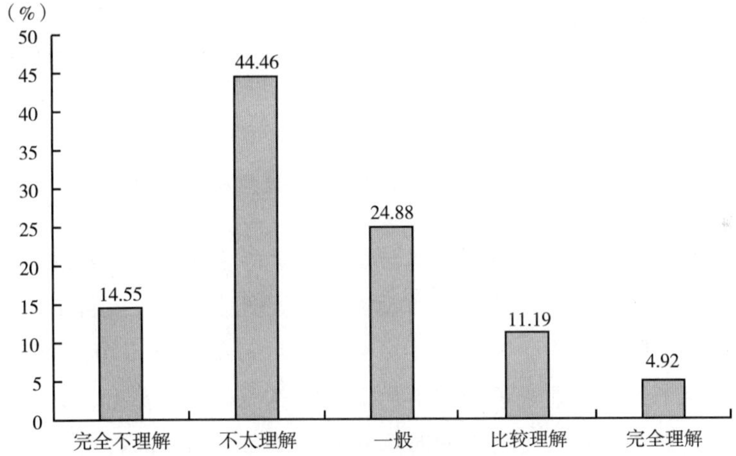

图8－11　抽样居民对特色小镇相关政策理解程度

第二节　特色小镇持续性发展主体行为抉择的经验证据

一、社会资本参与特色小镇持续性发展的行为抉择

（一）研究假设

本书将影响社会资本对于特色小镇持续性发展的参与意愿因素分为以下五

方面作为自变量研究：社会资本基本特征、社会资本认知水平因素、外部环境、社会资本的经济预期以及社会资本管理者的特征（见图8－12），具体假设如下。

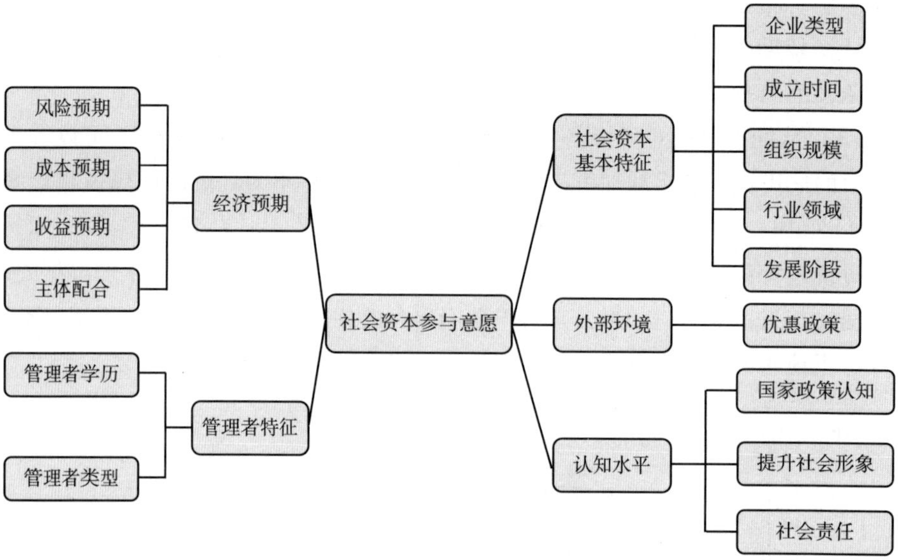

图8－12　社会资本参与特色小镇持续性发展影响因素

第一，社会资本的基本特征对参与特色小镇持续性发展意愿的影响。社会资本包括国有企业、民营企业和外商投资企业等多种形式，民营企业作为民间私人投资企业不同于国有企业，它主要还是以项目的收益率为主要考虑指标，国有企业相对于民营企业来说拥有更加丰厚的资金和技术实力、更低的资金回报率期望，它们在国家的支持下同时具有营利性和公益性的特点，在承担项目风险来获取经济利益的同时，也愿意承担一些战略风险以此来实现企业的公益价值，因此国有企业的参与意愿一般会更高；一般情况下社会资本的成立时间越长，其经营状况也会越稳定，为了更长远的发展目标，社会资本想要寻求更多的机会，其参与意愿也会更高；社会资本的组织规模越大，其对于现金流量的敏感性越高，因此规模较大的社会资本更容易赢得PPP项目，其参与意愿也会越高；不同社会资本涉及众多的行业领域，而像交通运输业、电力、燃气及水的供应这些涉及基础设施行业的社会资本一般参与意愿会更强；资金不足是初创期的社会资本普遍面临的问题，在这一阶段，企业规模尚小，尚未在市场中立足，因此一般这些社会资本参与的意愿较低，而随着企业进入成熟期之后，它已经可以占据较为稳定的市场地位，这一状态下的企业，不论是经营活动还是现金收入都达到了最佳状态，这一时期的社会资本参与意愿会更高。

第二，社会资本的认知水平因素对参与特色小镇持续性发展意愿的影响。认知是认识客观世界的信息处理活动，不同的社会资本的认知水平不同，从而会对其行为选择产生不同程度的影响。对于特色小镇的相关国家政策了解程度越高的社会资本，越能明白特色小镇的持续性发展不仅可以带来较大的经济利益，同时也会带来社会公共利益的提升，因此其参与意愿更强烈；一般情况下社会资本都会选择对于自己有利的行为，因此那些认知到参与特色小镇持续性发展可以提升自身社会形象的社会资本参与意愿会更高；特色小镇由于其建设特殊性，必须寻找多样化的资金来源，因此在政府主导进行特色小镇建设的同时，离不开社会资本的积极参与，越同意参与特色小镇持续性发展是社会资本应尽的社会责任这个观点，越能意识到自己参与的重要程度，因此参与意愿更高。

第三，外部环境对社会资本参与特色小镇持续性建设意愿的影响。外部环境的变化会对社会资本的行为产生影响，社会资本是经济市场中的重要参与主体之一，政策扶持对于增加社会资本的参与意愿有着较大的正向促进作用，若是当地政府拥有政策优惠、财务补贴等行为的支持与引导，势必会增加社会资本的参与积极性。

第四，社会资本的经济预期对参与特色小镇持续性发展意愿的影响。社会资本在投资决策的过程中会出现诸多不稳定的因素，如果政府没有建立公开透明的管理平台，对于社会资本而言，政府违约的风险是其不得不考虑到的，这会直接导致社会资本产生经济损失，社会资本的管理者对于参与特色小镇建设的风险预期值越高，那么作为理性经济人，它自然而然地会选择规避风险；社会资本的决策行为来源于其自身的动机，社会资本参与特色小镇建设的主要目的依旧是获取经济利润，如果社会资本参与特色小镇建设所需的成本越高，收益越低，那么与其获得经济利润的动机是相悖的，它们自然会选择不参与；特色小镇的持续性发展需要众多主体的参与，并且各主体之间的信息具有不对称性，每个主体在参与时都会选择对于自己有利的行为，社会资本如果认为参与特色小镇持续性发展的各个主体之间的配合难度较大，那么它想要自己的利益不遭受损失势必需要付出更多的时间和经济成本来获取信息，因此其参与意愿也就越低。

第五，社会资本管理者的特征对参与特色小镇持续性发展意愿的影响。社会资本管理者的学历、年龄、性格以及对于新事物的接受能力不尽相同，这也会影响社会资本对于特色小镇持续性发展的参与意愿。一般来说，管理者学历层次越高，其参与意愿越强烈；更加倾向于创新型风格的企业管理者越能接受新兴事物，其参与意愿越高。

（二）变量描述

在 Logistic 实证模型中，因为研究的因变量为社会资本是否愿意参与，因此将因变量 y 设为社会资本选择参与的行为。在借鉴相关文献以及整理问卷数据之后，将影响社会资本参与特色小镇持续性发展的自变量因素归纳为以下五类：社会资本的基本特征、社会资本的认知水平因素、外部环境因素、社会资本的经济预期、社会资本管理者的特征。紧接着，从中选取了 15 个变量用于反映社会资本对参与特色小镇持续性发展的意愿选择情况。在此将其简化并归纳成以下的函数形式：$y = F$（社会资本的基本特征，社会资本的认知水平因素，外部环境因素，社会资本的经济预期，社会资本管理者的特征）+随机扰动项。表 8－4 列出了各个变量的定义和赋值情况。

表 8－4　　各变量定义及其赋值

变量名称	变量代码	变量赋值
社会资本参与意愿	是否愿意参与特色小镇持续性发展（y）	0＝否；1＝是
社会资本类型	x_1	1＝国有企业；2＝民营企业；3＝外商投资企业；4＝混合所有制企业；5＝其他企业
成立时间	x_2	1＝1 年以内；2＝1～5 年；3＝6～10 年；4＝10 年以上
组织规模	x_3	1＝20 人以下；2＝20～200 人；3＝200 人以上
行业领域	x_4	1＝农林牧渔业；2＝制造业；3＝信息传输、计算机服务和软件业；4＝文化、体育和娱乐业；5＝居民服务和其他服务业；6＝金融业；7＝交通运输业；8＝电力、燃气及水的生产供应；9＝建筑业
发展阶段	x_5	1＝初创期；2＝发展期；3＝成熟期
对国家政策了解程度	x_6	1＝完全不了解；2＝不太了解；3＝一般；4＝比较了解；5＝非常了解

续表

变量名称	变量代码	变量赋值
提升社会资本形象	x_7	1 = 能；2 = 不能；3 = 不一定
参与特色小镇持续性发展是社会资本应尽的社会责任	x_8	1 = 完全不同意；2 = 比较不同意；3 = 一般；4 = 比较同意；5 = 完全同意
优惠政策	x_9	1 = 有；2 = 没有；3 = 不清楚；
社会资本参与特色小镇持续性发展风险很大	x_{10}	1 = 完全不同意；2 = 比较不同意；3 = 一般；4 = 比较同意；5 = 完全同意
社会资本参与特色小镇持续性发展成本很高	x_{11}	1 = 完全不同意；2 = 比较不同意；3 = 一般；4 = 比较同意；5 = 完全同意
社会资本参与特色小镇持续性发展能获得较大的收益	x_{12}	1 = 完全不同意；2 = 比较不同意；3 = 一般；4 = 比较同意；5 = 完全同意
社会资本参与特色小镇持续性建设的主体配合难度较大	x_{13}	1 = 完全不同意；2 = 比较不同意；3 = 一般；4 = 比较同意；5 = 完全同意
管理者学历	x_{14}	1 = 高中及以下；2 = 大专；3 = 本科；4 = 硕士及以上
管理者类型	x_{15}	1 = 创新型；2 = 中立型；3 = 保守型

（三）模型构建

在理性地对各种影响因素进行全面综合的衡量后做出最佳的选择，这是一个典型的二元决策问题。基于被解释变量仅有“愿意参与”和“不愿意参与”两种选择，属于二元选择问题，因此，本书采用广泛应用于分析此类问题的Logistic二元选择分析模型，以此来确定社会资本参与特色小镇持续性发展意愿的影响因素。

$$P_i = F(\beta_0 + \beta x_i) = \frac{1}{1 + e^{-(\beta_0 + \beta x_i)}} \tag{8-1}$$

根据式（8-1）可以得到：

$$Ln\frac{P_i}{1 - P_i} = \beta_0 + \beta_i x_i \tag{8-2}$$

具体模型构建如下：

$$Logit(P_i) = Ln\frac{P_i}{1 - P_i} = \beta_0 + \beta_1 x_1 + \beta_2 x_2 + \cdots + \beta_n x_n + \varepsilon, n = 15 \tag{8-3}$$

式中，P_i表示社会资本参与特色小镇持续性发展意愿的概率；β_0是常数项，β_i是回归系数，表示因素贡献率；ε为随机误差。β_i为正，表示第i个因素对当地社会资本参与特色小镇持续性发展有正向影响；β_i为负，表示第i个因素对当地社会资本参与特色小镇持续性发展有负向影响。

（四）Logistic 模型运算结果分析

本书使用应用统计软件 SPSS23.0 中的二元 Logistic 回归模型，采用样本输入法对样本数据进行回归分析，对单个变量的筛选标准是显著性水平达到 95%，模型估计结果见表 8-5。

表 8-5　社会资本参与意愿影响因素的 Logistic 回归结果

变量	回归系数	标准误差	Wald 统计量	自由度	显著性	Exp（B）
x_1	-1.443	0.564	6.540	1	0.011**	0.236
x_2	1.335	0.365	13.383	1	0.000***	3.801
x_3	0.781	0.421	3.446	1	0.063*	2.185
x_4	-0.116	0.128	0.815	1	0.367	0.891
x_5	0.048	0.305	0.024	1	0.016**	1.049
x_6	0.174	0.244	0.510	1	0.025**	1.190
x_7	-0.237	0.374	0.403	1	0.013**	0.789
x_8	-0.569	0.371	2.349	1	0.125	0.566
x_9	3.748	0.945	15.711	1	0.000***	4.579
x_{10}	-0.800	0.359	4.977	1	0.026**	0.449
x_{11}	-1.295	0.373	12.072	1	0.001***	0.274
x_{12}	0.668	0.294	5.173	1	0.023**	1.951
x_{13}	0.256	0.329	0.608	1	0.436	1.292
x_{14}	0.212	0.297	0.511	1	0.475	1.237
x_{15}	-0.611	0.440	1.924	1	0.035**	1.842

1. 社会资本的基本特征

就社会资本的基本特征来看，成立时间在 1% 水平上显著，社会资本类型、发展阶段在 5% 水平上显著，组织规模在 10% 水平上显著。社会资本的类型回归系数为负数，说明国有企业的参与意愿要大于民营企业、外商投资企业和混合所有制企业。民营企业、外商投资企业以及混合所有制企业与国有企业相比，在固定资产抵押方面处于劣势地位，而特色小镇建设项目周期较长，资金需求也比较大，这些企业在融资能力上明显弱于国有企业，因此其参与意愿更低。社会资本的成立时间回归系数为正，说明成立时间越长的企业，其参与特色小镇持续性发展的意愿也会越高，与原假设相符。社会资本的成立时间越长，其资金流越稳定，因此参与意愿越高。组织规模的回归系数为正，社会资本的组织规模越大，就越容易赢得 PPP 项目，因此，为了获得更多经济利润，这些社会资本会更愿意参与特色小镇建设。企业的发展阶段回归系数为正，说明随着企业的发展阶段逐渐进入发展期和成熟期，其参与意愿也会相应增强，那些处于初创期的企业自身资金比较有限，融资能力较弱，其自身现有的经济实力无法满足项目的需求，因此参与意愿较低。

而变量社会资本的行业领域没有通过显著水平检验。特色小镇项目需要长期稳定的资金投入，然而除了一些公共基础领域的行业，也会有一些零散的项目，此时也需要一些其他行业领域的企业参与这些零散的项目，推动特色小镇产业的创新发展，因此导致变量行业领域并不显著。

2. 社会资本对于特色小镇的认知情况

就社会资本对于特色小镇的认知情况来看，对国家政策了解程度、优惠政策在 5% 水平上显著，而参与特色小镇持续性发展是社会资本应尽的社会责任在 1% 水平上显著。对于国家政策的了解程度以及参与特色小镇持续性发展是社会资本应尽的社会责任的回归系数为正，而优惠政策的回归系数为负。社会资本对国家推出的关于特色小镇的支持政策越了解，越能明白参与特色小镇所能带来的收益，因此参与意愿也会更高。对于那些有政策优惠和财务补贴的地区，社会资本的参与积极性势必会更高。特色小镇从浙江兴起创新实践，受到了国家的高度关注和支持，由于单一的资金来源不利于特色小镇的健康发展，而社会资本的参与可以大大缓解政府的资金压力，创建多元化的资金格局，因此越是同意参与特色小镇是社会资本应尽的社会责任这个观点，社会资本越是能够认识到自己参与的重要性，它们的参与意愿也会越高，更愿意发挥其资金、技术、管理等优势，促进特色小镇的持续性发展。

而参与特色小镇持续性发展能提升社会资本形象这个变量没有通过显著性检验。有些社会资本尽管认为参与特色小镇持续性发展会有利于企业社会形象的提升，然而由于资金与经验的不足让这些社会资本有心无力，由此可能导致此变量并不显著。

3. 社会资本的经济预期

就社会资本的经济预期来看，成本预期在1%水平上显著，而风险预期和收益预期这两个变量在5%水平上显著。参与特色小镇持续性发展风险很大的回归系数为负数，这说明越同意这个观点的社会资本参与意愿越低，这与现实情况相符。如果社会资本认为参与特色小镇建设会承担很大的风险，为了防止自身经济利益的损失，这些社会资本不会选择参与。特色小镇项目需要庞大的资金支持，因而认为参与特色小镇持续性发展成本很高的社会资本，由于担心无法提供稳定持续的资金流而选择不参与特色小镇。特色小镇的建设是一个长期的项目，当后期特色小镇逐渐向着高端化、多元化以及智能化发展后，逐渐可以为投资企业带来巨大的经济利益和社会效益，而认为参与特色小镇持续性发展收益很高的社会资本看到了特色小镇未来发展的潜力，所以这些社会资本更愿意参与进来。

而主体配合难度大这个变量没有通过显著性检验。认为主体配合难度较大的社会资本如果认为参与特色小镇可以获得较大的经济利益，那么这些社会资本可能会愿意克服此困难而选择参与特色小镇持续性建设，因此可能导致此变量并不显著。

4. 社会资本管理者特征

就社会资本管理者特征来看，管理者的类型在5%水平上显著，并且回归系数为负，与原假设一致。当社会资本的管理者风格为创新型时，其可能更愿意关注新兴事物，敢于尝试和突破，而当管理者风格为保守型时，为了避免承担风险，这些管理者往往墨守成规，不愿意尝试创新，因此这些社会资本的参与意愿也会更低。

而社会资本管理者的学历并没有通过显著性检验，与原假设不符。这极有可能是因为，学历层次越低的管理者越想要尝试一些新的挑战来使企业快速发展，因此也有可能会有较高的参与意愿。

二、当地居民参与特色小镇持续性发展的行为抉择

（一）研究假设

第一，当地居民的个体特征因素。从一般情况来看，年龄与尝试新事物呈

现负向相关关系，年轻人更愿意接触和接受新兴事物，而年纪较长的人更倾向于保持现状，因此参与特色小镇持续性发展的意愿也会越低；而受教育程度越高的居民一般社会责任感越高，他们认识到每个居民都是影响特色小镇健康持续发展的重要因子，同时也意识到居民主动参与的重要性和必要性，因此参与意愿更强烈；在阅读众多文献之后，发现政治面貌这一影响因素对于个体参与意愿的影响相对来说比较显著，尽管居民参与特色小镇建设并不完全属于政治参与，但是一般来说党员参与公共事务的热情较高，比普通群众更容易响应政府的号召，参与意愿更加强烈；居民身体健康状况也是不可忽略的因素之一，一般来说，身体健康状况越好的居民更有余力参与特色小镇建设。

第二，当地居民的家庭基本情况。家庭人均月收入越高的居民一般对于优美舒适的居住环境的要求也会越高，特色小镇所要打造的宜居的生活环境和完善便捷的基础设施更符合他们的预期，因此他们更愿意参与特色小镇建设；在物质资料得到一定的满足之后，人们对于精神文化的追求也在不断提升，一般家庭收入越稳定、对家庭成员劳动就业情况满意程度越高的居民，特色小镇的建设也更容易满足他们的要求，其参与意愿也就更高。

第三，当地居民对于特色小镇的认知因素。认知是每个个体认识和理解客观世界之后的信息解析活动，行为心理学研究表明，人的认知会潜移默化地影响人的行为倾向，而对于特色小镇基本的认知是当地居民愿意参与建设的前提，对于特色小镇认知的提高可以有效促进居民参与特色小镇持续性发展。对特色小镇了解程度越高的居民，其参与意愿越高，因为他们知道参与特色小镇建设可以给当地带来经济快速发展、基础设施改善、生态环境优化等各种积极影响，因此会更倾向于参与其中。

政府部门为了促进特色小镇的持续性发展，会出台一系列扶持性政策，如提供项目补贴、降低社会资本税收、吸引人才入驻等，而对于政府出台的这些关于特色小镇的政策理解程度越深的人，对于特色小镇持续性发展可以改变他们生活的目标越有信心，因此也会有更高的参与意愿。

越经常参加政府组织的关于特色小镇建设的调查的居民与政府的联系也会更加紧密，对特色小镇的认知也会更加深入，对于维护社会网络有着更积极正面的作用，因此其参与意愿相对更高；对于政府以及工作人员的满意程度，从一定程度上来看也反映了居民对于政府和工作人员的信任程度。经济学家很早就开始注意到信任对于人类的行为具有较大的影响，帕特南曾在《使民主运转起来》中提出过，社会资本的关键构成因素就是信任，各群体之间的信任程度越高，合作就会开展的越顺利。而特色小镇项目是以政府作为主导，居民参与特色小镇持续性发展离不开与政府及其工作人员打交道，居民对于当地政府部门的信任程度会直接影响其参与的积极性。一般情况下，对政府工作满意程度越高的人，对政府部门的信任度也越高，认为政府的行为不会损害自己的利益，反而可能会带来一定的回报，因此这样的居民会更积极地参与特色小镇建设；而对小镇目前的发展状况、卫生环境、基础设施、公共服务等建设情况越满意的居民，也会对特色小镇建设产生更大的兴趣，从而更愿意投入自己的时间和精力到小镇的建设中去。

第四，外部环境因素的影响。社会认知理论认为，每个个体除了内心原有的心理状态之外，外部环境也会对其行为产生影响，外部环境的差异也会对个体的认知产生一定的影响。如果外部环境朝着积极的一面发展，个体也会受此影响产生更为积极的行为意愿。特色小镇建设已经开展数年时间，一些保障当地居住环境的项目相继落地，相关企业也纷纷入驻小镇，当居民认为自己的生活水平有所提高，身边的就业渠道有所增加时，作为一个理性的个体，就会更加倾向于选择有利于自己的行为，对特色小镇的参与意愿也会更高。政府部门关于当地特色小镇的建设项目征求当地居民意见越多的，对特色小镇建设的相关政策讲解和宣传越多的，越能帮助居民解决他们在参与过程中遇到的一系列问题，有助于居民保障自己的权益，引导居民向着预期的方向发展，因此居民的参与意愿也会更强烈。

（二）变量描述

在整理调查问卷数据的基础上，首先，确定把影响当地居民参与特色小镇持续性发展的自变量因素归纳为以下四类：当地居民的个体特征、当地居民家庭基本情况、当地居民对于特色小镇的认知因素、外部环境因素。其次，从中选取了 15 个变量用于反映当地居民对参与特色小镇持续性发展的意愿选择。在此将其简化归纳成以下函数形式：意愿 = F（当地居民的个体特征，当地居民家庭基本情况，当地居民对于特色小镇的认知因素，外部环境因素） + 随机扰动项。表 8 – 6 列出了各变量定义及其赋值。

表 8 – 6　　各变量定义及其赋值

变量名称	变量代码	变量赋值
当地居民参与意愿	是否愿意参与特色小镇持续性发展（y）	0 = 否；1 = 是

续表

变量名称	变量代码	变量赋值
年龄	x_1	1 = 25 岁及以下；2 = 26 ~ 35 岁；3 = 36 ~ 45 岁；4 = 46 ~ 55 岁；5 = 56 岁及以上
文化程度	x_2	1 = 小学及以下；2 = 初中；3 = 高中/中专/职高；4 = 大专；5 = 本科及以上
政治面貌	x_3	1 = 非共产党员；2 = 共产党员
健康状况	x_4	1 = 非常差；2 = 较差；3 = 一般；4 = 良好；5 = 非常好
家庭人均月收入	x_5	1 = 2000 元以下；2 = 2000 ~ 5000 元；3 = 5001 ~ 10000 元；4 = 10001 ~ 15000 元；5 = 15000 元以上
家庭收入稳定情况	x_6	1 = 非常不稳定；2 = 比较不稳定；3 = 一般；4 = 比较稳定；5 = 非常稳定
家庭劳动就业满意情况	x_7	1 = 非常不满意；2 = 比较不满意；3 = 一般；4 = 比较满意；5 = 非常满意
对特色小镇了解程度	x_8	1 = 完全不了解；2 = 不太了解；3 = 一般；4 = 比较了解；5 = 非常了解
对政府相关政策理解程度	x_9	1 = 完全不理解；2 = 不太理解；3 = 一般；4 = 比较理解；5 = 非常理解
参与政府调查频率	x_{10}	1 = 从未有过；2 = 偶尔；3 = 经常
对特色小镇建设现状满意程度	x_{11}	1 = 非常不满意；2 = 比较不满意；3 = 一般；4 = 比较满意；5 = 非常满意
对政府及其工作人员满意程度	x_{12}	1 = 非常不满意；2 = 比较不满意；3 = 一般；4 = 比较满意；5 = 非常满意
生活水平改变	x_{13}	1 = 明显下降；2 = 有所下降；3 = 无变化；4 = 有所提高；5 = 明显提高
工作渠道改变	x_{14}	1 = 无变化；2 = 有所增加；3 = 明显增加
政策讲解及宣传频率	x_{15}	1 = 从未有过；2 = 偶尔；3 = 经常

（三）模型构建

当地居民参与特色小镇持续性发展的意愿属于非连续变量，而二元 Logistic 适用于因变量为两分变量的回归分析，是分析微观个体意愿、决策行为以及其影响因素，因此选用二元 Logistic 进行回归分析当地居民参与特色小镇持续性发展的意愿及影响因素，以此来确定当地居民参与特色小镇持续性发展意愿的影响因素。

$$P_i = F(\beta_0 + \beta x_i) = \frac{1}{1 + e^{-(\beta_0 + \beta x_i)}} \tag{8-4}$$

根据（8.4）可以得到：

$$Ln \frac{P_i}{1 - P_i} = \beta_0 + \beta_i x_i \tag{8-5}$$

具体模型构建如下：

$$Logit(P_i) = Ln \frac{P_i}{1 - P_i} = \beta_0 + \beta_1 x_1 + \beta_2 x_2 + \cdots + \beta_n x_n + \varepsilon, n = 15 \tag{8-6}$$

式中，P_i表示当地居民参与特色小镇持续性发展意愿的概率；β_0是常数项，β_i是回归系数，表示因素贡献率；x_i为社会资本主体参与特色小镇持续性发展意愿的第 i 个影响因素；ε 为随机扰动项；n 为解释变量的个数。

（四）Logistic 模型运算结果分析

本书使用应用统计软件 SPSS23.0 中的二元 Logistic 回归模型，采用样本输入法对样本数据进行回归分析，对单个变量的筛选标准是显著性水平达到 95%，模型估计结果如表 8－7 所示。

表 8－7　当地居民参与意愿影响因素的 Logistic 回归结果

变量	回归系数	标准误差	瓦尔德	自由度	显著性	Exp（B）
x_1	-0.238	0.171	1.933	1	0.164	0.788
x_2	-0.166	0.219	0.572	1	0.449	0.847
x_3	-0.629	0.771	0.665	1	0.415	0.533
x_4	0.604	0.193	9.838	1	0.002***	0.547
x_5	0.255	0.190	1.795	1	0.180	1.290
x_6	0.360	0.170	4.497	1	0.034**	1.433
x_7	0.417	0.179	5.436	1	0.020**	1.517
x_8	-0.187	0.187	0.998	1	0.318	0.830
x_9	0.408	0.170	5.740	1	0.017**	1.504
x_{10}	0.634	0.275	5.330	1	0.021**	1.886

续表

变量	回归系数	标准误差	瓦尔德	自由度	显著性	Exp（B）
x_{11}	0.708	0.189	14.101	1	0.000 ***	2.030
x_{12}	0.729	0.213	11.741	1	0.001 ***	2.073
x_{13}	0.243	0.180	1.811	1	0.038 **	1.275
x_{14}	0.824	0.290	8.091	1	0.004 ***	0.439
x_{15}	0.912	0.313	8.509	1	0.004 ***	2.488
常量	-7.050	2.293	9.454	1	0.002	0.001

1. 个体特征因素

就个体特征因素，只有健康状况变量在1%水平上显著，且回归系数为正数，因此，居民的健康状况对于参与意愿存在显著的正相关，即身体状况差的居民参与意愿要低于身体健康状况好的居民，这与现实情况较为符合，一般情况下，身体健康的居民更有余力参与更多的活动，而身体健康状况不佳的居民由于精力等因素导致其参与意愿较低。

在个体特征因素中，年龄、文化程度和政治面貌三个变量均没有通过显著性检验，这表明三个因素与居民参与意愿没有显著的相关关系，与原假设不符。

就年龄来说，尽管一般情况下，年纪较轻的人有更多的教育机会，当今互联网技术的普及也让年轻人能接受到更多的信息，导致其参与意愿会更强，但是年龄较大的居民一般生活经验会更丰富，思想也相对更加成熟，因此他们能意识到特色小镇可以给当地带来的经济效益和社会效益，导致年纪较长的居民参与意愿也会较强。就文化程度而言，政府部门的政策宣讲活动一般是面向所有居民，考虑到了不同文化层次的居民，减少了他们由于文化的限制而出现的困难，因此可能导致该变量并不显著。就政治面貌来说，目前在政府的积极引导下，普通群众的响应力也已经较高，其参与特色小镇的热情也不输于党员，因此可能导致政治面貌的影响较小。

2. 家庭基本情况

就家庭基本因素而言，居民的家庭收入稳定情况和家庭成员就业满意情况两项在5%的水平上显著，且其回归系数为正，表明这两项与参与意愿呈现正相关。

就居民的家庭收入稳定情况而言，家庭收入越稳定的居民参与意愿越高。就家庭成员就业满意情况而言，家庭成员就业满意度越高的居民参与意愿越高，与原假设相符。居民的家庭收入越稳定，对于家庭成员就业情况越满意，其物质层面的需求已经基本不需要担忧，同时对于参与成本的承受能力也会较强，因此他们更愿意参与到特色小镇的建设中，以此来提高自身的生活质量以及追求精神上的满足。

在家庭基本情况中，家庭人均月收入这个变量没有通过显著性检验，这表明这个因素与居民的参与意愿没有显著的相关关系，与原文的假设不一致。有些家庭的人均月收入尽管不高，但是他们了解特色小镇持续性发展可以为当地带来更多的就业机会，给自己带来提升收入的可能性，这些居民的参与意愿也会较高。

3. 居民对于特色小镇的认知因素

就认知因素而言，对政府相关政策理解程度、参与政府调查频率这两个变量在5%水平上显著，而对特色小镇建设现状满意程度、对政府及其工作人员满意程度这两项在1%水平上显著，其回归系数均为正数，表明这四个变量与参与意愿呈正相关。

对政府出台的相关政策理解程度越高的居民其参与意愿也越高，验证了原假设。特色小镇作为“产、城、人、文”四位一体有机结合的重要载体，融合了产业、文化、公共服务以及创新等多元化功能于一体，当地居民对于政策理解程度越高，越能懂得特色小镇持续性发展可以带来长远利益，因此更加倾向于选择对自己有利的行为。越经常参加政府部门组织的关于特色小镇建设调查的居民，其参与意愿越强烈。经常参加政府组织的调查的居民更能了解政府的最新资讯，与政府部门的工作人员和其他居民的交往频率越高，关系投入越多，信任感也会提升，社会网络更为紧密，因此其更愿意参与当地的基础设施建设等公共服务项目。对于政府和工作人员满意程度越高的居民参与意愿也会更高。政府信任代表公众对于政府组织承担公共服务的主观判断，政府信任会影响当地居民的行为态度，如果居民对于政府和工作人员越满意，对于他们的信任程度也会越高，其参与积极性也会越高。

在认知因素中，对于特色小镇的了解程度这个变量没有通过显著性检验，尽管有些居民对于特色小镇的了解程度较高，但是由于担心政府部门信息不公开，从而如果选择参与特色小镇持续性发展会花费较多的时间和金钱成本，这可能导致此变量并不显著。

4. 外部环境因素

就外部环境因素而言，生活水平的改变在5%水平上显著，工作渠道的改变和政府讲解及宣传频率在1%水平上显著，且其回归系数均为正值，表明居民生活水平的改变、工作渠道的改变、政府讲解及宣传频率与其参与意愿呈正相关。就生活水平和工作渠道的改变而言，其回归系数均为正值，即认为生活水平得到提高、工作渠道有所增加的居民参与意愿越高。特色小镇的建设与发展，会带来当地基础设施的改善，经济水平的提高，生态环境质量的提升，当地居民生活水平提高，工作渠道拓宽，一些居民在当地就可以找到工作或是经营个体的小作坊，不需要再外出务工。居民作为理性的个体，会选择更加有利于自己的选择，即参与特色小镇建设。就政府讲解及宣传频率来说，其回归系数为正。由此可见政府部门讲解和宣传频率越高，居民参与意愿越高。政府部门作为特色小镇建设的牵头者，要充分调动居民的参与积极性，因此，基层政府工作人员对于特色小镇的讲解和宣传活动越多，居民对于相关政策的理解也会越深，这样更能促进居民的参与积极性。

三、政府参与特色小镇持续性发展的行为抉择

（一）研究假设

2014年，浙江省最先开始对省内特色小镇进行规划和建设，并于2015年正式发布了《浙江省人民政府关于加快特色小镇规划建设的指导意见》，这一政府文件对于浙江省内特色小镇的建设规划、组织和管理做出了详尽的部署和指导，实现了省级层面的特色小镇相关政策的制定和实施。此后，浙江省内的特色小镇发展如火如荼，产业定位主要围绕浙江省内的未来发展等七大产业以及青瓷等历史传统文化产业作为焦点，省政府为特色小镇建设和规划提供了坚实的政策支持，鼓励特色小镇成为先行的改革试点，浙江省内的特色小镇发展取得了显著成效，无论是其已取得的建设成果还是其广阔的发展前景都处于全国前列，国家有关部门开始关注此项政策颁布后的进展。次年10月，国家发展改革委员会印发《关于加快美丽特色小（城）镇建设的指导意见》，从国家的战略高度对全国的特色小镇展开全面部署。作为探索新型城镇化建设的尝

试，关于特色小镇的政府政策在短时间内以从地方到中央、再到地方的方式快速地出台和实施推进。浙江省的特色小镇发展政策作为新时期新型城镇化的创新性政策，在省内取得了明显的成绩，得到了中央政府的关注和肯定，随后逐渐有一些省份开始在政府工作规划中加入了特色小镇建设，在良性竞争、互学互鉴的环境下，制定和发布有利于特色小镇发展的政府政策。

特色小镇是我国新型城镇化的创新模式，中央和地方政府对其非常重视，出台的相关政策支持为特色小镇的发展起到了决定性作用。特色小镇的相关政策是党和政府部门对于特色小镇发展的顶层设计，是特色小镇规划、建设和发展等实践活动的指导和依据。这些政策不仅引领着特色小镇的发展方向、提供了一系列的发展条件，同时也规范了特色小镇的发展秩序。

特色小镇的主导优势产业十分突出，“特色”和“产业”是特色小镇的核心竞争力，聚焦地区自然资源禀赋来发展优势产业，促进小镇产、城、人、文融合发展是特色小镇发展的追求。浙江省、江苏省、湖南省等地均出台了针对特色小镇主导产业的专项政策，浙江省发布过《关于推进电子商务特色小镇创建的通知》，在产业建设等方面提出了要求，此后浙江省文化厅又发布了《关于加快推进特色小镇文化建设的若干意见》，指导挖掘浙江省内的传统文化产业。江苏省针对省内的高端制造业、新一代信息技术、休闲旅游等产业，省政府办公厅发布过《关于推进制造业与互联网融合发展实施的意见》，其中提到了“发挥无锡鸿山互联网小镇的带头作用”，打造出一批物联网的产业集群，也出台过《江苏省体育局关于开展体育健康特色小镇建设工作的通知》，规划建设以体育健康为主题的特色小镇，定标于体育、健康、休闲、旅游、宜居等多功能平台融合的发展平台。湖南省也发布了《湖南省支持省级特色产业小镇发展的政策意见》，其中提及针对小镇产业做精、加强改革支持等支持性政策。

除了针对特色小镇的主导产业提出过诸多产业政策以外，也有涉及特色小镇融资的财政政策出台。江苏省财政厅、发展改革委发布了《江苏省省级特色小镇奖补资金管理办法》，让省级特色小镇的资金筹措和管理更加合理和规范，提升了资金的使用效率，支持省级特色小镇创建专项资金。浙江省发展改革委、财政厅出台了《浙江省特色小镇产业金融联动发展基金组建运作方案》，吸引广大的社会资本参与投资。

无论是产业发展政策、人才创新政策，还是财政政策、土地保障政策，这些关于特色小镇的政策都在引导着特色小镇健康持续规范地发展和运作。这些经验都表明了地方政府出台的特色小镇政策在理论上可以促进特色小镇健康持续性发展，由此提出研究假设：

中国地方政府致力于出台地方特色小镇政策，地方的特色小镇相关政策可以促进地方特色小镇持续性发展水平的提升。

（二）模型设定

为了验证政府出台的关于特色小镇的相关政策对特色小镇持续性发展的影响作用，本书构造如下的实证模型：

$$ind\_chara_{it} = \alpha_0 + \alpha_1 policy_{it} + \beta X_{it} + a_i + z_t + \varepsilon_{it}$$

式中，i 表示地区，t 表示时间，本书实证采用2014—2019年中国30个省份的面板数据；*ind_chara* 代表各省份特色小镇持续性发展水平的指标，本书采用测算的各省份的“产、城、人、文”耦合协调度；*policy* 代表各省份政府出台的关于特色小镇的政策变量，其中包括地方政府规章及文件数量（*policyrules*）以及地方性法规及文件数（*policylaw*）；X 表示其他控制变量的向量；系数 α_1 用来衡量地方政府政策对于特色小镇持续性发展水平的影响，如果 α_1 显著大于0，表明政府出台的政策会显著推动特色小镇持续性发展。

（三）数据与变量说明

本书采用2014—2019年中国30个省份的面板数据，涉及指标数据来源于《中国统计年鉴》《中国城市统计年鉴》《中国文化文物和旅游统计年鉴》以及各省市的统计年鉴。涉及具体变量如下：

1. 被解释变量

随着特色小镇建设的日渐普遍化，它不仅给当地的居民带来了更多的就业机会，提升居民的生活幸福感，同时也促进当地优势产业的发展，缩小城乡经济发展水平，维护社会平衡。特色小镇不仅是简单的生产、生活以及生态的局部探索，而是实现全面发展的全局性变革。“产城人文”四位一体是我国特色小镇发展中的必然追求，一个成熟的特色小镇应该是按照“创新、协同、绿色、开放、共享”的发展理念，同时根据当地特色、产业优势、人文底蕴和资源禀赋而形成的“产城人文”四位一体的重要功能平台。因此，本书将用“产城人文”的耦合协调度来衡量各省份特色小镇持续性发展的水平。

对于产业发展、城镇建设、以人为本、文化发展的测度共涉及22个指标（见表8－8），为了实现对特色小镇持续性发展水平客观全面的分析，选择熵值法对数据进行标准化处理以及确定指标权重，采用耦合协调度模型定量分析产业发展、城镇建设、以人为本、文化发展之间的耦合协调关系。

表8－8　特色小镇持续性发展指标评价体系

一级指标	二级指标	三级指标
产业发展	经济规模	地区生产总值
		工业增加值
	产业结构	第二产业比重
		第三产业比重
	经济效益	人均 GDP
		职工年平均工资
城镇建设	基础设施	铁路货运量
		固定宽带接入用户
		城镇化率
	城镇风貌	建成区绿化覆盖率
		人均公园绿地面积
		污水处理率
		每万人拥有医生数
以人为本	生活质量	人口密度
		城镇居民人均可支配收入
		城镇登记失业人数
	社会保障	参加基本养老保险职工人数
		参加基本医疗保险人数
	人口素质	每万人在校大学生数
文化发展	保存情况	县市级文化馆数量
		博物馆藏品数量
	文化传承	文化演出场次

2. 解释变量

地方政府发布的关于特色小镇的政策是本书的解释变量，一般情况下，政府部门的政策以法律的形式出现的概率很低，其出现的形式大多是以地方性法规、行政法规和地方政府规章为主。本书借鉴韩永辉（2016）的方法，根据中国法律法规库数据，通过对此数据库的整理和手工筛选，筛选出各省份内各地政府部门发布的关于特色小镇的产业发展政策、财政政策、土地保障政策、人才及创新政策等政策法规文件，初步得到政策法规文件共计3985件。其中工作答复1件，行政法规及法规性文件39件，部门规章及文件123件，地方性法规及文件68件，地方政府规章及文件3734件，团体规定20件。本书对各省市内特色小镇相关政策进行了进一步筛选和处理，得到了各省市各年的地方政府规章及文件的累积数（*policyrules*）和地方性法规及文件数（*policylaw*）。参考韩永辉等的做法，由于行政法规和部门规章对全国各省都具有普遍的约束力，而团体规定仅能对个别行业或社团的成员产生约束，因此均予以剔除。同时从时效性考虑，各类政策性文件具有现行有效、已被修订、已被修正、已失效和部分失效5种状态，本书将剔除那些已失效的样本，对于那些已被修订、已被修正和部分失效的文件，仍然认为是有效的，不予以删除。

3. 控制变量

在该实证模型中，X 是一系列控制变量，β 是各控制变量的系数，根据相关研究，本书选择对特色小镇持续性发展水平产生影响的其他因素作为控制变量。产业结构升级（*indus*）：采用第三产业增加值与第二产业增加值的比重来衡量。财政自给率（*fisrate*）：采用各省地方政府财政收入占地方政府财政支出的比例来衡量。金融资本（*capital*）：用各省的地区总固定资产投资来衡量。人力资本（*hum*）：采用地方政府教育支出占财政支出的比重衡量。

（四）实证结果分析

1. 描述性统计分析

表8－9报告了主要变量的基本统计特征。被解释变量特色小镇持续性发展水平（*ind_chara*）的平均值为0.3628，标准差为0.1143，最小值为0.1321，最大值为0.6046，表明各个省份之间的特色小镇持续性发展水平在考察期之内有着较大的差异。除此之外，核心解释变量地方政府规章及文件数和其他控制变量在各省份间也有着较大的差异。

表 8－9 变量的描述性统计

变量	符号	观测值	均值	标准差	最小值	最大值
特色小镇持续性发展水平	*ind_chara*	180	0.3628	0.1143	0.1321	0.6046
地方政府规章及文件存量	*policyrules*	180	42.60556	41.1652	1	269
地方性法规及文件存量	*policylaw*	180	6.427778	4.15083	1	17
财政自给率	*fisrate*	180	0.4924709	0.1849749	0.1514485	0.9313712
金融资本	*capital*	180	20250.32	13586.95	2670.9	58766.9
人力资本	*hum*	180	0.160233	0.024997	0.1077048	0.2085604
产业结构升级	*indus*	180	1.30497	0.6915349	0.666086	5.169242

2. 基准回归分析

根据建立的计量模型，表 8－10 是基于实证模型的基准回归结果。第一列中的核心解释变量是 *policyrules*，其显示的回归系数是 0.0010，在 5% 的统计水平上显著。从经济意义上来看，此回归结果代表着，地方性的规章制度以及文件的数量每增加一件，就会促进特色小镇持续性发展水平指数提高 0.0010 个单位，或 0.0006 个标准差。在第二列中的核心解释变量为 *policylaw*，其回归系数为 0.0025，且在 5% 的统计水平上显著。从经济意义上来看意味着若是地方政府法规及文件的数量每增加一件，就会促进特色小镇持续性发展水平指数提高 0.0025 个单位，或 0.0013 个标准差。

表 8－10 基准回归结果

变量	特色小镇持续性发展水平 (1)	特色小镇持续性发展水平 (2)
policyrules	0.0010 ** (0.0006)	
policylaw		0.0025 ** (0.0013)
fisrate	－0.1141 ** (0.0484)	－0.1098 ** (0.0489)

续表

变量	特色小镇持续性发展水平 (1)	特色小镇持续性发展水平 (2)
capital	0.0000 ** (0.0000)	0.0000 ** (0.0000)
hum	-0.5938 *** (0.165)	-0.5710 *** (0.1658)
indus	0.0252 *** (0.0083)	0.0229 *** (0.0088)
constant	0.7239 *** (0.0394)	0.7069 *** (0.0403)
固定效应	Yes	Yes
R^2	0.443	0.442
N	180	180

注：*** 、** 代表显著性水平 1%、5%；括号内数值为 *p* 值。下同。

从上述结果可以看出，不管是以地方政府规章及文件数 *policyrules*，还是以地方性法规及文件数 *policylaw* 作为测度地方政府政策的变量，特色小镇持续性发展水平指数的回归系数都显著为正数。这也表现出与特色小镇相关的地方政府规章及文件和地方性法规及文件的制定和推进均显著促进了不同地区特色小镇持续性发展水平的提高。同时从回归系数可以看出，相对于地方政府规章及文件来说，地方性法规及文件的促进效应更加明显一些，这也可以从不同政策的效力得到解释，由于地方政府出台的相关规章政策及文件只有行政效力，并不具有严格意义上的法律效力，在制定以及推进的过程中具有较大的随意性，因此其对于各地区产业发展、城镇建设、人的消费以及文化等活动的约束效力要低于地方性法规及文件。

从控制变量来看，产业结构升级 *indus* 变量系数显著为正，正是旅游业等第三产业的快速发展，促进了城镇化水平的提升，反映出产业结构的升级能够推进特色小镇持续性发展水平的提升。而金融资产（*capital*）变量系数显著为正，反映出固定资产投资的增加可以显著促进特色小镇持续性发展水平的提升。

3. 稳健性检验

上述研究表明，地方政府出台的规章政策及文件、地方性法规文件对于地区特色小镇持续性发展水平具有显著的推动作用。为了保证研究结论的科学性，本书采用替换解释变量的方法，对上文的研究结论进行稳健性检验。本书现改用不同地区政府出台的关于特色小镇的地方政府规章及文件和地方性法规及文件数的增量数来衡量政策的变化，构建表征地方政府规章及文件数增量 $policyrules_1$ 和地方性法规及文件数增量 $policylaw_1$，实证模型以及其他变量设置与前文一致。表 8－11 中第（1）列与第（2）列报告了回归结果，无论是地方政府规章及文件数增量（$policyrules_1$）还是地方性法规及文件数增量（$policylaw_1$）的系数都在 10% 的水平上显著为正，表明前文所证的研究结论是稳健的。

表 8－11　　　　稳健性检验

变量	特色小镇持续性发展水平 (1)	特色小镇持续性发展水平 (2)
$policyrules_1$	0.0002 * (0.0001)	
$policylaw_1$		0.0020 * (0.0012)
fisrate	-0.1281 *** (0.0484)	-0.1170 ** (0.0487)
capital	0.0000 * (0.0000)	0.0000 * (0.0000)
hum	-0.6072 *** (0.165)	-0.59107 *** (0.1659)
indus	0.0309 *** (0.0081)	0.0268 *** (0.0083)
constant	0.7220 *** (0.0397)	0.7177 *** (0.0398)
固定效应	Yes	Yes
R^2	0.4343	0.4365
N	180	180

除此之外，本书参照韩永辉的方法，添加了只随时间变化、不随省份变化的中央层面的关于特色小镇的政策（以行政法规及法规性文件和部门规章及文件形式呈现）作为控制变量，构建中央政策（*cenpolicy*）控制变量，实证模

型以及其他变量设置与前文一致。表 8 - 12 中第（1）列与第（2）列报告了回归结果，结果与前文无较大差异，前文研究结论依旧稳健。

表 8 - 12　　稳健性检验

变量	特色小镇持续性发展水平 (1)	特色小镇持续性发展水平 (2)
policyrules	0.0001* (0.00006)	
policylaw		0.0002* (0.0012)
cenpolicy	0.0002*** (0.0001)	0.0003*** (0.0001)
fisrate	-0.0486 (0.0479)	-0.0488* (0.0478)
capital	0.0000*** (0.0000)	0.0000*** (0.0000)
hum	-0.5461*** (0.1554)	-0.5461*** (0.1554)
indus	0.0035* (0.0092)	0.0035* (0.0092)
constant	0.7099*** (0.0372)	0.7220*** (0.0397)
固定效应	Yes	Yes
R^2	0.5011	0.5111
N	180	180

第三节　本章小结

在第六章三方博弈模型分析的基础上，本章借助 Logistic 回归模型对社会资本和当地居民参与特色小镇持续性发展的意愿和行为进行了分析。首先，利用 406 个社会资本的调研数据，从 5 个维度出发实证研究了社会资本参与特色小镇持续性发展的行为抉择。研究表明：社会资本成立时间、发展阶段、对于国家政策了解程度、参与特色小镇持续性发展是企业应尽的社会责任、收益与社会资本参与意愿呈正相关；社会资本类型、优惠政策、成本、风险、管理者类型与社会资本参与意愿呈负相关。其次，利用505个当地居民的调研数据，经过实证研究得到：身体健康状况、家庭收入稳定情况、家庭成员就业满意情况、对政府相关政策理解程度、参与政府调查频率、对特色小镇建设现状满意程度、对政府及其工作人员满意程度、生活水平的改变、工作渠道的改变和政府讲解及宣传频率与当地居民的参与意愿均呈正相关。再次，根据中国法律法规库数据，通过对此数据库的整理和手工筛选，筛选出各省份内各地政府部门发布的关于特色小镇的产业发展政策、财政政策、土地保障政策、人才及创新政策等政策法规文件，采用2014—2019年中国30个省份的面板数据，实证检验了特色小镇的相关政府政策对特色小镇持续性发展水平的提升作用。下一章，本书将在前文分析研究的基础上，分析国外特色小镇持续性发展的经验模式，以期为我国特色小镇持续性发展找到更好的路径。

第九章　特色小镇持续性发展的经验模式及国际比较

第一节　发达市场经济国家特色小镇持续性发展经验模式

一、法国的特色小镇持续性发展模式及实践选择

法国作为西欧最大的国家，国土面积达到67.28万平方公里，国内散布着各具风情的小镇，是欧洲的浪漫中心。法国的特色小镇拥有几百年的历史文化传承和独特的地域风韵，它将当地的文化、艺术、建筑等不同的元素融入其中，形成了一系列风格迥异、主题突出的特色小镇，从而带动当地文化与经济的快速发展。法国的依云小镇与格拉斯小镇是法国特色小镇发展史上的成功示范，舒适的环境、鲜明的特色、完善的基础设施，对中国特色小镇的发展也有巨大的启示。

（一）法国依云小镇

依云小镇（Evian）地处法国上萨瓦省北部，它背靠阿尔卑斯山脉，面朝莱芒湖，是一个依山傍水的小镇。依云（Evian）在拉丁语中是水的意思，而依云小镇就是依靠当地的水资源而享誉世界，它拥有天然的优质水源，从而形成了以天然水为核心的特色优势产业，当地居民的财政收入大都来源于与水文化紧密相关的产业。尽管依云小镇当地居民的数量仅约7500名，但它的资金开支却可以与一个4万多人口的城市相较，可见居民生活的丰裕与舒适。

依云小镇善于将当地的资源优势转化为产业优势，依云山泉水的源头来自阿尔卑斯山脉，山地的雨水以及高山上融化的雪水经过几十层岩层的过滤和十几年的砂层矿化，形成了富含镁、锂、硅等多种人类必需的微量元素的天然水，不经一丝加工直接灌入瓶中，销往世界各地。1905年，在世界上还鲜有

“矿泉水”这个概念的时期，依云的矿泉水厂已经正式建立。特有的水质为依云小镇的矿泉水打响了品牌，从而在此基础上日渐形成了矿泉水产业。依云水自创立起就着眼于高端水市场，尽管依云矿泉水占世界水源的比例不足0.01%，但是它的全球饮用水市场占有率却超过10%，可见其独特的魅力与过硬的品质。

除了矿泉水产业，依云小镇积极延伸和扩展其产业链。首先其大力发展温泉产业。依云水作为世界上唯一的天然等渗温泉，水的pH值几乎接近于中性，不仅可以保湿美容，对治疗神经系统、泌尿系统、心血管等方面的疾病也有很好的疗效。经过多年的发展，依云温泉已经成为法国最著名的温泉之一。除了温泉，依云小镇逐渐将产业延伸至旅游业。小镇内除了有与温泉相关的各种标志性建筑，还有大教堂、博彩中心等有名的建筑，这些都是19世纪的温泉建筑风格。

为了依云小镇水产业的可持续性发展，当地政府对于保护这特有的优质水资源非常重视，首先在阿尔卑斯山附近划出了500公里，在这片范围内由政府部门亲自管理，禁止有任何人进入甚至是靠近，以保证水质的绝对零污染。除此之外，依云小镇还特别成立了APM协会，由协会提供资金来鼓励附近的村民少使用化肥，多植树，以此来保护与依云水相关的土壤品质。上述举措都是为了保护依云得天独厚的水资源，保证依云小镇水产业链的持续发展。

（二）法国格拉斯小镇

格拉斯小镇地处法国南部普罗旺斯境内，是一个位于尼斯和戛纳之间的山间小城，法国香水闻名世界，而格拉斯又是法国香水产业的中心，作为现代香水起源的地方，格拉斯小镇被誉为“世界香水之都”和嗅觉的天堂。目前，格拉斯小镇约有5万人口，当地生产了法国超过2/3的天然芳香，诞生了香奈儿五号等世界著名香水，每年香水产业可以为该地创造超过6亿欧元的产值。

格拉斯小镇与香水的渊源要追溯到16世纪。当时的格拉斯以皮革产业为主导，人们为了掩盖皮革难闻的气味，便开始制作各种香料。格拉斯小镇是典型的地中海气候，丰富的水土资源也非常适合蔷薇、茉莉等鲜花的生长，于是小镇开始充分利用其得天独厚的自然优势，培育越来越多的花卉，将产业从不环保、污染严重的皮革产业逐渐转化为可持续发展的香水产业。现在，格拉斯小镇每年采集的花朵超过700万公斤，香水制造工厂多达50多家，成为法国香水最重要的原产地以及原材料的供应地。每年只要到了花开时分，来自全世界各国的调香师都会来到这个小镇寻觅不一样的香味。

在香水产业迅速发展的过程中，格拉斯小镇开始逐渐塑造当地品牌，不仅打造出香奈儿、娇兰等全球知名品牌，还把产品品牌和区域品牌结合起来，打造一个高品质的原产地品牌形象。欧洲人逐渐开始高度认可格拉斯的香水，他们认为世界上最好的香水就在这里，甚至很多王公贵胄都来此地购买香水。

除此之外，格拉斯小镇开始日益发展旅游业，积极建设一些与香水有关的基础设施，例如：国际香水博物馆、香水加工厂等，游客不仅可以在参观过程中知晓香水的制作步骤，还可以亲自制作香水，体会制作带来的乐趣。格拉斯小镇还会在每年的不同月份开办不同的节日，4 月有健康节，5 月有国际玫瑰节，6 月有国家音乐节等，吸引了世界各地成千上万的游客。

（三）法国特色小镇持续性发展的主要特点

1. 因地制宜发展特色产业

特色小镇的“特”主要表现在其产业特色上，不管是依云小镇还是格拉斯小镇，二者都充分利用了当地自然资源和产业基础，依云小镇利用当地天然优质水资源建立了水文化产业，而格拉斯小镇则充分凭借当地气候、水土优势，大量种植花卉，培育起自己的香水产业。即便两者后来都积极发展了旅游业，但是旅游主题却都是与自己的特色产业相关，以此来增强特色小镇的生命力。在特色产业培育起来之后，又开始逐渐向上下游产业链延伸，逐渐形成以特色产业为主导的关联产业和衍生产业。

2. 打造“宜居”的特色小镇

特色小镇的主体是人，而人们总是向往优质宜居的生活平台，依云小镇和格拉斯小镇之所以能吸引众多的游客前来观光体验，也是因为它们淳朴的民风、迷人的风光、宜居的环境。因此，在打造特色小镇时，也应该利用现代科技手段打造丰富有趣的配套服务，完善小镇的功能体系，打造出宜居的氛围，这样小镇才具有吸引力和归属感。

二、德国特色小镇持续性发展模式及实践选择

德国极富地方特色的小镇，是德国城市和乡镇结构的基础，它是德国的经

济社会中不可或缺的一部分，发挥着重要的作用。德国在城市化的进程中受到了当地“自然崇拜”及“德意志森林”等意识文化形态的影响，这为德国的小镇提供了绵延不绝的精神养分。除此之外，人文主义思想也从德国起源，这给当地的小镇营造了深厚的人文氛围，因而也可以说，德国的特色小城镇，饱含着德意志久远历史的剪影、文化的浓缩，也是德国人回忆历史的地方。

（一）德国哥廷根

德国名镇哥廷根人口仅有 13 万，建城超过千年的哥廷根创造过太多的奇迹，这是曾经的世界数学中心，拥有 47 位诺贝尔奖得主，并且直接或者间接地引领了科学启蒙运动。而当地的哥廷根大学历史十分悠久，很多在德国的学术界及文学界赫赫有名的人物，都和这所大学息息相关。只要一进这座小镇，就可以感受到洋溢全城的文化气息，似是一个学术的乐园，文化的净土。除去那些科学精英，来自人文社科领域的很多人物也在这里求学或者任教，如德国的大诗人海涅、中国的朱德元帅和国学大师季羡林等都曾经求学于哥廷根大学，他们共同为哥廷根创造了不可比拟的文化遗产，使哥廷根成为世界级文化名镇。

关于哥廷根当地的环境，季羡林曾在《留德十年》中描述过：“哥廷根向来以景色宜人闻名于全德。东面山林茂密，一年四季，绿草如茵。即便冬天飘落雪花，绿草埋在白雪下，依旧绿茵茵的仿佛春天。”哥廷根当地的环境运营确实值得借鉴，每日凌晨 4 时左右就能听见各种清扫车的声音，从不见环卫工人在街上工作，已经基本实现了机械化。等早上 7—8 时人们出门上班时，已经完成了城市的户外清洁工作。在哥廷根，不管是市民还是游客，都有较高的文化素养，白天基本没有随地扔垃圾的现象出现。

除了较好的环境运营，在哥廷根，几乎不需要寻找，随时随地都能感受到深厚的文化底蕴，城市的中心有高斯路、韦伯路等如雷贯耳的名字，在城市的边缘也可以找到大师们曾经踏足的脚印。哥廷根的文化软实力在方方面面都可以感受到，例如，大学的图书馆对社会上所有人开放，就算是其他国家的游客也不用任何证件，可以随意浏览或借阅馆内的书籍杂志；在哥廷根的学生只要拥有有效的学生证，就可在当地的歌剧院、交响乐团和博物馆等各式各样的文化活动上享受优惠甚至是免费政策……这些政策无一不吸引着世界各地的游客和学子背起行囊来到这里一睹风采。

虽然哥廷根不是一个商业城市，没有深厚的商业氛围，但当地的火车站就是一条地道的商业街。由于德国的火车到站时间非常准时，所以如果提早来到火车站，可以进行购物或是体验当地美食，那些来自全世界各地的学子和游客可以在此购买到各种德国特产，而且价格相对那些交通枢纽还要更便宜点。对哥廷根的居民而言，每周的二、四、六还可以去位于老城南边的集市逛，这个集市有着悠久的历史，除了可以买到各种新鲜的蔬菜瓜果，还有音乐相伴，可以感受到本土的文化情调。这些使哥廷根一下子从一个文化中心变成一个商业中心。

（二）德国海德堡

德国的海德堡位于斯图加特和法兰克福之间，依内卡河畔而建，至今已有800多年的历史，自1196年开始，海德堡正式出现在了曾经的文献中，那时候这里仅是一个很小的城邑，之后的几百年时光，虽然这里饱受了战争的掠夺，但同时也在迅速成长，1386年海德堡大学成功建立之后，这里渐渐变成当时欧洲政治与经济的重要地区之一，虽然到了18世纪以后，海德堡慢慢失去了在政治和军事上的重要地位，但却在文化上日趋繁盛，许多诗人都曾来过这里，为海德堡深深地折服过。从19世纪起，海德堡开始出现德国的浪漫主义色彩，这个小镇也因此成为德国浪漫主义的象征处和精神寄托地。现今的海德堡已经是著名的文化之城、德国最古老的大学城和旅游胜地，同时也是德国甚至欧洲的重要科学研究基地之一，享有“欧洲硅谷”的美誉，走在世界生物和医学等领域的尖端。

海德堡市区人口约14万左右，而其中仅是海德堡大学的学生就有3万，海德堡大学也是德国最具历史文化底蕴的大学。海德堡小镇可以参观游览的景点大多是一些旧城，其中有海德堡大学、历史悠久的谷物广场和马克广场，这里的名胜古迹大多是将哥特式、巴洛克式以及文艺复兴这三种风格混合在一起。另外石桥、古堡和白墙红瓦的老城建筑，也让这个小镇带有神秘与浪漫的色彩。作为一个充满魅力的传统和现代的混合体，因为拥有独一无二的自然、人文和科技资源，吸引了成千上万的游客来此领略神秘色彩。

（三）德国蒙绍市

德国的蒙绍市位于北威州，地处荷兰与德国边境，当地群山环绕，森林覆盖率可以达到45%，而人口仅有1.5万人左右。在17世纪左右，蒙绍市已经是一个著名的老工业区，迄今为止依旧保留着许多当年的建筑物，而现在蒙绍市已经发展为德国新兴的科技型产业小镇，拥有约200多家中小企业。

在17世纪，德国的人口老龄化现象加剧、生产加工的厂区也开始对外转移，这无疑对德国的就业及产业发展等造成了极大的影响。在这样的背景下，德国政府开始陆续出台一些政策与措施，支持新型科技产业、就业型中小企业的创建与发展。蒙绍市由此顺应发展趋势，建立起著名的HIMO科技创新中心，积极发展创新型科技产业，当地政府部门还帮助那些有创新意识和能力的年轻人创建自己的企业，为中小企业提供良好的创业环境和发展空间，如政策优惠、基础设施、技术咨询等支持。

蒙绍市的科技创新中心创立初期就立足于较高的起点，经济开支主要来源于政府部门的财政支持，到后期企业建立完成开始独立运作之后，政府主要提供政策优惠和适当补贴。除此之外，根据德国的城市规模、环境容量等实际条件，政府制定了“一镇一业、多镇抱团”的创新发展模式，由此蒙绍市开始联合周边几个位置相近、产业相关的小镇，形成了区域性的产业链，使当地的新型科技产业发展更迅速、更高效。

（四）德国特色小镇持续性发展的主要特点

1. 政府重视品牌文化的打造

德国是人文主义思想的起源地，这无疑给当地的小城镇留下了深厚的人文艺术气息，徒步走过这些小镇，就仿佛漫步在极富历史韵味的建筑博物馆，这些小镇也被赞誉为“一切艺术之母的建筑”，深深影响着当地居民的生活环境。也可以说，德国的小镇，让人们看到了独属于这里的深厚的历史文化积淀。它们提醒着世人：德国人的祖祖辈辈们在建设小镇的过程中，时刻注重着人文和建筑的魅力，一代又一代的子孙们，也是多么珍爱并且保护着前人们留下的瑰宝。

德国的政府部门非常注重对文化的保护和挖掘，它们系统地梳理出自身的资源，并且与文化优势，将其结合进行综合的开发和利用，根据当地独特的文化底蕴拓展产业链，打造各具特色的文化品牌，使其成为具有文化生命力和活力的小镇，不仅带动了相关产业的发展，对于文化的传承和发扬也有不可比拟的重大意义。

2. 小城镇设施齐全，民生便捷

在德国的小镇建设中，无一不深刻地体现出“以人为本”的理念，充分

地考虑并且满足当地居民的各种需求。从银行、邮局、交通、医疗到停车场、公厕设置甚至是残疾人无障碍的通道都在合理的规划布局中。德国的小城镇不但基础设施和公共服务非常完善，同时还极具人性化，所有的小城镇都是农业、林业、手工业等产业的集聚地，与民生紧密相关。德国人可以自豪地说，小城镇为扩大就业做出了巨大的贡献。

3. 政府注重多元治理，提供政策支持

德国的一些特色小镇经常会召开一些居民会议，鼓励当地居民为小镇的文化建设出谋划策，并给予一定的奖励，这种让居民也参与小镇建设的方式，增加了当地居民的归属感，从而可以更加积极主动地为小镇建设贡献力量与智慧，小镇凝聚力大大提升。另外德国的政府部门还制定了一系列关于促进产业发展、加大税收补贴、促进科技进步、维护市场秩序的政策等，以中小城市和小城镇为核心地区，集中打造产业集群小镇，重视发展区域性的产业链。

三、意大利特色小镇持续性发展模式及实践选择

意大利是一个经济发达的资本主义国家，共拥有 54 个联合国教科文组织世界遗产，目前世界遗产拥有量全球排名第二，意大利的时尚艺术领域也处在世界领先位置，米兰、罗马等作为意大利的经济文化中心，无疑是繁华且宏伟的，但在意大利人的眼中，他们却向往充满迷人色彩的小镇，小城镇内的生活节奏很慢，风景宜人，空气清新，极具特色的建筑与休闲放松的生活方式，让人褪去了一身的疲倦与烦恼。

（一）波托菲诺

意大利西北著名旅游海港小镇——波托菲诺，坐落于意大利里格连海岸东面，靠近著名的 Faro 灯塔，这里群山环绕，碧海相望，气候宜人，大自然的馈赠毫不吝啬。波托菲诺的飞速发展始于 20 世纪 20 年代，因自然形成的静谧环境和适宜的气候，吸引了大批当时的欧洲贵族前来定居于此，使这里逐渐被建造成了一个堂皇的村庄，波托菲诺由此闻名于世。此后，随着名气大增，吸引了更多的名人从世界各地涌来。

走进波托菲诺小镇，可以看见其向上沿山势呈阶梯状分布，横向则沿着海岸线呈现出带状分布的局势。颇有特色的是这个小镇的建筑，沿山势而建，呈现出高低有致的轮廓感，并且大都面朝大海，以此保证小镇上的每一户人家都

可以远眺到辽阔的海洋。外墙都是用粉色、黄色等较为鲜艳的颜色粉刷。小镇充分利用了海景资源，将海边景色与当地资源紧密结合在一起，打造出轻松悠闲的娱乐空间，游客们在这里观光、游览，体会当地的民俗与风情。

在商业方面，小镇上的咖啡店、小餐馆会将一些餐桌移出店内，放置在蓝盈盈的海水边，并布置桌椅装饰品的细节，带来一种独具风韵的艺术感，此时连每一张餐桌都形成了一道靓丽的风景线。而丰富的公共空间也是小镇悠闲生活氛围的来源，三四米的小街让人觉得格外亲切，蜿蜒的小路适合游客与居民散步聊天。旅游度假小镇，除了当地引人入胜的景色以外，四季舒适的温度，完善的基础设施和周到的服务也都是必不可少的条件。

（二）蒙特贝卢纳

与以制革产业而闻名的佛罗伦萨毗邻的意大利威尼托大区特雷维索省的蒙特贝卢纳小镇，占地面积约 50 平方公里，其所在地是意大利北部畜牧业的中心地区。当地气候舒适宜人，周边多覆盖冰雪的山峦。当地人们在历史上有一段时期以伐木为生，为方便伐木工人活动而制作的登山鞋的传统工艺也随着历史保留了下来。随着时代的发展，越来越多的人爱上了登山运动，蒙特贝卢纳小镇也随着历史潮流发展成为世界闻名的登山运动鞋生产地和冰雪活动开展地，从 1970 年开始，人们称它为“冰雪产业之都”。

蒙特贝卢纳有数百年的悠久手工制鞋历史，因此当地孕育了非常浓厚的制造业文化氛围。文艺复兴时期大环境对小镇的发展产生了很大的影响。当时，农业上自给自足，人民争相振兴家乡，制造业工艺广泛传播，蒙特贝卢纳在这样的大环境中产生了运动鞋制造业的小生产模式，随着时代的进步，小镇逐渐演变成为著名的登山鞋生产基地和冰雪活动文化中心。目前围绕运动鞋而产生的设计、生产、销售、配送等产业集群是蒙特贝卢纳小镇的特色，小镇已有超过 400 家的与各类运动鞋产业有关的公司，提供岗位 8600 多个，每年可以制造约 3500 万双运动鞋，销售额更是超过了 15 亿欧元。在运动鞋产业集群的推动之下，小镇的旅游业、运输业、皮革首饰加工业、造纸出版业等相关产业也相继发展繁荣。蒙特贝卢纳不满足于拥有世界闻名的制鞋工艺这一立足之本，而是将目光投向了运动鞋的创新与开发方面。在小镇提出的各种措施和政策的吸引下，一众具有新兴技术和极高创新能力的国际知名运动类公司在这安了家。与此同时，小镇内几大知名品牌之间的团结合作与有利于进步的竞争，孕育出了 Tecnica、Geox 等大型运动类企业，同时大量的高质量人才被这些企业所吸引，最终形成了“城市服务功能＋运动鞋生产集群”的小镇发展架构。

除此之外，蒙特贝卢纳的当地政府对私人发展企业非常支持，不但在税收上对企业有所优惠，帮助企业宣传自己的品牌，积极号召居民们学习多种新技能，同时还大力投入基础设施建设，为小镇打造良好的创新发展环境。

（三）意大利特色小镇持续性发展的主要特点

1. 根据当地文化发展鲜明的产业特色

上述两个小镇，一个是地理位置优越，风景人文占优，形成旅游特色小镇；一个依据百年皮革史发展体育特色小镇。两个小镇因地制宜，波托菲诺发挥自然环境资源优势，主打海景小镇品牌，打造了不同于当今快节奏城市生活的一座世外桃源；蒙特贝卢纳结合历史特色，利用已有资源，顺势而为，充分利用自己独一无二的区位优势和历史积淀，建立围绕这两点的发展模式。先通过运动鞋产业来使小镇闻名世界，随之不断创新、优化其运动鞋制造品牌，最后一个庞大的围绕运动鞋产业的体育产业集群便形成了。蒙特贝卢纳最大限度地突出其产业特色，整合了从设计研发到生产制作再到销售配送的运动鞋产业链。

2. 以独特产业为核心，其他诸多有利条件支撑

对上述特色小镇分析可以发现，这些小镇有两个互为因果关系的要素：一是整个环境有利于维持小镇的产业基础；二是人才被这样的环境吸引，为小镇的发展贡献力量。总结得出，经过数十上百年的积累、进步，这些特色小镇的产生和延续成为历史的必然。比如，波托菲诺有着以往欧洲贵族建造的建筑和诸多艺术家留下的艺术气息，安谧的氛围更是不可多得；蒙特贝卢纳小镇中的各类企业，依托小镇四通八达的交通网络，都建设在了马路边上，自然而然聚集了起来，以运动鞋制造为中心的相关企业在聚集区中负责设计、生产等功能，使聚集区形成完善的配套产业。

四、美国特色小镇持续性发展模式及实践选择

知名学者曾根据美国特色小镇的不同产业和特色将其划分为多种类别，有休闲旅游类、音乐艺术类、高科技类、教育类、文化类等，而这些特色小镇都显现出一种共同的性质，即它们都将小镇的环境保护作为重点。美国多年来兼

顾经济发展和环境保护，采用先进的科学技术严格治理小镇的环境污染，并且将高新技术和生态旅游等产业放在小镇的未来发展规划中。

（一）美国格林威治小镇

美国格林威治镇地处康涅狄格州的西南部，位于长岛海峡上，距纽约 40 公里，总人口约 5.9 万。但在这个面积仅有 174 平方公里的小镇里，却汇聚着全球约 600 多家对冲基金的总部，其基金规模已经达到了整个美国的 1/3。全世界管理着 10 亿美元以上资产的对冲基金企业，几乎有半数的企业总部都在这里，而格林威治小镇也因此被喻为“对冲基金大本营”。

格林威治可以成为全球领先的对冲基金中心之一，其原因不仅归功于当地丰富的自然资源，优美的自然环境，独特的人文条件和便捷充足的停车位，还包括格林威治优惠的税收政策、靠近纽约的地域优势和日益增多的对冲基金配套工作人员等，这些因素都促进了格林威治小镇对冲基金产业的迅速发展。第一，由于靠近纽约市，方便对冲基金公司开展业务，同时非常有利于发挥对冲基金产业的集聚效应，许多对冲基金的行政管理人员、技术供应商或是其他配套服务提供者，都愿意来到这里。数据显示，格林威治小镇所在的康涅狄格州，从 1990 年到现在，就业人数已然翻倍。而在众多投资类的岗位中，有近乎一半都是来自对冲基金和私人股本公司。第二，小镇税收的优惠政策。几十年前，当格林威治开始吸引对冲基金公司时，这里的税率就大大低于纽约，如房产的物业税，格林威治的税收仅仅为 1.3% 的水平，而同时纽约的税收是它的 3 倍之多，两者差距十分显著，这也吸引了许多基金大鳄们在此定居。第三，小镇当地网速极快。众所周知，对冲基金对于网速的要求极高，不用说以秒为单位，甚至是几毫秒都可能会带来巨大的损失。第四，小镇非常注重对基础设施的建设，尤其对交通和公共配套服务的投入力度非常大。交易员们由于工作性质导致承受压力较大，而对冲基金公园可以为他们提供完备的生活设施，不仅包括安静舒适的住所，丰富多彩的休闲娱乐场所，各具风味的餐厅，还有干净宽敞的停车场甚至是心理诊所。

（二）美国纳帕谷小镇

美国纳帕谷（Napa Valley）位于加利福尼亚州旧金山以北约 50 英里，这里以盛产葡萄酒闻名于世，当地葡萄酒的产量可以达到加州总产量的 40%。帕纳谷地处一个丘陵地带，而温暖的地中海气候和多样化的土壤结构无疑为葡萄提供了一个近乎完美的生长环境。因此，从 1950 年开始，当地居民开始充分利用此环境优势，大力开办葡萄种植园，建立大量的酿酒厂，农业种植和酿酒加工业渐渐成为当时帕纳谷的主导产业，但由于产业类型单一化、各个小镇各自为营等问题的存在，帕纳谷的产业无法获得持续性的发展。在第二次世界大战后的经济复苏期，帕纳谷的葡萄酒业获得了新的发展契机，在这段时期，当地龙头企业为了打造属于自己的葡萄酒品牌，开始利用新兴技术对酿酒的工艺进行优化改良，当地政府部门也加强了对葡萄酒品质的把关，终于在 1976 年的巴黎葡萄酒品鉴大会上，帕纳谷的两大品牌成功击败法国著名的波尔多名庄，自此之后，美国帕纳谷红酒成功跃升为全球顶级葡萄酒品牌。帕纳谷小镇在此阶段致力于发展精致农业，重视新技术的应用、品牌的建立和产品附加值的提升，还逐渐构建了从葡萄种植与加工到品牌销售、展览等功能的全产业链，为之后向旅游产业延伸打下了坚实的基础。

从 1980 年开始，由于当地葡萄酒品牌的打响逐渐吸引了众多游客前来观光品鉴，帕纳谷的旅游业由此兴起。该地利用葡萄酒主题的发展，渐渐将其打造成一个度假胜地，提供完善的全方位服务，从购物、品酒、观光到葡萄酒加工和生产参观、农产品采购等一应俱全，逐渐成为设施配套完备的复合型城镇。为了避免同质化发展，帕纳谷的 8 个小村落风格各异，当地政府根据各个小镇的发展状况和自然资源禀赋，因地制宜发展特色产业，逐渐形成四类产业体系，即：葡萄酒本身、葡萄酒 + 体育、葡萄酒 + 艺术和葡萄酒 + 休闲娱乐，将葡萄酒和相关产业紧密结合，共同构成以亲身体验为主的乡村旅游特色小镇集群。

（三）美国硅谷小镇

美国的硅谷小镇地处美国加利福尼亚州北部、旧金山湾区南部，硅谷小镇并不是一个行政区划，而是一片由若干城镇和乡村组成的区域，尽管这里面积仅有 4000 多平方公里，人口却高达 300 多万，这里以聚集了世界上最主要、最前沿的高新技术产业而闻名，这些产业每年可以吸引很大数额的投资，更是让硅谷成为全美国甚至全球知识、技术与资金的集散地，融合科技生产和生活为一体的地区。

硅谷小镇在很久以前只是一片果园，而惠普公司的入驻无疑为这片土地带来了新的契机，硅谷也因其开始逐渐转型。在 20 世纪初期，这里建立了无线电和美军军事技术基地。第二次世界大战期间，由于对军事产品的需求巨大，惠普公司迅速崛起，之后惠普开始在斯坦福大学周围圈地，成立了一个集生产、研发、销售为一体的半导体产业园区。随后通过惠普的吸附效应，越来越多的企业聚集于此，硅谷地区日益强大，形成了独具特色的产业集群，即半导体产业。随着半导体产业日渐发展与成熟，风险投资业、计算机产业、清洁能源等各种高新技术产业相继在硅谷兴起，凭借新的理念、新的技术、人才的聚集等，融入了当地的产业领域之中，形成了独具特色的品牌效应。目前已经有超过16600家高科技公司在硅谷地区聚集，硅谷高新技术小镇慢慢地发展成了闻名于世界的高科技圣地。

（四）美国特色小镇持续性发展的主要特点

1. 资源整合，吸引特色人才建设特色小镇

纳帕谷利用世界顶级葡萄酒产地的品牌效应，成功吸引了世界各地的葡萄酒爱好者和收藏家，从而推动了葡萄酒文化旅游，世界级的节事活动增加了纳帕谷的知名度。格林威治也吸引了大批从纽约市来的优秀金融人才，为小镇的持续性发展提供重要智力支持。硅谷地区正是由于有源源不断的高科技人才、移民者、创业者的不断加入，才能更快地带动该地区经济、科技的快速发展。特色小镇建设发展最重要的是拥有极富特色的优势产业，但维系产业发展最重要的要素依旧是人。小镇的人口数量并不一定要很多，但是必须做到精通和专业。如果当地的人力资源质量不佳，即便地理位置非常便捷，自然资源再充沛，仅只有一些普通的乡镇居民也是无法形成特色产业的建设与持续创新发展的。

2. 凭借产业融合和优质产品质量，树立独有的品牌

特色小镇的本质就在其特色，无论是格林威治、纳帕谷还是硅谷，其本身都是享誉世界的名镇。格林威治是全球领先的对冲基金中心之一，这对全球企业和金融参与者来说，吸引力是毋庸置疑的；纳帕谷自己的葡萄酒种植和酒品牌也是得到了各种权威认证；硅谷小镇更是拥有半导体产业园区，是闻名世界的高科技产业圣地。正是因为有了自身的硬实力，树立了自己独有的品牌，才能不遗余力地去建设更加全面的特色小镇。而一个特色小镇想要成功建设与发展，就要将当地具有优势的企业和自然资源结合起来，深入挖掘本地历史文化特色，并进行传承与开发，同时充分完善当地基础设施，发挥特色产业的优势，带动更多的相关产业在此聚集与发展。

第二节　新兴市场经济国家特色小镇持续性发展经验模式

一、俄罗斯特色小镇持续性发展模式及实践选择

俄罗斯是当今世界上领土面积最大的国家，领土面积有1709.82万平方公里，地跨亚欧大陆，作为世界第一领土大国，俄罗斯境内也拥有许多各具特色的小镇。

（一）俄罗斯苏士达小镇

位于俄罗斯首都莫斯科东北方向近200公里的波克隆纳亚山丘上，坐落着一座占地面积仅有9平方公里的小城镇。尽管它的占地面积很小，但这里却堪称纯净之地，是俄罗斯最安静纯洁的地方之一，这就是苏士达小镇。苏士达小镇于公元9~10世纪建立，至今已逾千年。尽管经历过王朝的更替、激进的革命、纷扰的战乱，它却依旧保持着原本的样子岿然不动，这里也曾经被外界的媒体大众评选为“世界七大童话小镇”之一。

苏士达将俄罗斯古代的宗教文化都保留了下来，从12~17世纪，苏士达小镇曾修建过11所修道院，25所教堂，它们的主色调大多是白色，令人感到纯净和圣洁。其中修建于14世纪的波克罗夫斯修道院可以说是苏士达小镇的标志性建筑，这里蕴含着美丽的宗教故事，每当夜幕降临，修道院的工作人员会敲响铜钟，这些铜钟发出幽远而绵长的古钟乐，古老的祈祷之声穿过这些庄严纯洁的屋子，宁静和踏实感油然而生，这里也成为无数俄罗斯画家心目中的圣地，同时也吸引了众多的游客前来。

来到小镇的中心列宁公园，这里还有几座纯木质结构的古建筑教堂，教堂内的建筑风格独特，形式各样，手工也精妙绝伦。此外，苏士达小镇的木质建筑闻名遐迩，整个小镇中民居和公共设施几乎都是木质的。这个小城镇除了历史久远的路灯，没有电线杆也没有天线，卡缅卡河从这个小镇旁边缓缓地流过，白色的教堂、翠绿的树木、蔚蓝的天空倒映在河水中，似一幅美丽的山水画。

（二）俄罗斯谢尔盖耶夫镇

位于俄罗斯首都莫斯科东北偏北71公里的谢尔盖耶夫镇，是著名的金环

古城之一。俄罗斯地位最高、最大的修道院之一——谢尔吉圣三一大修道院便坐落在这个小镇。该修道院于14世纪中叶建成，距今已逾600年，由著名的宗教活动家谢尔盖·拉多涅日斯基创建，是由一座88米高的钟楼、杜霍夫教堂和圣三一教堂等组成的一个建筑群，无数的古董宝石、贵金属和古俄罗斯名画收藏其中。圣三一修道院作为俄罗斯最古老的修道院之一，院内拥有多座教堂、宗教大学以及神学院，修道院的核心建筑是圣三一教堂，这里也是俄罗斯最重要的朝圣地，数不胜数的朝圣者来此接受洗礼，经过数百年的沉淀，圣三一修道院逐渐发展成俄罗斯最富有的修道院。

除了圣三一修道院以外，谢尔盖耶夫小镇也以其俄罗斯玩具业的制造中心而闻名，生产有俄罗斯民间艺术品木套娃。俄罗斯套娃可以说是俄罗斯的象征，一般由一个套一个的图案一样的空心木娃娃组成，外大里小，最多可达10多个。随着时代的进步，俄罗斯的套娃如今也迈出国门，畅销到世界各地，成为俄罗斯最具有代表性的旅游纪念物。而谢尔盖耶夫作为套娃的原产地，对套娃进行不断改进更新，由原来单一的形状样式逐渐改造，将套娃做的花样迭出，造型各异，并且将制作套娃的工艺由当地推向了外地乃至全俄罗斯，将俄罗斯的闪光点推向了全世界。

（三）俄罗斯特色小镇持续性发展的主要特点

1. 体现本土文化、信仰象征的价值高地

俄罗斯的每个小镇几乎都有重要的精神地标：教堂或者修道院。这往往是这个小镇的精神信仰之地，汇集了数百年的历史与有趣的故事。不管是苏士达还是谢尔盖耶夫，都有多所修道院和教堂，历史悠久，象征着当地的文化和信仰。而这些文化内涵无疑也渗透在了特色小镇的建设过程中，其不仅传承了当地的历史文化，同时加强了文化产业建设，提高了文化品牌价值，提升了文化产业的竞争力。俄罗斯的小镇非常注重对文化的挖掘和保护，将自然资源与文化优势紧密结合在一起并深入利用开发，由此带动其他相关产业的发展。

2. 加大特色产业的培育

俄罗斯谢尔盖耶夫小镇对于特色产业的培育十分重视，当地政府部门积极发挥引导作用，根据小镇当地的情况和传统经典文化的发展特点，谢尔盖耶夫小镇积极开发象征俄罗斯的特色产品套娃，同时融入新技术不断改进套娃工

艺，将套娃从本地推向全俄罗斯，成为俄罗斯玩具业的制造中心。产业是一个地区经济发展的支柱和引擎，只有充分挖掘地区的特色产业，并以此精准定位，才能使整个地区的文化与经济持续发展。

二、巴西特色小镇持续性发展模式及实践选择

巴西联邦共和国是南美洲最大的国家，享有“足球王国”的美称，巴西国土面积共有851.49万平方公里，总人口达2.086亿。巴西当地文化有多重民族的特点，它作为一个民族的熔炉，有着来自欧洲、非洲等世界各地的移民。巴西拥有富足的自然资源和深厚的工业基础，它的国内生产总值居于南美洲第一。依赖其快速发展，巴西开始在国际舞台中崭露头角，作为新兴国家之一，巴西也拥有一批出色的特色小城镇。

（一）巴西欧鲁普雷图

欧鲁普雷图别名黑金城，地处巴西东南部的米纳斯吉拉斯州，该小镇始建于17世纪末，沿着里奥·杜法尼尔峡谷而建。“黑金”的名字来源非常新奇，正因为在当地挖掘出来的金矿中蕴含着金属元素钯，而钯元素的性质之一是吸收气体，这使黄金的表面出现了一种黑色的金属光泽，“黑金之城”的名字由此得来。欧鲁普雷图位于米纳斯吉拉斯采矿地区的中心位置，是巴西的采矿基地和历史文化中心之一。

在巴西历史上让淘金越发火热的起源地正是欧鲁普雷图，同时这里也是巴西独立运动的摇篮，在巴西历史文化道路上留下了不可磨灭的印记。当地还有极为壮观的巴洛克建筑和许多技术娴熟的巴洛克艺术产品，让此地变成了巴西巴洛克建筑和艺术的宝地。因此，这个小镇还被巴西政府称为“国家财产”。

在17世纪末期，淘金热达到了第一次热潮，而欧鲁普雷图小镇是1689年采矿开发运动的其中一个站点。虽然黄金开采热潮最鼎盛的时期是在1730年前后，但是欧鲁普雷图直到1740年才开始变为一个城市，至今也有200多年的历史。在18世纪的一半时间中，这里开始新建大批建筑，正是在这个时期，欧鲁普雷图逐渐成为学术和文化活动的中心。

现今尽管随着金矿资源逐渐枯竭，淘金热潮也已过去，但是那些教堂、桥梁和喷泉依旧保留在这座古镇，这里不仅是著名的旅游小镇，也是巴西主要的宝石生产基地。

（二）巴西格拉玛杜

格拉玛杜小镇是巴西南部一个偏僻的山区小镇，约有 3 万余人口，去往最近的机场也需要两个小时的车程。但是该小镇多年来大力开发旅游产业，吸引了数以百万计的游客，成为巴西南部的旅游胜地。

首先，该小镇拥有得天独厚的自然优势，当地地处高乔山区，海拔达 800 多米，花草树木繁茂。当巴西的里约热内卢和圣保罗等其他城市处在高温炎热的时候，这里却依旧凉爽宜人，是世人避暑乘凉的宝地。同时格拉玛杜山区的高处在冬季时偶尔也会有美丽的雪花飘落，这无疑让那些长年累月生活在酷暑之中的巴西人民无限向往。

其次，当地的基础设施十分完善，格拉玛杜小镇的人口以德国和意大利的移民后裔为主，由于一直以来受到这些移民的影响，当地的建筑风格大都以欧式风格为主，小镇内还有许多主题公园，最有名的当属“迷你世界”。另外与巴西的东北部、中西部这些地方简单粗放的居民环境不同，当地的居民十分注重生活的细节，房子前后的草坪都修剪得十分平整，整个小镇一年四季风景如画，所到之处满目葱茏，令人沉醉其中。

再次，格拉玛杜小镇的特色项目经过精心的规划。其实在巴西的南部，类似于格拉玛杜的小镇数量不少，但是都没有它的名气大，正是因为格拉玛杜当地的特色旅游项目。例如在 3—4 月当地会举办巧克力节，8 月有国际电影节，12 月举办“圣诞之光”活动。“圣诞之光”活动创办至今已经有 30 多年的历史，当属本地甚至整个巴西旅游产业的知名品牌，吸引了众多境外的游客，除去阿根廷、乌拉圭，甚至连德国、奥地利的游客也慕名而来。

最后，当地居民民风淳朴，居民素质较高，几乎从未发生过恶性事件，可谓是夜不闭户。里约热内卢的商店到了夜间要用木板铁皮包得密不透风，这里的商店却在整夜都保持充足的灯光，这些也成为当地发展旅游业必不可少的软实力。

（三）巴西特色小镇持续性发展的主要特点

1. 拥有较强软实力加持

若是仅仅拥有优美的自然环境，这样的小镇在巴西数量也并不少，但是想要保证小镇的可持续性发展，较强的软实力是必不可少的，正是因为格拉玛度小镇当地淳朴的民风，高素质的居民，为当地带来了较好的口碑，让游客口口相传，从而不断带来新的客人，促进当地旅游业的持续发展。

2. 将旅游产业作为支柱产业之一

尽管欧鲁普雷图小镇的淘金热已经逐渐过去，但是大量的巴洛克建筑和艺术仍然留在当地，这里也渐渐成为学术和文化的中心。而格拉玛杜小镇更是自然环境优美，舒适宜居，那么旅游业也自然成为这些小镇的支柱产业。旅游业的发展不但凭借得天独厚的自然景观，小镇当地独特的风貌和文化色彩也非常重要，这些都是吸引全世界游客的原因。

三、韩国特色小镇持续性发展模式及实践选择

（一）小法兰西镇

小法兰西镇坐落于韩国京畿道的加平郡，背靠宏伟的虎鸣山，面朝秀丽的清平湖，它将花、星星和小王子三个元素结合在一起，形成了一个法国浪漫地中海风情的主题文化小镇。该小镇在 2008 年拍摄了韩剧《贝多芬病毒》，由此开始逐渐出名，当地的旅游业随之迅速发展，接踵而来的是《秘密花园》《来自星星的你》等一众火爆韩剧和 *running man*、《至亲笔记》等综艺节目先后来此地拍摄取景，旅游大热由此掀起。小法兰西镇利用已经拥有超高人气的综艺节目和韩剧来加快小镇旅游业的发展速度，事实上也的确取得了明显的宣传与推广作用。2014 年的韩剧《来自星星的你》更是冲出韩国火遍了全亚洲，无疑将小法兰西镇的旅游业带向了新的高潮。

小法兰西镇里的布局也是以大热韩剧为核心进行构建。如将一些韩剧和综艺的剧照或是剧里角色的人形板放在小镇的一些地方为游客进行指引，一些观光的景点也是由之前韩剧中拍摄过的场景改造的，小镇的官网也将“拍摄地”当成最重要的旅游宣传点。此外，小镇的建筑风格极具特色，街道干净整洁，还有许多精致的法国工艺品和丰富有趣的表演活动，而韩剧中浪漫的氛围更是吸引了无数来自世界各地的剧迷们来此地驻足打卡。

小法兰西镇设有一个法国村，这个村里有 16 栋法国式建筑，来到这里的游客可以亲身体验到法国的“衣住食”文化，法国村的广场上蕴藏着法国的历史文化韵味，你在这里不仅可以入住极富特色的民宿，观赏露天的演出，品味浪漫的法式西餐，更可以欣赏法国独特的工艺品，知晓法国的历史文化，让游客仿佛置身于法国，一站式体验法式浪漫之旅。

（二）曾岛

曾岛，位于韩国全罗南道的新安郡，由1004座岛屿组成，因为1004在韩语里与“天使”发音相同，因此又有着“天使岛”的美称。此处被联合国教科文组织指定为生物多样性保全地域，并被评为“亚洲第一慢城”，这里最具特色的就是太平盐田。

曾岛即以该盐田为中心，开拓旅游产业形成了自己独一无二的慢城特色。

太平盐田入口处设有盐博物馆，在里面可展示海盐的生产过程，让游客有前所未有的体验。此外游客还可亲自下田，体验集盐、运盐等有关采集盐的过程。曾岛还建有国内唯一一家以盐咸草为主题的餐厅，提供多种独家美味。风景方面，曾岛设有多条村庄路线，包括了沿着盐田走的海盐路，潮滩公园之路，经过海松林的思索之路等，充分满足游客的盐视觉享受。

曾岛属于韩国慢城之一，慢城是指让人们放缓生活节奏，不是一味地早出晚归，也应该适时地去寻找生活中的美丽，追求慢生活，这是一个全民集体参与、重新构建忙碌都市生活的草根运动，有助于政府更好地建设与治理城市。与此同时，慢城也可以通过生态经营来获取经济收益，达到持续性发展。不同的慢城风格各不相同，它的运作方式大多是利用本地自然优势，推出一系列具有丰厚文化底蕴和生态价值的季节活动、庆祝活动和新兴旅游产品，由此带动文化产业、加工产业和农业等传统产业的共同发展，走出一条利用自然优势来获取收益的经营之路。

（三）韩国特色小镇持续性发展的主要特点

1. 利用本地资源，打造独具地方特色的生态空间

韩国的这两个特色小镇都充分利用地方自然环境资源和历史文化资源，打造极富特色的景观或旅游景点，还举办各式各样贴近主题的活动。这种个性化的培育不但是对传统文化的保护和传承，更是一种创新与发展，只有对当地的传统文化不断的延续与革新，才能让地域特色历久弥新。

2. 文化输出和旅游产业互相促进

韩国文化输出最大的优势在于韩剧的海外输出，所以小法兰西镇充分利用这一点来形成自己独特的旅游文化，通过建设热门韩剧相关的景点来带动人

流。曾岛则不仅限于韩国文化，而是全球追逐的慢生活理念的一种城市建设体现。借助自身盐田的资源优势，营造一系列以游客为主导的慢生活体验旅游氛围，一方面极大开发了盐田的利用率，另一方面也通过实践更好地宣传了慢生活的新理念。

四、日本特色小镇持续性发展模式及实践选择

（一）日本柯南小镇

日本柯南小镇地处本州岛鸟取县中部的北荣町，北靠日本海，南边与仓吉市接壤，位于琴浦町和汤梨滨町之间，总面积为56.94平方公里，人口仅有约2万人，因为是《名侦探柯南》作者青山刚昌的出生地，它成为全世界柯南迷的朝圣之地，“柯南小镇”也由此得名。

在还未形成动漫旅游模式之前，当地仅有一些公园、历史文化馆等参观娱乐景点，旅游的活动一般也只局限于传统节日庆典和本地居民自己承办的农业体验园，而且大多数游客都是当地的居民，也就是说，旅游业可以带来的影响力和经济效益微乎其微。在20世纪末期，当地政府开始借助柯南IP独特的话题性，营造出了《名侦探柯南》原作者出生地的卖点，北荣町开始逐渐由一个普通的小镇变为柯南旅游小镇。经过长时间的尝试与努力，当地精心打造的柯南旅游小镇开始慢慢形成，完成了一条柯南站—柯南大桥—柯南机场—名侦探列车—柯南侦探社—青山刚昌故乡馆的点线面结合的旅游路线，并创造出了在《名侦探柯南》中相关角色的青铜像与墙壁涂鸦等装饰物来丰富这些主要景点。

北荣町逐渐树立了“柯南小镇”的形象，吸引了大量动漫迷游客，创造了独特的“动漫IP+文旅小镇”的动漫旅游模式，除此之外，当地政府还将动漫旅游与一些相关的产业如影视播音、游戏软件、服饰等结合起来，将动漫扩展到教育、信息等服务产业中，大大拓展了动漫旅游产业链，形成了更加完整的产业集聚，为当地带来了产业、资金和大量的消费者，促进了小镇经济的快速增长。

（二）日本札幌小镇

日本札幌小镇以雪而闻名于世，这里曾经举办过第11届冬季奥林匹克运动会，从此成为一所国际知名的旅游观光城市。札幌的国际滑雪场地处定山溪

温泉街旁边的山区，离札幌市有60分钟左右的车程，离小樽有40分钟左右的车程，同时提供专线大巴的接送服务。20世纪初日本开始引进现代滑雪技术，创建了高品质的冰雪温泉度假旅游，并且建造了冰雪公园、冰雪博物馆等景观供游客参观游玩。札幌小镇不只是发扬冰雪文化，也集中开发了一些新的活动，如烹饪菜肴、宣传戏剧和日本传统音乐活动。

札幌小镇的交通设施十分健全完备，包含高速公路两条、铁路3条、机场两个。市内的交通也非常便捷，拥有地下铁路3条，电车3条，同时还有多线市区公共汽车辅助，构成了非常完善的交通运输系统。承办札幌冰雪节的大通公园不仅连接了该地很多景点和购物区，Jozankei温泉距离札幌镇也仅1小时车程。如此完备的交通线路近乎连接了札幌所有的旅游资源，让游客的出行十分便捷。

除此之外，札幌最出名的活动还是雪祭，这是世界四大冰雪节之一，在每年的2月举办，主会场设立在交通便捷的大通公园。另外还有两个分会场给儿童和游客提供冰山探险的体验。除了在冬季举办国际雪像比赛、文化展览等活动外，札幌在其他的季节也会举办各种不同的活动，彰显出不同季节的魅力，让札幌在每一个季节都能吸引游客。同时这里还会按期举行重要的国际赛事，大大增加了札幌在国际上的影响力。

（三）日本特色小镇持续性发展的主要特点

1. 充分利用当地资源开发旅游项目

小镇合理利用本地资源，开发建造各种相关的景观与旅游项目，吸引大量游客。北荣町利用柯南IP独特的话题性，主打《名侦探柯南》作者故乡的卖点，建造一系列与柯南有关的景点，逐渐打造出“动漫IP+文旅小镇”的独特旅游模式。而札幌更是极好地利用了当地的自然环境，开发多种旅游项目，不仅冬季的冰雪娱乐项目多种多样，更是在不同的季节推出不同的特色项目，让小镇四季繁华，突破了非雪季的季节性淡季与瓶颈。

2. 打造完善的产业链条

不断丰富和拓宽产业链条是日本特色小镇成功的重要途径。北荣町逐渐建立起柯南旅游小镇的路线之后，开始将动漫旅游与其他相关产业结合起来，将动漫拓展到教育、信息等服务产业中去，形成了更为完善的产业链条。而札幌小镇更是利用优越的自然条件打造滑雪旅游胜地，并通过旅游产业，提升小镇知名度，吸引各种国际赛事和世界冰雪节来此举办，通过旅游业带来的经济收益，投入餐饮、交通等相关产业的发展中去，形成全产业链运作模式。

第三节　国外特色小镇持续性发展的经验启示与中国目标定位

一、发达市场经济国家特色小镇持续性发展实践经验和启示

（一）实践经验

首先，特色小镇发展的最重要要素是发达的产业经济，它是打造特色小镇的必要基础。产业经济的发达代表着经济实力的提升，经济实力的提升能有效地刺激特色小镇的建设。发达的产业经济能够使企业获得良好的经营能力，而良好的企业经营能力则能够保障就业人员充分参与工作，自食其力，反过来刺激特色小镇的发展，为特色小镇的打造贡献自己的微薄之力。

其次，专业的人才资源也为小镇的持续性发展提供新兴的技术指导以及坚实的人员储备。科学技术是第一生产力，优质的专业人才能够为特色小镇的建设这一宏伟事业提供技术支持，做到事半功倍的效果。

再次，城镇发展的多元化，也是打造特色小镇的必要保障。各个地区都有着不同的经济发展水平，不同的物质基础能力以及不同的经济水平及政策，自然而然也都能走出各自不同的道路。这就要求特色小镇的打造不能千篇一律，即使在同一地区，由于发展路径的不同，也会为特色小镇的打造做出不同的方向，各个地区的方案不可以死搬硬套，需要在结合本国或者本地区基本国情的基础上，合理借鉴，才能打造出属于本国最具特色的完美小镇。

最后，政府的引导与政策支持也是小镇可持续发展必不可少的。政府部门不仅要出台相应的政策支持，如人才引进政策、产业扶持政策等，科学健康地引导特色小镇的发展，还应该在财政上加大资金的投入力度。同时，还应加快小镇当地交通系统、通信网络等基础设施的建设，保护当地独特的产业和文化，提供丰富的娱乐休闲设施，提升居民生活幸福感。

（二）启示

首先，拥有发达的产业经济基础是特色小镇快速发展最基础的要求。极富

优势的特色产业不仅给当地居民提供了大量的岗位，同时也为城镇化发展提供了坚实的物质保证。民营经济的日渐崛起是“长三角”地区特色小镇发展的重要推动力，而“珠三角”地区更多的是通过外来投资来拉动，这些地区的财政资金充沛，区域经济实力非常雄厚。

其次，多元化发展是小城镇发展的必然趋势。从世界上各个发达国家小镇建设的经验来看，不同地区的经济基础、发展阶段和条件各不一样，因此它们会走出各具特色的道路。即便地处同一地区，利益主体和投资主体的多元化也会导致特色小镇的发展拥有多条路径。要根据不同小城镇的特点，以及不同发展阶段的特征，处理好与城镇化的协调关系。中国目前仍然处在城镇化快速发展的初级阶段，即便是在极为繁华的大城市，发展阶段不均衡的问题也依然存在着，每一个产业也不可能均衡地发展。目前我国特色小镇的打造，不能一概而论，照搬其他地区成功的经验，我们国家有着自己的发展阶段和国情，应该根据自身所处阶段的特征，同时充分考虑长远利益，而不是仅仅关注眼前利益，要促进经济、社会与生态环境的协调统一发展，不能牺牲任何一方。

除此之外，拥有完善的政策体制是特色小镇持续健康发展的重要保障。一方面，体制的创新可以成为特色小镇快速成长的动力之一；另一方面，政府可以通过政策干预来弥补市场机制的缺陷。随着市场经济对特色小镇的发展影响越来越大，政府部门出台的政策应该更多地用于干预市场经济，以此来保证公共利益不受影响。

同时，特色小镇基础设施的完善是十分重要的，包括通信网络、交通运输、供水供电、卫生事业等基础设施。要加快小镇的公共服务和休闲娱乐设施建设，打造优美舒适的居住环境、安全有序的社会环境和最佳的投资环境。同时坚持以人为中心的发展理念，提升居民生活幸福感。

最后，要依据特色小镇发展的阶段性特征正确处理好近远期关系。特色小镇的发展不可能一蹴而就，所以不同的地区要根据自己所处发展阶段的特征来制定各自的发展战略，特色小镇的建设不仅可以带来眼前的经济利益，从长远的角度看，更是可以带来不可估量的社会利益，因此，不可盲目地追求短期效益。

二、新兴市场经济国家特色小镇持续性发展实践经验和启示

（一）实践经验

特色小镇的“特”体现在产业的特色上，一般每个特色小镇都会因地制

宜挖掘当地与众不同的特色产业，并逐渐形成相应的产业链，体现出特色小镇的“小而精”。特色小镇的从业人员也大多数都和主导产业有关。例如，俄罗斯的谢尔盖耶夫小镇生产俄罗斯的民间艺术品套娃，是俄罗斯的玩具制造业中心；而日本作为有名的动漫国家，有许多动漫作品闻名全球，这些作品不仅融入了日本的民族文化特色，同时也不断创新，融入其他新兴文化，可以说动漫已经发展成为日本的支柱性文化产业，日本的特色小镇规划中也结合了很多动漫的元素，由此来拉动旅游业和其他产业的发展，可以说，动漫已经成为日本的特色产业优势。

除了拥有特色产业外，悠久的历史文化遗产也是这些小镇成功的经验之一。这些小城镇以独具特色的传统文化和历史遗迹闻名于世，吸引着来自世界各地的游客前来观光和游览。文化作为一个地区、一座城市的灵魂，没有文化的繁荣与昌盛，就没有一座城市的长久兴旺。例如，俄罗斯的苏士达镇和谢尔盖耶夫镇，都有许多的古堡、古老教堂、修道院，形成了特色小镇独特的精神文化积淀。

另外，不同类型的特色小镇，其主导功能的侧重点也不尽相同，例如，生产制造类的特色小镇一般以生产功能为重，而文化创意类和休闲旅游类的特色小镇则将旅游和娱乐放松放在主导地位。而不同的特色小镇往往也会有不同风格的景观风貌，例如，韩国的小法兰西镇因韩剧的取景而开始大热，这个小镇就以大火的韩剧为核心进行构建，逐渐形成了鲜明的建筑特色；而日本的北荣町则是以《名侦探柯南》作者故乡为卖点，打造了“动漫 IP + 文旅小镇”的动漫旅游模式，将各种柯南动漫元素与当地的建筑结合在一起。

（二）启示

对新兴市场国家这些特色小镇的建设路径分析可以发现，每个特色小镇的资源禀赋不尽相同，适合发展的产业也不一样，而拥有坚实的产业支撑是特色小镇建设的核心要点之一。对我国来说，每个特色小镇的主导产业也应该是极富本地特色和地域优势的，要将其作为特色小镇未来发展壮大的支柱产业，并持续强化特色小镇的产业特色，优化特色小镇的空间布局，在形成优势的特色产业后，可以拓展产业链，引导相关产业共同发展。

另外，在特色小镇的建设中，应该始终保证小镇拥有独特风格，不能搞“大一统”和“一阵风”，必须注重保持特色小镇原本的风格和特色，在此基础上再进行修补、改造和更新，凸显出当地的历史文化特点和建筑特色。如果特色小镇失去了“特”，每个小镇都千篇一律，那么也就失去了打造特色小镇的意义。其次，也要注重小镇生态保护，在开发过程中，不能以牺牲环境为代价来发展经济，要以生态带动经济，不断优化当地生态环境，从而保证特色小镇的可持续发展。

同时，政府部门要加大对历史文化和文物古迹的保护力度，制定一些文化保护的法律法规，将文物古迹以及非物质文化遗产保护起来，对于一个特色小镇来说，文化的传承与发展是不可或缺的。最后“以人为本”也是城镇发展的关键点，让群众、游客满意是开展工作的出发点和落脚点。因此，在发展特色小镇的过程中，也要注重“人的城镇化”。要加大特色小镇的基础设施建设，提升公共服务能力和小镇人民生活幸福感，吸引更多的游客前往。

三、新时代中国特色小镇持续性发展的目标定位

（一）精准定位特色小镇发展方向

近年来，我国城市发展所需成本日益增加，农村人口大量向城市聚集，城市承担的人口压力也越来越重，一些城市病开始显现出来。特色小镇的出现，是城镇体系协调发展的手段之一，是对城市发展新路径的选择。因此，作为开启新型城镇化建设的主角，特色小镇的定位需要更加清晰，否则会导致诸多问题，如市场竞争力不足、千篇一律的发展模式、内生动力不足等。关于精准定位问题，包括体系定位和自身特色两个大方向。一方面，特色小镇作为城市建设中的一环，必须明确自己的位置，以便更好地起到承接大城市压力和建设现代化乡镇的润滑作用。在行政资源分配方面，小特色镇遵从自上而下的原则；在区域经济上，特色小镇与周边县、市的关系是竞合。另一方面，特色小镇核心在“特”。特色小镇要着重培育自身特色产业，紧抓核心，避免出现诸多特色小镇千城一面毫无特色的发展误区。

（二）提升特色小镇内生动力

特色小镇的健康持续发展需要综合硬实力和软实力的兼顾，两者缺一不可，如此方能提升小镇的内生性发展动力。小镇经济发展应更多转向创新驱动，而非依赖于要素驱动，要充分发挥特色小镇产业的空间载体作用，将产业未来的发展规划当作中心，将创新作为驱动力，形成产业集聚效应，做大做强特色产业。硬实力建设的关键在于建构产业发展的集约化模式，实现资金、人

才、技术等要素的聚集，按照先集中突破再形成规模效应最终多元化发展的模式，发挥核心产业的优势，形成区域化经济并逐渐扩大其规模效益。另外，特色小镇的产业发展需要通过分工来形成区域产业链，利用其开放性和系统性，不断完善与创新建设特色小镇的社会资本方之间的合作交流模式，促进技术信息与所获成果的互通共享。通过逐个击破、横纵结合、内外兼顾，推动特色产业向某区域集聚，增强地区内生发展动力。除了上述的硬实力，软实力也是要均衡发展的。软实力主要体现在文化方面。文化符号具有很强的“溢价”效应。文化的培养不是一蹴而就的，需要慢慢培育。比如政治地标、名人故居、博物馆、特色仪式节庆、展会赛事、旅游民宿等。如何将传统文化与当代新兴文化顺利融合在一起，还需要特色小镇建设者更多的思考和努力。

（三）明确多方主体职责

特色小镇的运行方式一般是政府起引导作用，企业作为主体，形成市场化运作，因此，将政府与市场的职能边界划分明确极为重要，不能让两者错位甚至越位。政府的主要职能一般是放在公共领域，如及时制定一些保障政策，确保公共服务和基础设施的完备。而市场的职能则恰恰相反，是在私人领域，企业间要保证分工具体化与有效的合作带来创新活力，聚集人力、物力和财力等要素，带来规模效应。除此之外，在公共领域，虽然政府起着主导作用，但也不能忽视市场机制的重要作用，实现投资主体的多元化。同样，在私人领域，在保证市场起决定性地位的同时，政府也应该发挥一定的作用，营造一个公平的竞争环境。除了政府和市场，要精准治理小镇必须着眼于小镇居民生活质量的提高，以人为本，承认居民是小镇的主体，让其成为市场化的第三方。特色小镇在发展的过程中要时刻注意各个主体之间的优势互补，在后期发展中形成共同治理的关系。

（四）保障特色小镇可持续发展

特色小镇的持续健康发展对整个国民经济的发展具有非常重要的影响，保证特色小镇的可持续性发展对促进我国经济社会稳定发展也有着极为重要的现实意义。我国特色小镇目前在发展过程中依然存在着“马太效应”，也就是强者更强、弱者更弱的现象，由于不同特色小镇区位条件不同，导致特色小镇发展不均衡现象明显，具体表现为经济发展水平、人口规模、人才引进等方面，东西部地区的发展差距也比较大。我国特色小镇的融资渠道不完善，特色小镇持续性发展缺乏后续动力。特色小镇的建设资金需求量大，而政府融资数量有限，这无疑加大了融资的难度；另外特色小镇的基础设施和生态环境建设投资回报时间长且收益率不高，这也是社会资本进入较难的缘由。因此，为了实现特色小镇的可持续性发展，就要明确各个小镇的区位特点，升级融资方式，实现多渠道融资为特色小镇发展提供充足动力。

第四节　本章小结

国外特色小镇经过上百年的发展，已然从幼稚走向了成熟，这些特色小镇的成功经验对于我国特色小镇的持续性发展有着重要的参考意义。本章从发达市场经济国家和新兴市场经济国家出发，展开分析这些国家特色小镇持续性发展的经验模式，为我国特色小镇持续性发展寻找目标定位与路径选择，新时代特色小镇持续性发展需要精准定位小镇发展方向、提升小镇内生动力、明确多方主体职责、保障特色小镇可持续发展。在借鉴国外特色小镇发展经验的基础上，我国特色小镇也必须充分结合本国国情，走出具有中国特色的可持续发展之路。

第十章　中国特色小镇持续性发展精准治理路径研究

目前，全国的特色小镇建设在如火如荼地开展中，同时也有许多特色小镇被淘汰成为问题小镇，这个现象表明，在特色小镇建设过程中存在着许多问题，如形式化建设、同质化严重等，为了解决这些问题，根据特色小镇发展的现状评价和发展需求，构建多方参与、协同共享、全程回应和及时监督评估的精准治理路径势在必行。在特色小镇的治理中运用精准治理的思维，一方面能够有效解决小镇在建设过程中出现的一系列问题；另一方面也提升了政府的治理精细化水平，对于推进国家治理体系和治理能力现代化具有重要意义。为了更好地对特色小镇进行精准治理，可以将“全周期管理”纳入治理的理念中，将特色小镇的建设分为创建期、营运期和常态的维护期，而无论特色小镇处于哪个期间，均可直接纳入治理期。

第一节　“全周期管理”的提出和重要意义

“全周期管理”全称为“全生命周期管理”，这个概念最早来自现代企业管理中，是指从全方位、全过程的层面对管理对象进行系统地整合，从而达到管理成本最低化和效果最优化。全周期管理在许多行业均有应用，如对资产的全生命周期管理、对产品的全生命周期管理、对材料采购的全生命周期成本管理等，而将“全周期管理”运用到社会治理，尤其是特色小镇的精准治理方面，对于提升特色小镇的整体治理水平具有重要意义。

一、“全周期管理”是特色小镇精准治理的前提和基础

“全周期管理”运用到特色小镇治理层面，是将特色小镇的治理期分为了

创建期、营运期和维护期。特色小镇的整个治理期间涉及各方面的内容，包括复杂的运行机制、庞大的人员组织、精准的要素配置等，将一套运行机理和治理方案简单粗暴地贯彻到特色小镇的整个治理过程显然不利于特色小镇的建设，而依据“全周期管理”的要求，将特色小镇的治理期细分，有利于从系统和全局的角度，确定特色小镇整体的发展方向和治理目标，从而根据每一个治理期的特点和出现的问题对特色小镇进行针对性的治理，达到精准治理的要求。因此，“全周期管理”是特色小镇进行精准治理的前提和基础。

二、“全周期管理”是特色小镇各方协同治理的必然要求

特色小镇的治理需要多方人员的协同参与，而在“全周期管理”之下，可以提高各方人员协同治理的效率。一方面，“全周期管理”从满足人的需求出发，可以广泛调动各方治理主体的参与积极性，激发人员的创造性；另一方面，“全周期管理”明确了各方主体在治理的各个期间参与治理的权力和责任，并基于目标导向确定各方治理需要达到的效果，契合了治理的精细化、精准化，有利于从全流程的角度提高要素配置和整合的效率，提升各方协同治理的水平。

第二节　特色小镇“创建期”的精准治理路径选择

在特色小镇的创建期，需要治理主体多元化、智库化。在当前，全国范围内大多数特色小镇的建设仍旧处于探索阶段，经验不足，特别是参与主体较为单一，主要是政府占据主导地位，这主要是由于长期以来，在传统政府行为模式的影响下，我国政府部门一直将治理理解为管理，在社会事务方面都扮演着“一家之长”的角色，习惯了掌握各项社会事务的主导权，这样容易导致社会事务决策的低效率，甚至出现决策的失误。在特色小镇建设初期，由于缺乏经验，政府参与治理的单一性和主导性更容易导致小镇建设出现问题。除了参与主体的多元化，特色小镇的治理还需要智库化，通过形成常设的智囊团，或者是与成熟的智库相结合，成为一个完整的治理联盟，共同参与到小镇的治理中。治理是一个动态的过程，只有通过多主体的协同合作，才能实现对社会事务的高效管理。因此，在精准治理的要求下，应当明确各个治理主体的权力和责任，使政府、社会资本、公众和市场互相配合、各尽其能，形成多元协作的

善治格局。

一、治理主体多元化

在治理的参与主体方面，主要包括政府、社会资本以及公众。在政府和社会资本的合作模式方面，有两种模式可以选择，一种是采用 PPP 模式（Public—Private—Partnership），即公私合营的融资模式，以政府的财政资金撬动社会资金，以此促进特色小镇的开发、建设与持续性发展；另一种是政府提供政策支持，吸引社会资本对特色小镇企业进行投资，二者并未采取公私合营的方式。

在特色小镇建设的 PPP 模式中，政府部门担当的角色是特色小镇项目的主要发起人，主要负责制定特色小镇的相关扶持政策以及特色小镇建设的整体统筹规划。在特色小镇的创建期，政府部门主要可以通过特许经营权以及财政资金补贴的方式，吸引企业入驻特色小镇，同时通过招投标的方式，与部分企业签订合同，共同经营特色小镇项目，从而在一定程度上缓解政府财政的压力，减少政府项目投资的风险。由于特色小镇尚处于创建期，特色小镇的优势定位、特色产业都不鲜明，各项配套的基础设施还未建立，相关的政策也未确定，各个方面都处在起步阶段，整个特色小镇还只具有一个模糊的雏形，因此在这一时期，需要政府起主导作用，通过政府各个部门的通力合作，和社会资本共同商讨，确定特色小镇具有特色的优势产业，规划特色小镇未来的整体发展蓝图，并制定一系列相关的政策。总的来说，在特色小镇的创建期，政府仍然需要作为特色小镇建设的领头羊和主力军，把控特色小镇建设的主体方向，防止特色小镇在建设初期出现问题和失误。

特色小镇建设的 PPP 模式中另一重要主体就是社会资本，社会资本也是特色小镇项目的发起人之一。社会资本主要包括国有企业、私营企业、银行以及其他金融机构等。在这一模式中，国有企业或私营企业负责提供项目的资金，并和政府共同注册成立项目公司，在这个过程中，企业成为项目公司的股东之一，同时运用其之前企业经营的相关经验，负责特色小镇项目公司的建设以及运营的全过程管理工作。银行和其他金融机构既可以只提供资金支持和信用担保，为入驻特色小镇的企业提供融资贷款，也可以作为独立的社会资本参与项目投资，成为权益人。在特色小镇的创建期，社会资本需要和政府部门协作，确定特色小镇项目的运作方式、合同体系、营利模式等，并对特色小镇的项目进行一定的评估，统筹项目的资金分配。同时企业需要与政府一同组建

SPV 公司（Special—Purpose—Vehicle），SPV 公司经过最初的规划并进入建设期后，需要通过招投标的方式，将特色小镇的项目分包给具有相关等级资质的建设企业，由这些外包的企业来进行项目的建造。

在特色小镇的 PPP 模式建设中，公众也扮演着不可或缺的角色。这里的公众指的是与特色小镇相关的所有个人和团体组织，不仅包括特色小镇当地的居民、特色小镇项目的消费者、关注特色小镇建设的普通群众，还包括项目相关的其他团体。社会公众不仅是特色小镇建设项目的参与者，也是特色小镇项目的服务对象。特色小镇的当地居民是小镇的“土著”，对特色小镇的历史、风土人情、当地资源等是最为了解的，因此在特色小镇建设的创建期，应当充分发挥特色小镇居民的本土优势，居民作为特色小镇的主人，应发挥主人翁意识，为特色小镇项目的建设建言献策。在特色小镇的创建期，作为特色小镇未来的消费者以及关注特色小镇的普通群众，也可以从消费者的角度提出自身的看法建议，从而使特色小镇的建设更加契合消费者的需求。项目相关的其他团体主要包括在特色小镇中的新老商户、参与项目建设的工程师等，可以从各自的角度为特色小镇的项目建设提出意见和建议。

在采用 PPP 模式建设的特色小镇中，为了避免此前由于参与主体单一所导致的一些特色小镇建设中出现的问题，参与项目建设和运营的核心主体之间的联系和互动关系必须十分紧密。政府部门和社会资本之间订立的合同必须明确各自主体的权利和义务，二者通过签订合同成立项目公司，共同建设、营运和维护特色小镇的项目，在特色小镇的创建期，政府起主导作用，通过赋予特许经营权的方式给予社会资本一定的权利，社会资本则负责注入资金。与此同时，公众也要积极发挥其作用，不仅要主动了解特色小镇建设的新闻资讯、政府政策，更应该主动参与到特色小镇的建设中，为政府制定政策、实施政策建言献策。

二、治理主体智库化

所谓智库，就是智慧之库，又称智囊团，是集合集体的智慧禀赋为国家、社会和个人建言献策，并提供行动方案的个人或者团体的智慧集合载体。在特色小镇的创建期，智库化建设离不开政府的顶层设计，需要政府从全局的角度，根据自身决策需求确定整个智库的顶层设计。顶层设计有利于构建完善的决策咨询体系，契合智库思想市场的需求，提高政府决策的效率，防止出现小镇智库盲目发展的情况。为了让智库更好地在特色小镇创建期发挥作用，在决策咨询体制方面需要加以创新。首先，需要建立政府政策研究室，作为连接政府和智库的核心纽带，既要了解政府的决策需求，又需要广泛联系社会各界智库专家。其次，需要建立智库联盟，统筹整个特色小镇的各个智库机构，并整合所有参与特色小镇创建的智库专家的智慧成果，建立属于特色小镇的智库。第三，还应重点建设几大核心智库，主要包括社科院智库、高校智库、党政部门智库、民间智库，其中民间智库包括了参与特色小镇建设的企业人才团队、社会力量等。除此之外，还应当建立需求库、信息库、专家库以及成果库。在智库化的进程中，政府部门和智库需要保持紧密的联系，只有实现政府和智库的精准对接，才能使决策信息的供需相匹配，从而让特色小镇在创建期获得真正有效的决策帮助。

智库化建设的核心就是专家和人才，无论是特色小镇的未来整体规划建设，还是具体项目的运营和管理，都需要相关的专业人才提供智力和技术方面的支持和保障。总结全国各地许多特色小镇建设出现问题的原因，很大一部分就是因为缺少了人才的支持。因此，在特色小镇的创建期，政府部门需要制定一系列相关政策来引进人才，包括各种人才优惠政策、人才管理政策。

第三节　特色小镇“营运期”的精准治理路径选择

在特色小镇的营运期，在治理主体多元化、智库化之外，还需达到运行机制平台化、网络化。特色小镇通过创建期多元主体的参与，在一定程度上构建了与特色小镇后续发展相适应的政策，并初步搭建了与之相匹配的公共设施，因此在营运期，仍然需要治理主体的多元化、智库化，并对其进行进一步的完善。但是在特色小镇的营运期，由于运行周期长、运行机制更为复杂，仅仅有政府、社会资本、公众以及智库专家的参与还远远不够，除了有特色小镇治理主体的协同合作、专业智库的强力支撑之外，还需要一套更完备的运行体系来支持特色小镇复杂的营运期的发展，而构建平台化、网络化的运行机制契合了特色小镇营运期建设的需求，不仅可以加强特色小镇参与主体之间的密切联系，提升各方主体之间的沟通效率，更能够以互联网、大数据的支撑提高特色小镇决策、管理到日常运营等全过程的效率。

一、治理主体多元化、智库化

在特色小镇的营运期，同样需要治理主体的多元化和智库化。营运期，是特色小镇建设最重要的时期，它周期长，需要大量的财力、物力、人力的投入，并且营运的机制更为复杂，因此更需要参与治理的主体多元化、智库化。

在特色小镇的创建期，无论是PPP模式还是普通模式，担当治理主体中主导角色的是政府，因此，应由政府统筹整个特色小镇的初始建设，并制定一系列相关的政策。而在特色小镇的运营期，则应当由企业来主导小镇的运营。政府方面，主要负责根据特色小镇的实际运营来调整相关的政策，并继续给予特色小镇企业一定的财政补贴，同时持续对公共基础设施建设增加投入。社会资本方面，PPP模式中，企业作为PPP项目的主要投资人，在营运期可以聘请专业的管理人才，对特色小镇建设的项目实行全方位监管，并通过特许经营的方式开展各项经营活动；普通模式的运作也大同小异，由社会上某一企业抑或是多家企业联合，对特色小镇进行投资并参与一部分建设和运营管理工作，收益主要依靠消费者付费或是政府购买来获取，同时企业的所有投资、经营和管理工作都受政府的管理和监督。而在这两种模式中，企业都是特色小镇建设和运营的主导者，在拥有更多的自主权的同时，也应充分发挥其主体作用。由企业主导的模式有其自身的优越性，一方面可以减轻政府财政压力，分担政府投资的风险；另一方面也可以提高企业的积极性，激发市场活力。在公众方面，无论是特色小镇的居民、消费者抑或是其他参与到特色小镇建设的个人或者团体组织，都可以对特色小镇实际的运营提出自己的建议和看法。与此同时，在特色小镇开始运营之后，也应当重视媒体的作用，加强和媒体的联系，通过广告、宣传等方式，提高特色小镇的知名度，而媒体方面不仅应当在宣传方面发挥自身的作用，还可以从专业的角度为特色小镇的建设建言献策。

在营运期的智库化建设也不容忽视，在这一时期，政府需要加强和各个智库的紧密联系。政策研究室要继续发挥其纽带作用，深入了解政府在特色小镇建设方面的政策需求，对智库中的专家和机构征集选题和项目建设以及特色小镇营运方面提出建议。智库建设应当伴随着特色小镇的整个营运期，根据特色小镇运营的实际情况不断更新和调整特色小镇的需求库、信息库、专家库和成果库。专家和人才仍然是特色小镇营运期智库中的核心力量，一方面可以聘请专家对政府工作人员进行相关知识的培训，提升政府部门工作人员在特色小镇各方面的知识素养和技能水平，同时高校、企业也可以对学生和员工按照市场导向、需求导向，通过多方式、多渠道来培养高素质人才；另一方面，政府需要完善人才引进政策，以足够优渥的条件吸引人才加入小镇建设中，从而打造特色小镇的专属智库。

二、运行机制平台化、网络化

特色小镇从创建期到营运期，需要一整套规范的运行制度，为了对特色小镇建设进行精准治理，创新特色小镇运行机制，可以将运行机制平台化、网络化，由特色小镇的管委会负责搭建线上、线下平台，参与特色小镇建设的各个主体都可以直接在平台中共享信息、解决问题等，从而使各个主体通过在平台上的交流提高相互的熟知度，提高特色小镇进行建设和治理能力，最终达到特色小镇运行的科学化、高效化。

线下平台方面，可以通过打造咖啡店、书吧、创客集市、特色小镇客厅等公共空间，为特色小镇的投资者、创业者、企业家以及游客等多个主体提供信息交流的平台。还可由专业团队开展孵化服务，通过在特色小镇现有经营主体的基础上划分出部分股份，并且这部分股份由政府出资购入，不损害到特色小镇其他社会资本的利益，将这部分股份作为提供孵化服务的酬劳，来吸引大量社会资源参与，由特色小镇的原有参与主体和专业的孵化团队共同构建创业服务资源平台，由孵化团队中大量“有资本、有经验、有市场、有支撑”的创业导师、投资人及服务机构与创业者开展广泛的知识共享及经验交流，为创业者提供各类定制式的叠加服务，通过孵化团队专业性的指导降低创业者的试错成本，加速创业项目迭代，并通过开展一系列活动，实现资、智融合的常态化。同时还可对接投资人、创业团队和服务机构等主体之间的相互诉求，提高特色小镇运行的整体效率。

线上平台是运行机制网络化的体现，也是特色小镇创新治理路径的重要方面。当前世界正处于科技革命的浪潮中，将大数据、物联网、云计算、移动互联网等新一代的信息技术嵌入特色小镇的运行机制中，不仅顺应了信息时代的潮流，也能够促进特色小镇的高效运转。通过整合特色小镇政府、企业、投资机构等多个主题资源，搭建共享共治的云服务平台，参与特色小镇建设和治理的多个主体都包含其中。在云服务平台上，不仅可以提供全方位的政府政务服务，包括工商注册、人才认证、项目申报等，还可以集聚法务、财务、人力资源等中介资源，并为创业者、投资者等提供网上视频会议室、应用商城等软件支持。除此之外，线上平台还可以作为大数据汇集平台，汇集诸多部门的各类数据信息，建立各种功能与服务数据库，形成小镇自身运行的数据库，并通过对数据的整合、分类、分析，利用大数据技术，更好地分析公众诉求、把握舆论动向，有针对性地提供公共服务和舆论引导，将矛盾化解在萌芽状态，为特色小镇的后续建设运营和持续性发展提供支持。

第四节　特色小镇“维护期”的精准治理路径选择

在特色小镇的维护期，除了治理主体多元化、智库化，运行机制平台化、网络化，还需做到创新体系常态化、本土化，以及绩效评估精细化、国际化。多方主体的参与，在特色小镇的建设中起着举足轻重的作用，特色小镇无论处于哪一个时期，都需要各个主体的协同治理，因此，治理主体多元化、智库化应当始终贯穿特色小镇建设的全过程，让多方主体在特色小镇建设中发挥基础性作用。与此同时，平台化、网络化的运行机制在维护期依然充当特色小镇治理的重要角色，一套日趋完备的运行机制是特色小镇建设和治理不可或缺的基石，是特色小镇治理的主线，也是连接多方治理主体的桥梁和纽带。创新战略是我国发展的重要战略，也应当成为特色小镇发展的重要战略，不是做到简单的有创新就止步不前，而是要做到常态化的创新、本土化的创新，让特色小镇在以持续性创新为主要支撑，以本土产业和本土人才为创新主体，引入特色小镇外优秀产业、优秀人才、优秀的管理和经营办法到创新辅助的机制中，达到长效的发展。在当前，精细化治理活跃在政府治理的各个环节，成为越来越多部门治理的重要标准，因此，特色小镇绩效评估的环节也需要精细化治理的参与，改变之前粗放型的评估标准，使特色小镇各个环节、各个方面的评估更加严谨、科学。在精细化评估的标准之上，还应当顺应时代发展的潮流，在全球化的大背景之下，建立更为国际化的绩效评估体系，从而以国际化视野更好地治理特色小镇，促进特色小镇的国际化发展。

一、治理主体多元化、智库化

进入特色小镇建设的维护期，需要根据特色小镇前期的创建、运营情况，调整特色小镇治理主体的参与方式。在 PPP 模式建设中，特色小镇建设的维护期大致对应项目的移交期，此时 SPV 公司需将特色小镇项目的经营权和所有权交还给政府部门，并办理清算手续和资产交割，再由政府部门评估项目的经营状况和收益等，后续由政府承担特色小镇维护期的资金投入、日常维护和运营。而在普通模式中，政府在维护期依然负责特色小镇各项政策的完善，同时还负责招商引资以及公共基础设施的资金投入等，社会资本中企业负责部分资金投入、项目开发等，商业银行、信托机构以及其他金融机构则负责信用担保、融资贷款等，公众的作用依旧是为特色小镇的建设提供建议，而第三部门承担特色小镇宣传和日常维护等工作。

智库化建设方面，进入特色小镇建设的维护期，政府的决策需求发生了变化，对智库信息的需求也随之发生变化，因此政府的政策研究室需要再次了解分析政府的政策需求，重新征集智库中专家和机构的政策、选题、项目等方面的建议，需求库、信息库、专家库和成果库也要随之更新。与此同时，在维护期，还应建立健全完整的人才激励机制，从而提高智库人才的积极性，由此进一步提高政府的决策效率。

二、运行机制平台化、网络化

特色小镇建立的线上、线下平台在特色小镇建设的维护期需要进一步完善，并在相关主体间构建起分工明确、职责完善的网络结构，在提高效率的同时降低互动成本。线下平台方面，根据特色小镇在运营期方面的实际情况以及参与特色小镇建设各个主体的实际需求，对用于分享交流的公共空间可以进一步调整，将公共空间进行串联，并继续定期开展线下交流活动，对于经过前期孵化培养并取得成功的项目进行表彰，由负责项目的团队在线下交流活动中分享经验，为特色小镇后续的项目提供经验分享，并鼓励企业间知识和人才的流动，形成敢于冒险、宽容失败、开放共享的创新文化。在线上平台方面，通过大数据平台的分析，提取各个主体的共性需求，根据需求调整平台的内容和结构，并开展各项专业化、标准化服务，例如智慧政务——提供线上政务服务，智慧社区——特色小镇各个主体的交流中心，使特色小镇建设走向“智慧化”“数据化”，并最终总结出线上平台建设的经验，以供国内外其他特色小镇参考和借鉴。

三、创新体系常态化、本土化

特色小镇之所以特殊，正是因为其“特”，特不仅在于特色小镇拥有的特色产业、特殊人才，更在于其独特的创新体系，包括产业创新、组织模式创新、平台创新等，在当前创新战略成为时代主旋律的大背景之下，特色小镇自上而下系统的全方位创新顺应了时代发展的潮流。在特色小镇的维护期，创新体系的建设也不应停滞不前，为了特色小镇的精准治理，特色小镇的创新体系建设应常态化、本土化。

常态化，顾名思义，就是趋向正常的状态，“常”就是经常、习惯、要求，只有建立有效的常态化创新运行体制，特色小镇才能实现可持续长效发展。要做到创新常态化，需要特色小镇的所有治理主体都有时不我待的创新紧迫感。当前世界变化日新月异，世界每时每刻都在以无法想象的速度飞速发展，一旦稍有松懈，很容易就会被时代革新的浪潮所击败。而处于维护期的特色小镇，在经历创建期、营运期过后，许多新问题、新情况也在逐渐显现，原有的管理办法、运行机制、运作体系等都无法完全适应现有的情况，因此，需要结合实际问题和情况，时刻关注特色小镇发展的客观要求以及市场的需求，不断革新体系，做到常学常新，根据实践经验进行创新。此外，创新体系的常态化建设并非一朝一夕的工作，而是时时创新、日日创新，是在发展和进步中的创新，因此，参与创新体系建设的多方主体都应具有持之以恒的创新韧劲，要大胆探索、勇于创新，才能使特色小镇的整个体系保持动态的协调均衡发展，真正实现创新的可持续发展。特色小镇的创新体系建设离不开良好的政策环境和创新氛围，只有进行持续的制度创新，将创新体系常态化，才能推进特色小镇内在体制机制不断朝前发展。

创新体系的本土化有两方面的含义，一方面，不排斥引入外来优秀的创新产业和创新人才；另一方面，更加注重培养特色小镇的本土优势，通过特色小镇本土产业的创新、人才的培育，找准特色小镇本土的创新源泉，从而实现特色小镇内部的创新循环。特色小镇发展的最终目标是能够对外形成知识转移和溢出及新技术新产品的涌现，从而带动整个区域的产业创新。在特色小镇建设的维护期，优秀的外来产业通过知识、技术的共享，带动特色小镇本土特色产业的发展，同时特色小镇内部可以实现本土产业之间知识、信息的交换，这样可以通过吸引外部创新资源，有效地催生特色小镇本土的创新产品、创新技术，打造特色小镇独特创新优势。同时通过引入外来优秀的管理模式、体系制度等，根据特色小镇的区域特点和个性以及自身运行机制的特点，因地制宜地培育出属于特色小镇自身的创新体系。本土优秀人才是实现可持续发展和提升小镇核心竞争力的重要因素，因此在人才培育方面，应通过从引进外来人才逐渐转向培养特色小镇专属人才。从特色小镇内部层面也要加强创新体系的构建，一方面，要强化特色小镇本土居民的创新意识，借助教育培训、文化宣传等活动带动小镇居民学习创新发展理念和成功经验，激发特色小镇居民的创新活力，挖掘特色小镇居民的创新潜能，对居民们也要进行一定的物质和精神激励，从而提高居民的积极性；另一方面，加强对特色小镇政府部门人员和企业员工的培训和教育，将创新理念贯彻到政府、企业的日常工作中，营造创新的社会氛围。

四、绩效评估精细化、全球化

绩效评估体系贯穿着社会的各个层面，不论是政府部门还是企业，都依靠合理、科学的绩效评估体系，对人员的日常工作和各项事务进行评定，在对工作人员起到一定激励作用的同时，还可以提高社会各部门运行的效率，因此，在特色小镇的运行过程中也应当有一套完备的绩效评估体系发挥作用。我国的特色小镇作为“小”而“特”的区域精英，融合了生产、生活和生态，特色小镇的建设和发展更好地顺应了当前城市群建设和城镇化建设协同开展的潮流，不仅有助于实施乡村振兴战略，更有利于新型城镇化的发展。因此，对特色小镇各方面的建设建立一套科学、严格的评估标准和评估体系是十分有意义的。对特色小镇的绩效评估贯穿了小镇建设的全过程，是动态的、有序的，而在特色小镇治理的维护期，绩效评估体系应该更加完善，为此，对特色小镇的绩效评估应当做到精细化、全球化，不仅指标要细化，更要追随国际潮流，向国际水平趋于一致。

特色小镇作为城市中的区域精英，将引领城市更大范围的精工细作、升级换代，因此，对特色小镇的绩效评估应当做到精细化，并且要对特色小镇进行充分的调查研究后，再设定合理、科学、全面的绩效评估指标，创建多维度的动态化弹性评价指标体系。首先，每个特色小镇都有其独特的优势和特色，因此不能以一套绩效评估体系评估所有的特色小镇，对于不同类型的特色小镇，要因地制宜，依据其特色，设定与之相对应的绩效考核体系。与此同时，应当根据特色小镇的总项目和子项目设立不同的考核指标，针对不同的产业类别和项目类别，采用不同的方法进行监督考察，并采取不同的绩效评估体系。评估中也不能忽视对政府部门的绩效评估，不仅包括对政府日常工作的评估，还应包括由政府主要负责的特色小镇各个基础设施建设的评估。其次，在特色小镇的评估体系中，要同时兼顾定性和定量两个方面，将二者有机结合，针对各项指标的特点要设置合适的权重，从而使评估体系更加合理、科学。最后，从本质上看，特色小镇主要还是为社会公众服务的，因此，在建立绩效评估体系时，要将社会公众的满意度作为根本的衡量标准，在这一基础之上还要融合多元主体的诉求，覆盖特色小镇建设和治理的所有参与主体，提高绩效评估体系的精准度，发挥绩效评估在社会精准治理、精细治理方面的作用。为了使绩效评估更加科学化，还可以增加公民评估的方式或是引入第三方机构参与到评估中。除此之外，由于特色小镇的治理是基于“全周期管理”的视角，绩效评估体系更是一个全过程管理的动态评估体系，因此对评估指标的选取要依据特色小镇建设进程的推进进行一定的调整，做到边评估边总结、边修改边完善，不断优化和持续改进特色小镇的绩效评估体系。最后，在完成绩效评估后，应当正确运用评估考核的结果，充分发挥考核机制的作用，通过建立一定的约束和激励机制，将绩效评估的结果、等级等体现在特色小镇精准治理的项目规划、人员考核、机构设置等方面，从而更好地推动特色小镇治理各个环节的精细化和各种要素的均衡化。

当前全球化进程不断推进，国际化水平越来越成为挑战和影响各个特色小镇建设的重要因素，在全球化的背景之下，特色小镇也应当顺应时代潮流，建设合理的国际化绩效评估体系来适应环境的巨大变化。首先，通过与国际上通用的绩效评估体系对比，找出特色小镇当前绩效评估体系的不足之处，了解特色小镇当前国际化的状态、所处阶段，积极借鉴国外、国际上的优秀经验，对评估体系加以调整。其次，特色小镇内部的政府工作、企业经营等方面，也应当与国际接轨，如决策方式、人才培养方式等，要以动态的、发展的眼光审视政府和企业经营管理的各个方面，从而更好地制定出具有国际化视野的绩效评估体系。最后，通过构建国际化的绩效评估体系，明确特色小镇建设的国际化目标，以评估体系更好地指导特色小镇的国际化建设，提高特色小镇的国际化、全球化水平，从而使特色小镇上的工作和生活品质达到和世界发达一流城市相媲美的水平。

第五节　本章小结

在特色小镇的建设过程中出现了同质化、形式化等问题，为了解决这些问题，本章基于全周期管理的视角，提出了特色小镇创建期、营运期和维护期的精准治理路径。

在特色小镇的创建期，需要治理主体多元化、智库化。在治理主体多元化方面，通过政府、社会资本的公众的协同合作对特色小镇进行建设和管理。政府主要负责制定相关的扶持政策、统筹规划特色小镇的整体建设，也可以通过PPP模式和社会资本以公私合营的方式对特色小镇进行建设；社会资本包括国有企业、私营企业、银行以及其他金融机构，企业负责提供资金，在PPP模式中还需负责特色小镇后续的运营和管理，银行或其他金融机构可以提供资金贷款、信用担保或是投入资金成为权益人；公众包括特色小镇当地的居民、特色小镇项目的消费者、关注特色小镇建设的普通群众以及项目相关的其他团体，负责以各自的角度为特色小镇建设建言献策。在治理主体智库化方面，需要建立政府政策研究室、建立智库联盟，同时要重点建设社科院智库、高校智库、党政部门智库、民间智库，并制定一系列相关的政策来引进人才。

在特色小镇的营运期，不仅需要治理主体多元化、智库化，还需要运行机制平台化、网络化。一方面政府、社会资本、公众和智库需要继续各司其职发挥各自的作用，并加强联系协同治理特色小镇，其中企业代替政府成为特色小镇建设的主导者；另一方面要借助打造线上和线下平台实现运行机制的平台化、网络化，为小镇的多元主体提供交流的空间，提高主体之间相互的熟知度，提升对特色小镇建设和治理各方面的能力。

在特色小镇的维护期，同时需要治理主体多元化和智库化、运行机制平台化和网络化、创新体系常态化和本土化以及绩效评估精细化和全球化。在治理主体多元化、智库化方面，PPP模式中经营权和管理权移交给了政府，而在普通模式中各个主体的作用与营运期都一致；在运行机制平台化、网络化方面，需要完善线上和线下平台，在相关主体间构建起分工明确、职责完善的网络结构，提高效率的同时降低互动成本；在创新体系常态化、本土化方面，创新体系常态化要求多方主体有持之以恒的创新韧劲，并结合实际情况和市场需求进行持续和制度创新，创新体系本土化则要求在引入外来创新产业和优秀人才的同时注重本土产业的创新和本土人才的培养；在绩效评估精细化、全球化方面，不仅要在对特色小镇进行充分的调查研究后设定合理、科学、全面的绩效指标，创建多维度的动态化弹性评价指标体系，还要通过积极借鉴国际上优秀经验，建设合理的国际化绩效评估体系，以国际化视野审查特色小镇内部的政府工作、企业经营等方面。

第十一章　中国特色小镇持续性发展政策支撑体系研究

2015 年 4 月 22 日，《浙江省人民政府关于加快特色小镇规划建设的指导意见》提出，力争通过 3 年的培育，规划建设一批产业特色明显、体制机制灵活、人文气息浓厚、生态环境优美、多种功能叠加的特色小镇。此后，以浙江杭州为发源地，特色小镇建设开始逐步向全国范围辐射，从试点、推广到规范化，特色小镇的建设离不开政策的支持。但在全国特色小镇的建设过程中，部分特色小镇的发展陷入了困境，为解决中国特色小镇在建设过程中出现的一系列问题，实现特色小镇的持续性发展，需要探索建立并不断完善特色小镇的政策支撑体系。

针对特色小镇不同发展阶段的目标和关键问题，制定符合特色小镇发展需要的三维动态政策体系。特色小镇不同发展阶段的特征不同，不同区域特色小镇的空间分布方式和特色产业也各有差异，因此应分别以时间、空间和产业为维度，为处于不同发展阶段的特色小镇提供不同的支持措施，促进不同区域特色小镇选择有效的空间分布方式，并强化产业特色与集聚能力，构造包含“时间 + 空间”“时间 + 产业”“空间 + 产业”三个支持平面在内的政策体系，综合运用政府、市场和社会力量来促进特色小镇持续性发展。

第一节　“时间 + 空间”支撑体系

“时间 + 空间”支撑体系是指对特色小镇不同发展阶段制定相对应的空间对策。特色小镇的不同发展阶段特征各不相同，应当根据其每一阶段的特点，选择与之相对应的空间布局方式。将特色小镇的发展分为三个阶段，分别为创建期、运营期和维护期，并基于全过程进行政策支撑体系设计。

一、创建期：顺应区域需求规划布局

特色小镇的建设周期漫长，难度大，在特色小镇的创建期，就需要做出长远的规划和设计。首先需要做好特色小镇的选址和规划工作，特色小镇与周边区域的正向关系是特色小镇可持续发展的基本前提，只有因地制宜地结合当地的发展要素，顺应区域的需求来确定特色小镇的布局，才能最大限度地整合当地资源，发挥当地的区位优势。在特色小镇的创建期，政府应依照不同区域特色要素禀赋对小镇的功能定位、产业结构、融资模式等进行统筹布局。一些特色小镇发展限入瓶颈是由于在建镇之初就对自身建设定位错误，或盲目照搬其他小镇的发展模式，或一味囿于“靠山吃山，靠水吃水”的传统思维，忽略了自身独特空间定位，导致最终“千镇一面”“造城基建”的现象层出不穷。因此，发展特色小镇首先要做好建设规划，在规划原则、建设要求、入选程序、筛选过程、扶持政策等方面为“千镇千面”发展格局打好基础。

（一）合理利用土地政策，避免土地盲目开发

特色小镇的建设开发和合理布局首先离不开良好的土地政策，特色小镇的城乡融合发展过程中，需要解决城乡土地资源的优化配置问题。在特色小镇的建设初期可以通过城乡土地要素资源的市场化配置，改善用地空间结构，优化土地资源配置。特色小镇之“特”一定程度上体现在其土地综合开发模式能够符合自身资源环境优势。对于特色小镇的土地开发，首先，需要明确土地产权。特色小镇主要包括建制镇和一部分城市中的规划区，而其中大部分特色小镇都是由多个村庄组成的建制镇，在特色小镇的建设伊始，需要全面推行农村不动产登记，提高征地程序和征地模式的科学性和公平性，确保土地使用权移交的公开透明性，从而解决农村土地征收的群体性矛盾，提高土地征收执行效率。其次，在土地一级开发方面可以采取 BT（建设—移交）模式，即政府与市场进行合作，由土地储备机构通过合同出租、竞争招标等方式，对土地一级开发进行合同外包化，政府对土地市场采用放松管制的土地政策。此外，应当根据特色小镇所在区域的特点、优势和资源基础进行土地开发，迎合当地市场需求来确定小镇的规划主题和规划目标，避免出现由于土地的过度开发和盲目开发而导致的土地资源浪费，实现土地开发利用的合理化。

（二）发挥财政积极作用，支撑特色小镇发展

在特色小镇的创建期，政府是特色小镇建设的主导力量，政府的财政政策

是特色小镇建设开发的重要支撑。政府的财政政策主要作用在以下两个方面：第一，政府的财税政策在特色小镇所处区域的土地开发中发挥主要作用。在土地一级开发方面，以BT模式进行开发的方式中，政府通过财政拨款，以财政补贴的方式，对参与合同外包的企业进行财政支持。除了BT模式外，还有土地资源补偿模式，由土地储备机构通过委托或招标等方式确定具备相应资质的企业，负责拟实施整理区域的基础设施建设等工作，完成后并以一定面积的土地作为企业实施土地开发对价。在这种模式中，政府以土地资源作为补贴，对参与特色小镇建设的企业进行补偿。除了对外包企业的财政补贴外，对于被征收土地的农民也应当进行补偿，通过建立补偿款专款专用制度和征地补偿仲裁体制，保障农民的基本利益，为农民维护自身权益提供有效的途径。第二，在特色小镇的空间规划方面也需要政府的财政支出。在特色小镇建设初期，小镇的各项公共基础设施都需要政府的财政投入。而在小镇的其他项目建设和规划方面，无论是政府自主规划，还是通过PPP模式和企业进行合作，政府的财政支出都必不可少，因此可以通过建立特色小镇专项基金作为特色小镇的建设资金保障之一，提高对特色小镇的资金增量和财政扶持。

（三）招引优秀人才建镇，杜绝“外行”大展拳脚

人才支持是特色小镇建设的保障，这就需要吸引以“大学生村官”等为代表的高等教育人才回镇、来镇工作。政府要以“人才建镇”为发展理念，重视引才、用才、留才，为特色小镇建设提供人才支撑和智力保障。

一要健全完善人才“引进、培养、启用、安置”的全套人才流动机制，完善人才队伍建设档案，做到“围绕产业引人才、围绕特色用人才、围绕服务留人才”。首先，政府应设立小镇人才办，前往高等院校、科研院所等地开展人才招聘专场活动，通过税收优惠、优先落户、人才奖励等激励措施吸引人才入驻；其次，鼓励小镇结合具体实际探索新的人才激励机制，根据人才个人能力和意愿，设立合适的岗位与奖惩制度。以人才带项目，以项目用人才，使人才在自身合适的岗位上效用最大化。引进人才是第一步，更重要的是留住人才。环境好则人才聚，事业兴，通过加大优质公共服务的供给吸引高端人才落户小镇，推动公共服务从按行政等级配置转向按常住人口规模配置，宜居宜业才能创新创业。

二要对现有人才进行持续培育，首先从小镇政府队伍开始，对其下发关于特色小镇整体建设的政策文件以供学习，从而培育一批具有先进思想与实干精

神的领头人；其次对于小镇中支柱行业的建设者，一方面应以政府牵头、企业响应，聘请专家学者来镇授课，培养现有人才与小镇支柱产业的契合度，致力于提升人才队伍的创新意识、专业知识和工作能力；另一方面组织人才队伍前往优秀小镇、带头企业考察学习，吸收优秀经验，重点关注创业人才创业方法与技能培养。

（四）发挥小镇区位优势，优化国土空间布局

城市空间规划政策是特色小镇创建期建设开发的基石。空间规划体系在我国分为国家、省、市县三个层面，对于特色小镇的空间规划主要在市县层面。在特色小镇的建设初期，应当凸显小镇的自身特色，发挥其资源和区位优势，在对特色小镇进行开发建设的过程中，不能破坏原有的自然地貌和传统空间格局，要根据小镇原有的地理特点进行国土空间的布局。对特色小镇的空间规划还要兼顾全局性和局部性，既要依托国家和省级的空间规划体系，建立小镇的整体规划管理机制，又要按照“先主后次、从上而下”的原则，严格管控规划编制和修编，建立发展改革、国土资源、住房城乡建设、环境保护、水利、交通运输等部门参与的工作协调机制。

二、运营期：基于多方参与调整完善布局

通过初期的规划和开发，特色小镇的建设有了粗略的发展雏形。但是在小镇的初步建设阶段，政策支撑体系尚未完善，需要根据小镇在营运阶段的特点通过多方参与对小镇的空间布局进行进一步的调整和完善。特色小镇从无到有的过程，除了厘清自身特点，初始建设的定位要准，更离不开运营期的可持续发展，这需要政府、市场和社会力量同时下大力气运营。一方面，政府要加强监管、严格审查，正确引导特色小镇的开发；另一方面，特色小镇运营要顺应市场需求，充分发挥政府搭建发展平台、提供公共服务等方面的作用，按照政府引导、企业主体、市场化运作的原则，放宽政府要求，放手市场经营；此外，社会资本力量的引入更为重要，通过政策引导各金融机构成为运营方，杠杆经营的压力避免了“资金充足下的建设不足”。

（一）持续完善土地政策，科学规范土地流转

在土地政策方面，通过设立土地流转服务中心，承办土地承包经营权流转等土地开发经营，按照土地登记进行股份分配和按照收益制定公平机制，使土

地的流转科学化、规范化。在土地保障方面，要盘活存量用地，鼓励充分利用增减挂钩、低效用地、低丘缓坡、农村集体建设用地和宅基地入市等方式盘活存量建设用地资源。政府在土地总量平衡的情况下，给予特色小镇建设重点支持和政策倾斜，并与农业转移人口数量挂钩。

（二）调整完善空间布局，实现城乡融合发展

在特色小镇的运营期，要不断梳理和完善各类空间规划内容结构。特色小镇作为城乡融合的重要实践，在空间布局上要充分考虑城市与乡村两个层面。一方面，要发挥城市的带动和引领作用，强化都市圈中心城市对乡村的辐射作用；另一方面，对农村的规划布局进行合理安排，保障农村农业的发展空间，统筹农村农业和工业用地，同时注重农村生产、生活和生态的有机融合。基于特色小镇的国土空间规划下的城乡融合发展并不以消灭城乡之间的差别为目的，而是借助特色小镇这一融合点，在保留城乡各自特色的基础上，实现城市与乡村空间之间的相互渗透和要素的自由流动，形成空间联系密切、功能相互配合，利益共生、开放包容的城乡复合系统。

在社会管理政策方面，对于特色小镇的空间规划可以应用大数据和智慧城市技术提高空间规划的效率。在大数据分析的基础上，运用智慧城市技术对小镇在创建期的规划进行检验，同时根据特色小镇在运营期的发展特点和实际情况对特色小镇运营期空间布局进行一定调整，并合理规划和分配相关资源，实现科学和规划的有效结合。

（三）多元主体共同参与，重视持续运营管镇

审查特色小镇运营的好不好，不看工作报告，关键要看市场效果。政府在运营中只起到引导作用，应做好“放、管、服”的角色，在设施配套，制度供给，公共服务上发力；投资主体企业是特色小镇建设的主力军，在建设中发挥主体性作用，应确保投资稳定。

特色小镇的建设和运营需要多方参与，因此政府可采取以地入股、以资源入股等方式和外来企业合资建立联合开发公司，来负责特色小镇的运营和建设，并激励社会资本进入基础设施、公共服务、主导产业和环境治理等领域，参与特色小镇建设和营运。对于由社会资本参与的模式中，政府需要在金融、财税、土地等方面给予政策上的支持。在金融政策方面，政府可以通过银行为参与建设的企业予以低息、贴息贷款。在财政政策方面，对企业进行财政支出

补贴。与此同时，建立健全的法律体系，加快相关模式的立法进度，为政企合作提供法律支持。

政府的财政政策除了针对特色小镇企业的补贴外，在特色小镇的配套功能设施方面也有所体现。特色小镇的发展离不开便捷的交通网络，对于处于城市边缘、交通不便利的特色小镇更是如此。政府应当加大在交通设施层面的财政投入，加强特色小镇与交通干线、中心城市的连接，完善铁路、公路等立体交通网络，建设交通延长线，从而实现特色小镇与周边区域的互联互通，聚集更多的人流和物流。我国存在空间供给与需求不平衡的问题，体现在特色小镇方面的突出层面就是公共服务的不均衡。镇级单元普遍存在设施老化、覆盖不足、人才流失和资金匮乏的现象，形成阻碍发展的短板，公共服务设施供给与中心城区差距较大，因此政府的财政政策在特色小镇的公共设施建设方面需要持续发力。

除了引导大中型企业牵头打造特色小镇外，政府也应当鼓励高校、科研院所、金融机构等市场主体为特色小镇发展建言献策。首先，在特色小镇中开展“政、校、企合作”的模式，创新校企协同，完善产教融合，建立校企联合培养机制，完善知识产权保护机制，打造优秀人才创新机制。一方面，有利于高校培养学生的实践能力和创新能力；另一方面，企业所吸收的新鲜血液对其持续创新特色小镇管理具有重要意义。其次，通过特色小镇产业发展的辐射效应，持续吸引更多专业第三方机构，包括评估、审计、咨询等，使之成为特色小镇治理良性共生和可持续发展业态加速成长的催化剂和助推剂。再次，加强与地方政策性银行的合作，设立小镇运营专属基金，探索投融资改革机制，建立项目与资金相匹配模式，打造最适合特色小镇的资金供需链。

三、维护期：基于生态理念优化布局

特色小镇经过创建期和运营期之后，总体的空间布局不断调整和完善，在特色小镇的维护期，政策支撑体系需要进入常态的运行阶段，各项政策应合理嵌入小镇的国土空间格局的规划中，顺应小镇的资源空间布局，对于小镇在维护期的空间布局，要着力贯彻落实绿色发展理念，基于可持续发展的生态理念优化布局。

（一）合理优化小镇布局，生态政策保驾护航

特色小镇经过创建期和运营期的建设和开发，生态环境不可避免地会遭受

一定破坏，在特色小镇的维护期，应当对特色小镇的空间布局进行优化，通过生态政策对特色小镇的环境进行一定的治理，把生态资源转变成生态资本，把生态资本转变成生态财富。对特色小镇空间的治理，一方面，要尊重自然规律，在开展资源环境承载力评价基础上，结合特色小镇前期的规划和开发，精准确定城镇、农业、生态三类空间范围，强化对生态保护红线、永久基本农田、城镇开发边界“三条控制线”的国土开发管控；另一方面，开展生态环境修复工作，坚持以自然恢复为主、人工修复为辅的修复原则，以系统性、科学性和整体性指导特色小镇的生态修复工作，实行整体保护、系统修复、综合治理。

在特色小镇常态的维护期，还应当利用区域协调政策优化小镇的布局。特色小镇的区域协调政策主要集中在特色小镇与所在区域的协调，具体而言，协调机制要从特色小镇与其所处区域的城市群和中心城市以及其他功能区的协调关系展开。在特色小镇与中心城区和城市群的协调发展层面，随着特色小镇此前发展中交通运输、产业转移和要素流动的不断增强，要进一步发挥城镇轴带之间的联动作用，保证特色小镇与城市之间的人流、物流、信息流的畅通。而在特色小镇与城市其他功能区之间的协调关系层面，则要注重城市各个功能区空间功能的充分协调，在发挥城市主体功能区引领作用的基础上，实现特色小镇与其他功能区多方位、多领域、多层次的耦合互动效应。

（二）财政政策持续发力，规划政策提档升级

在生态环境治理工作方面，政府的财政政策发挥着积极有效的作用。首先，加大对公共基础设施的投入，构建绿色、集约、高效的公共基础设施，并对特色小镇产生的污染物达标排放或合理利用，以持续改善、保护特色小镇的生态环境质量。其次，提高对创新的投入，在小镇推广节能、节材、节水、节地技术。最后，通过特色小镇总体建筑设施的节能化、低碳化和绿色化，实现小镇的环境绿色化和生活绿色化。

在特色小镇的规划政策方面要实施提档升级，将重点从物质空间向柔性环境过渡，提升特色小镇的空间利用效能和运营策划水平。经过前期的实施，在维护期应当结合特色小镇的创新活动、人才引入、空间利用等具体情况对特色小镇的空间布局进行实时评估和动态调整，避免出现闲置浪费的空间，提高特色小镇的空间使用效率。

（三）建立考评机制护镇，实现小镇长效发展

从行政建设上讲，特色小镇“非区非镇”的尴尬特性对主体传统的政绩

考核帮助不大，因此，一些政府在推动力度和扶持状态上属于“边走边看”的状态，运营良好就继续原有模式；创新力度不够，运营较差就放任自流，甚至为了运营收入等考评指标，任由其发展为以利润为重的房地产模式。此外，作为新型城镇化战略实践的排头兵，特色小镇考核标准的完善还有利于城乡统筹、产业互动，也有利于更好地实践生态理念，从而进一步优化特色小镇的布局。

现有一些考核制度主要将投资额度、建设进度、规模、招商引资数量、运营利润等作为主要指标，过于强调“收入”等硬实力指标，体系不健全，笼统冒进，尤其忽略了对“产、城、人、文”融合发展的软实力考核。特色小镇的维护关键在于受益而不是评选，是否在建设运营过程中注重未来可持续，是否在维护期切实保证小镇居民受益，应作为重要考核内容。此外，还要将考评和监管相分离，适当引入第三方机构、特色小镇居民代表等进行独立考核，确保考核的公正合理。对于考核结果，应该辩证看待，对于先进不急于肯定，要对其多期的持续实力进行评判；对于后进也不一味进行否定整改，而是精准分析，对症下药，等待厚积薄发。

具体而言，由于特色小镇着重强调产业集聚效应，因此在选择和分析考评指标时，应该满足城镇化过程中对于生态环境、社会稳定、产业结构的综合要求。首先，特色小镇开发期间会大兴土木，产生大量的建筑垃圾，因此，将空气质量改善率、区域水体水质情况纳入考评体系，体现了特色小镇可持续发展的指导思想，也与国家倡导的“绿水青山就是金山银山”整体思想相符；其次，特色小镇的建立最终仍旧回归到居民本身受益程度，受居民稳定的收入、完善的社会服务体系、安置房入住率等因素影响；再次，特色小镇作为以文化立镇的践行者，对于当地历史人文的传承情况也将被纳入考评体系；最后，以产业发展是否良好为代表的经济指标也同样重要，第一，特色小镇建成后对于集聚产业的发展情况，以产业税收的多寡进行评判。第二，后期产业整体的辐射效应是否明显，以周边产业就业岗位是否增长进行评判。

第二节　“时间+产业”支撑体系

“时间+产业”支撑体系是指同时考虑特色小镇的不同发展阶段和所发展的不同特色产业来制定对策。针对特色小镇不同时期的发展特点实施有针对性的产业政策，能够更好地规划特色小镇的产业发展、推动特色小镇的产业布局优化，进而实现特色小镇的可持续性发展。

一、创建期：发挥区域优势打造特色产业

产业是支撑特色小镇发展的源泉，因此在特色小镇的创建期，对于特色小镇的产业规划是重中之重。针对特色小镇产业的发展规划，需要多个政策的协同作用。

（一）聚力主导产业创镇，“两新一重”筑牢根基

在产业发展规划政策方面，特色小镇美在特色、贵在特色、难在特色，因此，建设特色小镇，核心在于突出特色。首先，特色小镇的特色要立足于各地区的资源禀赋和发展基础，而不能凭主观臆想、脱离地方实际，因地制宜地将特色小镇的资源和区位优势转化为产业优势，避免“千镇一面”，做到以产立镇、以产带镇、以产兴镇，实现产镇统筹和协调发展，完善从特色小镇资源到特色小镇产业、特色小镇产业到特色小镇经济、特色小镇经济到特色小镇发展的长效发展框架。其次，在产业规划阶段，特色小镇要基于根植性设计产业发展蓝图，即充分利用本地的资源、人文、历史、经济特点，形成本地根植性的特色产业，如基于自然资源、地理因素、文化传统、历史要素等优势培育特色产业。防止重复建设、低效建设，依托要素禀赋，发挥比较优势并进行专业化运营。再次，培育龙头企业，发挥带头效应，以优良企业的发展模式辐射周边产业，“先富带后富”，最终由一至众，龙头企业发展成“龙头产业”。

同时，政府部门要准确把握特色小镇的内涵和发展理念，将特色小镇的先进理念和精神实质与当地的经济发展阶段特征和产业基础相结合，避免盲目跟风，从而导致虚假小镇、问题小镇的出现。能够成为特色小镇发展优势的特色产业需要具备两个能力，其一，内源性竞争力，即前述的特色小镇本身具有的特色所含的内生力和吸引力；其二，成长性发展潜力，即特色小镇所具备的资源优势需要拥有一定的成长性和发展潜力。

除此之外，特色小镇建设规划要与乡村振兴结合起来，与重大项目建设结合起来，更重要的是与产业发展结合起来。纵观建设走在全国前列的特色小镇，其共同点都是牵住了产业发展这个牛鼻子，只有做大做强特色小镇的支柱产业，特色小镇的建设才能欣欣向荣。确定特色小镇主导产业时，要杜绝政府“拍脑袋”敲定的决策方式，通过专业团队进行实地调研，为产业发展提供科

学指南。产业定位要按照“原有产业＋产业资源、文化资源、自然资源＋发展目标＋社会需求”的原则确定，不求“大而全”，力求“特而精”，以“人无我有，人有我优，人优我特”为产业定位目标，进行合理规划布局。

李克强总理在2020年的政府工作报告中首次提出了“两新一重”建设模式，即新型基础设施、新型城镇化，以及交通、水利等重大工程。将这一模式运用在特色小镇的初期建设中，既有利于引进融资调整结构，打牢特色小镇基础设施建设，为主导产业提供外围帮助；又有利于惠保民生，为特色小镇初创人才提供一颗定心丸。此外，在主导产业的选择中要发挥创新思维，在现有条件最大化的背景下，把产业发展重心放在电子商务、新型养老、科技制造等新经济、新形态、新产业培育上，做到线上与线下相结合、实体和虚拟相结合、内贸与外贸相结合、创业和创新相结合，把特色小镇建成一、二、三产业深度融合发展的集合体，实现“借资发力、借智发展、借才发扬”。

（二）资金政策协同发力，充分发挥政府职能

特色小镇的产业培育和发展离不开资金的支持，在创建期，政府的财政政策是支撑特色小镇产业构建的主要资金来源。在前期，政府的财政资金主要运用于特色小镇产业的引导和培育，包括项目基础设施建设、民生工程、企业培育，等等。与此同时，金融部门可以牵头当地银行，对特色小镇的项目建设提供一定的信贷资金支持，弥补政府财政资金的缺口。为了促进特色小镇产业建设参与主体的多元化，还可以通过政府财政补贴等优惠政策吸引社会资本的加入，推动特色小镇的市场化运作。

在公共政策方面，要实行“宽进严定”的标准。一方面，要以特色产业为支撑，建立发展足够多的特色小镇作为拉动区域经济发展的动力和引擎，积极推进小镇的重点产业项目落地；另一方面，要对特色小镇的产业建设开发建立严格的标准，奠定特色小镇高质量发展的基调。对特色小镇的土地利用、房地产开发都要偏向特色小镇的特色产业，以产业的项目为主，防止小镇变成地区房地产投资的工具，最终沦为一座空城。对产业的开发建设建立全方位监控体系，并制定一定的评估标准，严格把控产业项目的实施。

（三）加强文化发掘兴镇，产城人文有机融合

文化内涵就像是特色小镇的“金名片”，是特色小镇区别于其他小镇的重要因素，也是特色小镇的灵魂所在，文化要素能够提升特色小镇特色产业发展

的原动力，也正是文化特色赋予了特色小镇的产业特色、生态特色、功能特色，因此，特色小镇的建设要格外注重文化积淀。特色小镇的根基在于它本身独具一格的历史文化沉淀，换言之，是以特色小镇的文化名牌带动提升特色小镇的辨识度。因此，在追寻特色小镇商业发展的同时，也应注重其文化发展，将无形的文化与有形的商业结合起来，使历史文化与特色小镇产业融合形成特色文旅产品，加强特色小镇古迹、文化创意、特色产业之间的互动，这既包括对已消失却仍留有社会影响文化的发掘，又包括对现有如非物质文化遗产等深层次文化价值的探究与传承。但一些地区将现有的特色小镇当作“小城镇”建设，过分强调商业化，将特色小镇等同于旅游景区，只注重了单一平面形象而未将文化、产业、人文有机结合起来，并未形成丰满的“城”。

在特色小镇的产业建设过程中，要注重挖掘特色小镇的历史传统、风俗文化等，作为特色小镇的文化底蕴，以文化认同为桥梁，将文化印记、历史传承、人文关怀与现代演绎融入特色小镇的培育过程，既立足乡土，发挥当地传统文化优势，又要与时俱进将地方文化特色与当代文化相结合，并通过将文化基因与特色小镇的旅游、产业发展等深度融合，成为推动特色小镇产业经济发展的新增长极。文化传统不可复制，在进行文化承继的过程中，要保护好当地的传统文脉，防止文化传统的流失。特色小镇的振兴离不开本土文化，本土文化是特色小镇的建设基础，如何寻找地域文化和现代社会的契合点，如何结合特色小镇的空间特点与本土资源，设计出独特的商业产品，并将“文化产品化”，使其受到大众的喜爱，是文化发掘的重中之重。特色小镇应坚持以本土文化为主导，以差异性地域文化为辅助的思路，抵制基于营销而破坏文化传承的行为。梳理当地历史文化发展脉络，挖掘提炼出独一无二的文化基因，打造将虚拟文化与产品品牌相结合的特色产业。

诚然，特色小镇的发展离不开产业的支撑，文化是产业发展的灵魂支撑，产业会兴替，文化则会一直流传。例如中国药材之乡——磐安，作为江南药镇，其以中药材文化立镇，以药材加工为龙头产业，全面建成以“药材天地”“医疗高地”“养生福地”“旅游胜地”为代表的综合产业体系。具体而言，药材种植销售深加工离不开中药文化的传承发展，养生医疗是传统中医文化与现代养生理念的融合，文化旅游是“炼火”“龙虎大旗”“先锋”“大祭马”等磐安特色文化的展示和传承。一个中药材文化承载了小镇的产业融合功能、产业延伸功能，体现出文化兴镇的必要性。

（四）融入旅游元素筑镇，多元经济欣欣向荣

虽然各个特色小镇在建镇初期所确定的发展目标、核心产业、运营模式各不相同，但从一些典型特色小镇运营后期的经验来看，除了打造城市产业升级新支点、搭建城乡产业协同发展平台之外，融入旅游元素、实现多元经济将成为每个特色小镇成功背后的必要考量。除了建设宜业宜居的特色小镇外，将宜游列入特色小镇后期的新支点，无论是将传统的制造业与旅游结合，还是将创新创业相结合，均能打造出立体多元的可持续发展经济框架。

旅游元素也是特色小镇发展的一大发力点，在融入旅游元素时，要注意因地制宜、分步发展，防止急功冒进，建成“空中楼阁”与小镇支柱产业脱节。具体可分为两种情况，首先，对于依托自然资源成立的特色小镇，其支柱产业多数与现有资源的再加工相关，可以将部分加工流程打造成一张旅游名片，尤其对于一些手工非物质文化遗产的传承，将文化与工艺完美融合。此外，还可以将部分成品集中展示，聚焦“产品博物馆”“产品特色街”“产品节”，将文化宣传与产品推广结合起来，创造“1 +1 >2”的价值。其次，对于一些传统制造业转型升级的特色小镇，缺乏依靠自然资源的条件，可以从支柱产业入手，衍生出适合游客观赏、体验的人文旅游景点。例如，黑龙江省大庆市萨尔图区赛车特色小镇是以传统汽车行业为核心建立而成，其根据现有的支柱产业衍生出以赛车为主要旅游项目的首个赛车主题特色项目。围绕建设国家级赛车基地、国家级赛手培训基地、房车宿营地，培育以赛车运动为引擎的特色旅游项目，同时也侧面为汽车产业添砖加瓦。而建镇时便以旅游产业为主导的特色小镇也不应固守山水景色，一味挖掘自然旅游产业，而应立足于现有游客需求，对于国家建设“体育休闲类”特色小镇的号召积极响应，打造综合运动竞技产业、探险拓展产业、VR 游戏产业、健身健美产业、养生保健产业于一体的多类型旅游产业协同发展。

二、运营期：利用创新要素推动产业升级

特色小镇产业的发展不能一直延续创建期的模式，而需要根据特色小镇在运营期的发展特点进行调整。在运营期，需要利用创新要素推动产业升级，而创新要素体现在产业相关的各个层面，包括人才、资金、文化、技术等方面。单一的发展模式无法维系特色小镇的发展，在运营期还需对特色小镇的产业结构进行进一步的调整。

（一）聚焦创新人才要素，促进产业高效发展

人是特色小镇建设的出发点和归宿，也是特色小镇建设的核心力量，是推动特色小镇创新发展的一大要素，通过人才政策对小镇建设提供人才保障。一方面，要通过优先落户的户籍政策、税收优惠、人才奖励等措施，吸引人才入驻特色小镇。具体而言，可以通过放宽落户条件激励各类人才定居小镇。另一方面，需要完善社会服务体系，提高公共服务供给质量，从而提高小镇居民的生活品质以吸引高端人才落户。在社会公共服务方面，首先，需要健全社会保障制度，使居民生活有保障；其次，要大力发展医疗、教育等社会事业，社会事业的建设能有效提高小镇的社会服务水平；最后，要加强特色小镇的基础设施建设，进一步完善小镇的城市功能。鼓励企业及高校、科研院所、社会组织等市场主体参与特色小镇投资建设运营，为特色小镇建设输送人才，发挥人才在城镇建设中的重要作用。

（二）引导资本参与筑镇，扩充资金来源渠道

资金是特色小镇产业发展的基石，金融支持政策是特色小镇建设的重要推手，影响特色小镇产业发展的质量和可持续性。一方面，可以通过政府的财政资金撬动社会资金，以 PPP 模式进行政企合作，引入大型企业参与投资，引导社会资本广泛参与，并鼓励各大银行加大对特色小镇的支持力度。要明确企业的主体地位，提高特色小镇建设和运营的市场化程度，引导企业有效投资、对标一流、扩大高端供给，激发人们消费需求。另一方面，鼓励有条件的特色小镇通过发行债券等多种方式拓宽融资渠道，银行方面则在设立基金、发行债券等方面提供财务顾问的服务。

（三）根植特色文化内涵，助推多元产业发展

在运营期要进一步注重文化要素的发展，通过将文化内涵植根到特色小镇的产业发展中，打造出有内涵、有吸引力、可持续发展的特色文化品牌，形成特色小镇独有的文化产业，顺应文化元素融入产业发展全过程并孕育新业态的客观趋势。例如诸暨袜业小镇，通过袜艺文化体验馆展示古今中外袜子的演变过程，形成古老传统文化与现代时尚的多维度对比，既提升了小镇的文化品位，又刺激了消费需求，使文化和产业有机融合，创造出了真正的文化附加值。

创新体现在技术层面，是产业转型升级的重要驱动力。一方面，应营造和

培育特色小镇创新创业文化，大力弘扬追求精致、卓越的工匠精神，激发特色小镇人员的创新活力，从而推动特色小镇产业的技术创新；另一方面，科技水平的发展孕育出新产业、新业态、新模式，要将先进的现代科学技术植入特色小镇的产业中，促进特色小镇现存企业的技术创新，提升产业效能，同时凭借小镇的要素成本优势和优惠的政策吸引高新技术企业入驻。

随着科技的发展，单一的产业发展模式无法满足特色小镇的发展需求，因此，在特色小镇的运营期，需要对产业结构进行一定的调整，推动产业的融合发展。在产业结构上，要以原有的特色产业为支撑，通过前期集中发展特色产业，形成产业集聚，进一步推动特色小镇的延展以支撑产业的发展，如金融、保险、法律等配套服务业，发挥集聚优势，形成规模效应，做到“以产立镇、以产带镇、以产兴镇”。除此之外，促进传统产业与新型产业互相衔接，避免低效能产业与低就业产业的两级风险。特色小镇的产业结构要以双产业为主线，即特色产业和旅游业双管齐下，两个产业相互促进，同时推动产业深度融合，形成合理、完善的产业链，营造更活跃的市场氛围，提高特色小镇的竞争力。

（四）开拓先进技术助镇，“互联网+”协同推广

一些特色小镇在建镇初期以自然旅游资源和其衍生产品为主进行产业兴建，但在后期的营运期间面临着“名声不响、大众不知”的瓶颈。通过将直播、短视频经济与特色小镇营运相结合，以新媒体经济形式宣传推广地区旅游产品与产业成为新出路。利用以即时互动与代入性特点的直播与短视频，首先，可以让大众实现“云旅游”，多角度宣传特色小镇；其次，与购物 APP 的合作，还可以为周边旅游产品打开销路。进而推动旅游产业的转型升级，形成以旅游产品为核心的新产业，为特色小镇打开新的发展道路。

此外，通过建立“两微一端”平台，即微信公众号、微博和移动客户端等媒体“讲小镇故事”，同样也为特色小镇运营的整体宣传添砖加瓦。除了鼓励特色小镇上的企业、居民等自发进行形象宣传外，特色小镇政府也应该从官方的角度大力讲述特色小镇内在的历史与文化发展进程，使特色小镇形象鲜明化、立体化。杜绝特色小镇文化资源丰富，但传播效率低下甚至难以形成体系传播的现象。通过调查，根据大众的需求和认知，将抽象晦涩的历史文化通过新媒体图片、视频等传播方式表达出来，形成特有的文化符号，提升大众对于文化符号的接受度和理解度。其中，在塑造特色小镇形象中，官方宣传片占有举足轻重的地位。例如，2016 年的乌镇互联网大会宣传片，通过对乌镇整体

文化与魅力的把握，呈现出小镇整体特有的古建筑风采，并走出国门在 CNBC 美国频道早晚间时段播出，在最大限度上达成了对小镇的宣传目的。

除了利用直播等新媒体进行宣传外，数字经济的兴起使“5G”“大数据”等高科技越来越多被用于产业运营中。一些特色小镇已经建成了 5G 基站，实现了全镇 5G 商用全覆盖。如对于一些以文旅为支柱型产业的特色小镇，通过数字化、智慧化的 5G 网络，可以实现交通、票务、餐饮、住宿等一站式无缝对接服务；通过大数据推荐，可以从游客的偏好角度提供其更好体验；设立 AI 实景、智慧导览、环境监测、VR 全景等全套智慧系统，可以最大限度地将特色小镇文化体现在旅游景点中。此外，“5G”等的发展也催生出以重大信息科研为主导产业的新型小镇，一定程度上为其他小镇的产业拓展提供了新思路，将固有的制造业、农业、旅游业打造成智能制造、现代农业、创意文旅，促进提高产业发展水平。

三、维护期：基于协同战略推动产业发展

进入特色小镇的维护期，各项政策需要更加完善，根据特色小镇这一发展阶段的特点，需要基于协同战略推动产业的发展。协同战略既包括多元参与主体的协同，也包括多元产业的协同发展、生态和产业的协调发展。

（一）搭建多方协同平台，共同推动产业发展

在特色小镇的维护期，仍然需要多方主体协同参与到特色小镇的产业建设中。政府作为引导者构建产业空间，集聚产业要素，优化产业服务体系；企业则在促进产业发展中发挥主导作用，一方面企业参与产业发展、促进创新创业的基础设施建设中；另一方面龙头企业发挥带动作用，以技术创新助力特色小镇产业优化升级。在政企共同合作的平台中，以创业者的需求和发展为主体，构建充满活力的产业生态圈。政企多方协同作用，不断推进特色小镇产业园区的基础设施建设，增强产业发展的承载力。除此之外，要以完善产权制度和要素市场化配置为重点，激活主体、激活要素、激活市场，让市场在资源配置中起决定性作用，构建一个完善的政府、开发商、运营商、投资商的多方联动作用体系。

（二）多元产业协同发展，实现产业有机融合

在产业结构政策方面，要继续确定以特色产业为支柱、其他产业协同发展的综合发展路径，实现产业的有机融合。对于特色小镇的特色产业加大扶持力

度，保持其产业发展的活力，从而推动特色小镇文化业、旅游业和社区建设的发展，使特色小镇成为功能全面的空间发展平台，并以特色产业发展带动整个产业链的发展。特色小镇的维护期，处于特色小镇的产业功能外溢阶段，要结合区域协调政策，发挥特色小镇的产业带动效应，做到“点面结合”和“以点带面”。一方面，需要提高特色小镇与周边地区的要素交流，打破特色小镇与周围城镇在空间、产业、配套设施等方面的隔膜，做到“点面结合”；另一方面，要发挥特色小镇“小空间大集聚、小平台大产业、小载体大创新、小生态大人文”发展模式的优势，为小镇所在城市提供发展的范本和新的路径选择，带动整个区域经济的协调发展。例如，杭州的梦想小镇，以梦想小镇为“点”，以周边区域为“面”，构筑了全景式的“孵化—加速—产业化”产业链条和企业“迁徙图”，又以梦想小镇为“点”，创新了城市发展与产业布局模式，成为杭州建设城西科创大走廊的重要引爆点，推动了杭州经济进一步发展。

在产业发展规划政策方面，充分发挥互联网技术和大数据的优势，实现传统行业和现代技术对产业的协同推动。利用互联网、大数据、云计算工具，围绕特色产业链搭建众创空间，通过对接全球产业的用户需求，分享创客的创意和创新智慧成果，借以满足产品不断创新的需要。同时通过大数据分析，紧扣消费热点，推动特色小镇的产业进一步转型升级。借助互联网技术，搭建完整的产业评估体系，通过全流程监督，对特色小镇的产业发展进行评估和指导。

（三）发挥产业集群强镇，闭环效应持续繁荣

通过建设期和运营期的产业建设，特色小镇基本已经形成核心支柱产业，但一些小镇在维护期通过单一产业发展可能会出现“后劲不足”的短板。因此，必须延伸支柱产业的产业链，推动产业的升级和转型，形成横、纵向一体化产业集群效应。在支柱产业颇具规模后，通过规模效应同时促进特色小镇内外双发展，对内吸纳多层次人才“大众创业、万众创新”；对外吸引会展学习、观光参观等具有不同诉求的团体来镇交流。

通过产业集聚效应促进企业产生知识扩散效应和创新的带动效应，有利于形成产业闭环，既能促使现有企业学习曲线的形成，又降低了对上下游企业的依赖度。通过破除产业链信息缺失壁垒，简化业务交易流程，围绕主导产业“强链—补链—延链”促进产业链发展，形成小规模垄断竞争，提升产业内整体利润。

此外，特色小镇的魅力不单单在于产业本身，更重要的是基础设施建设。

要建设高质量的特色小镇，使小镇能够吸引人才，留住人才，必须补齐基础设施和公共服务的短板，提升特色小镇对居民的承载能力。一些较为偏远的特色小镇要强化与主城的交通连接，建设方便快捷通畅的交通运输网；依据特色小镇的人口分布与人口增长状况，统筹布局建设学校、医疗卫生机构、文化体育场所、养老机构等公共服务设施。最终营造出一个由当地居民、外来消费群体和创投帮扶群体“共创共治共享”的生活空间。当地居民将获得优质的公共服务，丰富的就业机会以及更高的收入水平；外来消费群体将获得更为优质的、效用最大化的休闲度假体验；创投帮扶群体将创造和分享一种新的投资模式。

（四）生态理念协同作用，推动产业绿色发展

在特色小镇的维护期，需要生态理念的协同作用促进产业圈和生态圈的良好互动。在产业发展中融入生态理念，在特色小镇的产业项目中全面推行绿色技术、绿色工艺和绿色生产的理念。转变产业发展方式，由粗放式、外延式转向集约式、内涵式发展，加大扶持资源节约型、环境友好型的绿色产业和高端产业，推动特色小镇形成新产业、新业态、新模式。

第三节　“空间＋产业”支撑体系

“时间＋产业”支撑体系是指对不同区域的特色小镇采取差异化的对策。中国幅员辽阔，不同地区的地理环境和资源禀赋各不相同，因此，不能一以贯之对全国所有的特色小镇采取相同的政策措施，而应当根据各个特色小镇所处的地区特点和拥有的基础条件制定不同的政策，充分发挥特色小镇的区位优势和资源优势。

一、坚持特色产业立镇，打造独特产业生态

首先，不同地区的土地资源状况有所不同，土地政策也应当有所区别。特色小镇发端于作为东部发达地区代表的浙江省，最初建设特色小镇是作为破解土地资源稀缺的一大抓手，在东部发达地区需要提高土地的使用效率，限定“空间”模子，尽可能集聚、高效地使用空间资源，控制特色小镇的规模、提升小镇存量以及避免大规模的拆建，避免造成土地资源的浪费。而在地域广阔的中西部地区，“空间”限定的模子则可以适当放宽，基于地形地貌的自然优

势发展特色产业。

其次，在小镇整体发展中，必须将“特色”放在首位，没有特色产业的特色小镇，就如同“无源之水”，因此，要将特色产业贯穿于特色小镇开发、建设、持续发展的全过程。坚持特色产业立镇，不断创新发展模式，要依托原有产业优势、历史人文积累和独特资源禀赋，进行顺应人口集聚和生产生活需要的良性开发，避免出现产业同质化、空心化现象，形成独一无二的产业特色、基础设施建设和整体风格的地域根植性。要紧扣市场趋势，把握市场规则，坚持“一镇一品”“一镇一业”的发展原则，深入调查研究并挖掘特色资源优势，着力培育小镇特色产业，增强特色小镇内生发展动力，推动就地就近城镇化。在发展特色产业的同时，还要将特色文化融入其中，各地坚持“因产业制宜”“因资源制宜”“因文化制宜”的原则，依托相对开放独立的区域空间，挖掘产业特色、人文底蕴和生态禀赋，要以充分挖掘、保护和传承历史文化为目的发展文旅特色小镇，将历史记忆、文化脉络、地域风貌、民族特色融入小城镇规划建设，塑造自身的发展特色与活力。

特色小镇的产业定位要基于各地区的资源优势，在产业规划政策上充分考虑当地的特色资源和产业基础，特色小镇的空间和产业布局也应当与各地的区域城镇化的发展格局和经济状况相适应。对于技术水平发展程度较高、产业基础优势良好的东部发达地区，既可以依托制造业的产业优势发展工业产业特色小镇，例如，以青瓷制造为主导产业的浙江龙泉上垟镇，也可以依托旅游资源优势发展旅游小镇，例如，南京高淳桠溪镇，还可以凭借高科技、互联网技术发展特色产业，例如，浙江杭州的富阳硅谷小镇和余杭梦想小镇；对于经济较为落后的中西部地区，既可以依托农业资源要素发展农业依赖型小镇，如四川多扶镇，也可以发挥历史要素、传统文化积淀发展旅游依托型小镇，例如，西安大唐西市丝绸之路文旅小镇。以特色小镇作为目标及以需求为导向出现的城镇化新模式，在发达地区应当提供城市溢出功能承载地，重视特色小镇城市功能的挖掘，在欠发达地区则需要为城镇化建设提供加速度，聚焦城镇化发展的新路径。除此之外，要在宏观层面把握特色小镇的重点发展地区，对具有发展优势的地区重点关注，形成对其他地区的辐射带动作用，并基于各地区的资源优势，形成产业的空间集聚，通过地区间的交流促进产业的分工合作，最终形成多元的经济结构。

二、完善差异产业旺镇，因地制宜找准突破

培育特色小镇的主导产业必须抓住差异化和专业化两大抓手，在特色小镇

差异定位与产业专业细分中实现互补发展，让小城镇或是立足时代建设、或是专注产业兴盛、或是传承历史技艺、或是凸显文化底蕴、或是展现雅致美景，拥有鲜明的独特性和旺盛的生命力。在产业布局上，可利用现有的特色资源进行升级改造；亦可利用现有的区位优势创造全新的产业；还可以与其毗邻城市的升级转型步伐一致。

特色小镇是基于空间视角的产业规划，从宏观角度是根据各个地区的经济基础和资源禀赋，从微观看则集中在小镇的区位优势，具体而言是小镇在所处城市中的功能匹配和发展定位。国家首批127个特色小镇的区位分布表明，特色小镇与城市的关系主要可以分为：大城市近郊、大城市远郊和农业地区，其中农业地区的特色小镇最多。农业地区的特色小镇发展主要以文旅产业为主，多数可以利用优美的自然景观或者丰富的资源吸引游客；大城市近郊的特色小镇则可以通过聚焦高端产业成为城市工业化的补充，吸引先进要素集聚发展，助推城市产业链现代化。江苏南京未来网络小镇以网络通信服务为入手点，加大未来网络前沿基础技术、关键核心技术的研究和形成；广东深圳坂田创投小镇作为国家级的科技企业孵化器，吸引了超过六百家科技企业入驻。这些大城市近郊特色小镇的支撑企业，均与城市的主体企业发展方向相符，南京依托通信技术国家实验室，深圳作为创业之都，这些标签进一步助力特色小镇的发展。与此同时，农业地区的小镇也应在现有产业的支持下，找寻现代化高端产业的突破口。例如，湖南醴陵五彩陶瓷小镇以“陶瓷文化”为主线立镇，除醴陵瓷谷、醴陵陶瓷博物馆等旅游资源，更是已形成集日用瓷、电瓷、艺术瓷、特种瓷以及陶瓷机械、色釉、窑炉等为一体的产业集群，拥有中级、高级技术职称专业人才3256人，拥有国家专利211项、中国驰名商标10个以及1家国家级企业技术中心。

特色小镇并非独立于城市的城乡接合部地区，受产业要素需求制约，在空间上与城市呈现多种区位关系，根据特色小镇的区位条件可以将特色小镇产业发展的定位分为三种，分别是城乡融合型、产城融合型和乡村融合型。就城乡融合型而言，适合主城区周边或是主城内部街道建设的特色小镇，加强特色小镇与主城区的联动发展，促进城乡之间产业要素的流动，从而推动城乡一体化发展。位于城市内部尤其是与城市高度重合的城市中心型小镇，则可以发展产城融合型小镇，借助技术、人才和资金的优势发展产业，探索城市新型产城组合空间，如金融小镇、互联网小镇等，同时将城市生产、生活和生态有机融合，同步提升城市的人口、产业承载力和服务水平。对于地处郊区或是由村庄组成的建制镇，可以集中发展乡村融合型小镇。乡村融合包括乡村间融合和乡村自身的融合，通过两种融合，优化小镇整体的结构，提高乡村的土地等资源要素的使用效率，实现乡村的可持续发展。

对特色小镇的发展功能定位需要有一定的规划。第一，特色小镇的产业功能。特色小镇的发展是以产业作为支撑的，特色产业的发展需要财政政策、金融政策等多方面的支持，在空间布局上要侧重产业的发展。第二，特色小镇的文化功能。要注重特色小镇的文化定位，只有将地区文化全方位、深层次地融入小镇中，才能使特色小镇具有长久的生命力和竞争力。第三，特色小镇的社区服务功能。特色小镇发展的目标在于人的发展和城市服务水平的完善，因此在特色小镇的产业规划和空间布局中还要重视小镇的社区功能，无法形成社区的特色小镇就不可避免地由产业区沦为翻版的小型开发区，要科学规划空间布局，促进特色小镇的人口集聚，提升小镇的社会功能，从将小镇对公共服务和私人服务的需求转变为小镇发展的新动力，同时注重完善小镇的基础设施建设，全面提升小镇建设的整体品质和服务供给。第四，要将特色小镇的三个功能融为一体，促进产城人文的有机融合，将小镇打造成有文化底蕴、产业支撑，又兼具社区功能的多元化现代化小镇，真正实现产业升级和城市建设融合发展。

在产业空间布局政策上，要基于产业链整合和集聚的思想，推进小镇联动发展，构建空间和产业的网络集群。宏观层面，要系统优化小镇的布局，借助便捷的区域交通、低成本的创新创业空间，提高小镇空间布局和科技创新网络、产业发展网络的协同性，将小镇从分散向优势发展的点轴地带集中，实现整体空间和产业的耦合联动。微观层面，要和城镇空间相结合，发挥城市的特定空间、特定配套、特定功能的作用。在产业发展方面，要以产业集群一体化为思路，优化产业联动。一方面，通过产业分工的形式，实现不同类型特色小镇以及小镇内部的产业链整合，提高产业之间的协同联动作用；另一方面，通过小镇优势产业的发展带动周边地区产业的发展，进一步放大小镇的产业功效，加速周边地区产业集群。

第四节 “时间 + 空间 + 产业”支撑体系

可以看出，当前特色小镇的发展模式重点是把握不同发展阶段的特点，形成产业集群的空间载体。因此，要想形成“产、城、人、文”协同高质量发展的特色小镇，必须形成“时间 + 空间 + 产业”三足鼎立的发展结构。具体而言，以产业生命周期理论为立足点，深入挖掘特色小镇在“孕育期、成长期、成熟期”的不同产品、市场、投融资模式等，深入贯彻落实“一村一品、一镇一业”，同时使产业选择完美借助空间优势，力图将特色小镇打造成为新时期推动空间布局优化和产业转型升级的重要载体。

一、号召社会各界治镇，广开言路建言献策

无论是产业集聚发展，还是产业链的优化升级，最终都离不开小镇的参与者。而小镇的参与者除了是小镇的开发者，还是运营者、受益者以及最终的常驻者。因此，特色小镇除了产业特色，最终还是回归到居民的生活特色中；而小镇产业的集聚发展也离不开劳动力的集聚，而吸引劳动力集聚的重要因素是小镇本身有足够的吸引力，这不仅包括产业本身为劳动者带来的收益，还包括小镇本身为劳动者带来的归属感，发展形成了“居民—小镇—居民”的内循环体系。这就要求小镇的建设运营需以人为本，在满足参与者需求的基础上，实现“生产、生态、生活”的有机结合。

新时代下，强化社会治理重心下移，鼓励居民自治已经成为创新治理的新型共识。将特色小镇治理主体由单一行政组织向由企业、社会组织和小镇居民为代表组成的多元基层组织延伸扩展，发挥小镇群众这一主体的主观能动性，由依靠生硬古板的政策压力变为自发的建设、发展、维护。特色小镇治理的重心下移是治理行为的改变，在宏观布局中要加强“去行政化”的顶层设计，优化政府与居民之间的关系，定期设定听证会，充分吸收居民在治理中的建议及监督。

二、鼓励梯度层次育镇，量体裁衣重点培养

作为推动区域经济转型升级和城乡统筹推进建设的重要方式，加之国家出台一系列利好政策，特色小镇正如同雨后春笋一样，在各城乡遍地开花。各市已不满足于仅开发“一镇”“一业”，纷纷向“综合小镇”转型。面对这样的形势，各镇需警惕“各自为政”的现象，单纯增加小镇数量而未形成产业集群，也需防止“同质发展”，综合现有小镇模式简单复制。因此，可以选择分梯度建设的模式，一方面争取特色小镇创建对象的“提档晋级”；另一方面确保已入围小镇“不降档”，对于不同梯度的建设规划应有所区别。

对于已入围省市级重点培养的特色小镇，基础设施建设已颇具规模，影响力和知名度已经建立，要做好先驱带头作用，持续运营本镇支柱产业，必要的

情况下为新兴小镇输送人才、资金等；对于新建立的特色小镇，一方面要在顶层谋划时与现有成功小镇差异发展，相辅相成，良性竞争，共建创新创业产业群。

其次，对于梯度层次建设的思路应延续下去，深化推进“新老共建”的特色小镇建设格局，将更多仍处于依靠过去单一产业、落后产能发展的区域打造成方向明确、创新驱动的特色小镇。而对于尚未有入选省市级重点培养小镇的地方政府，应集中优势力量重点培育小镇建设，尽快形成高质量发展的引领区、示范区、标杆区。

三、加强环境治理保镇，“两山理论”贯穿始终

在持续大力发展小镇产业，追求经济效益的同时，小镇发展过程中的生态文明也同样不可忽视，“既要绿水青山，也要金山银山”。在小镇整体规划期，扩大生态空间，合理增加绿地面积，合理布局土地、湖泊、森林等生态元素。地方政府应制定和完善小镇环保框架，设立空气质量达标率、生活污水收集率和处理率、生活垃圾收集率和处置率、绿化率等红线，督促企业和居民参与执行；在小镇运营维护期，企业、商户、居民应发挥作用，自觉进行垃圾分类，资源循环利用，最大限度促进循环经济发展，减小生产末端污染物的产生量，并对末端污染物进行有效处理，确保现代制造业绿色有序发展。

对于发展工业产业的特色小镇，要减轻工业项目污染，建立污水、污气处理系统；对于发展新型农业产业的特色小镇，要加强对农村建设项目的环境管理，整治畜禽养殖污染，提高居民的环保意识；对于发展文旅产业的特色小镇，要加强保护、合理开发当地资源，维持生物多样性，增加植被覆盖率，倡导消费者文明旅游，消除旅游发展带来的污染，最终建设人与自然和谐相处的可持续发展型特色小镇。

此外，当地政府部门要设立环境保护专项小组，从教育、监管、奖惩等方面完善环境保护系统。首先，在政府部门内部组织开展培训活动，对特色小镇相关政府部门、办事机构的负责人和办事员进行相关环境政策法规、标准规范等的学习培训，有利于生态环境监管工作的实施；其次，利用现代信息技术，如微信公众号、官方微博以及客户端等，宣传环境保护的精神以达到全民普遍教育。宣传内容应有环保常识、特色小镇环境质量状况和环保工作动态、公众环境维权和举报知识等，多角度最大限度使小镇居民和企业环保意识入耳入心。

特色小镇概念的提出正是把握了人民追求美好生活的时代发展特征，通过

顶层设计和系统规划，力图建设“产业特而强、功能聚而合、形态小而美、机制新而活”的新型生产生活空间，它既可以看作新型城镇化的小尺度实践，也可以看作新型工业化的一条路径。综合通过政府、市场和社会力量，通过建设—运营—维护三个时期，将特色小镇建设成“宜游”“宜业”直至“宜居”的新型城镇。

第五节　本章小结

特色小镇作为农村产业发展和经济改革的重要实践，是深入推进乡村振兴战略和新型城镇化战略的主要抓手，也是实现城乡融合和区域协调发展的重要功能空间，因此特色小镇的可持续性发展对于区域的经济发展具有重要意义。为了更好推动特色小镇的可持续性发展，需要同时考虑时间、空间和产业三个层面，建立科学、完善的政策支撑体系。在“时间 + 空间”的角度，根据特色小镇发展所处创建期、运营期和维护期不同阶段制定具体的空间政策；在“时间 + 产业”的角度，根据特色小镇发展所处创建期、运营期和维护期不同阶段的特点制定相关的产业政策；在“空间 + 产业”的角度，一方面要坚持特色产业立镇、打造独特产业生态，根据区域的特点制定土地政策、打造主导优势产业；另一方面要完善差异产业旺镇、因地制宜找准突破，根据小镇在空间的功能制定产业规划政策，并基于产业链整合和集聚的思想，构建空间和产业的网络集群；在“时间 + 空间 + 产业”的角度，首先要号召社会各界治镇、广开言路建言献策，提高特色小镇建设的科学性，其次要鼓励梯度层次育镇、量体裁衣重点培养，最后要加强环境治理，实现小镇生态、经济的协同发展。

参考文献

1. CICCONE, A, R E. HALL. Productivity and the Density of Economic Activity [J]. *American Economic Review*, 1996, 86 (1): 54 -70.

2. CHARLERY, QAIM, SMITH - HALL. Impact of infrastructure on rural household income and inequality in Nepal [J]. *Journal of Development Effectiveness*, 2016 (2): 44.

3. DI CLEMENTE RICCARDO, STRANO EMANUELE. Batty Michael Urbanization and economic complexity [J]. *Scientific Reports*, 2021 (1): 45 -69.

4. DAVID H AWARD. *The Urbanization of Capital* [M]. Typeset by Freeman Graphic: Bridge Printed in Great Britain by Page Bras, 2008.

5. DU J M. WANG B K. *Evolution of Global Cooperation in Multi - Level Threshold* [M]. Public Goods Games with Income Redistribution: Frontiers in Physics, 2018.

6. DAVID D. NAGY, TIBOR MAGURA, ROLAND HORVATH et al. Arthropod assemblages and functional responses along an urbanization gradient: A trait - based multi - taxa approach [J]. *Urban Forestry & Urban Greening*, 2018 (5): 30 -46.

7. FUJITA, M. P. KRUGMAN, T. MORI et al. On the Evolution of Hierarchical Urban Systems [J]. *European Economic Review*, 1999 (2): 209 -251.

8. J. VERNON HENDERSON. Growth of China's Medium - Size Cities [J]. *Brookings - Wharton Papers on Urban Affairs*, 2005 (1): 43 -47.

9. GRANO VETTER M. Economic action and social structure: The problem of embeddedness [J]. *Social Science Electronic Publishing*, 1985 (3): 481 -510.

10. HIGASHIKATA T, HASHIGUCHI, Y. The Causal Effect of Urbanization on Rural Poverty Reduction Quasi - Experimental [J]. *Evidence using Indonesian Urban Area Data*, 2017 (3): 81 - 110.

11. HONGYAN YANG. Income redistribution and public goods provision under

tax competition [J]. *Journal of Urban Economics*, 2018 (4): 55 - 78.

12. MORETTI. Identifying Agglomeration Spillovers: Evidence from Winners and Losers of Large Plant Openings [J]. *Journal of Political Economy*, 2010 (3): 77 - 81.

13. PAUL KRUGMAN. Increasing Returns and Economic Geography [J]. *Journal of Political Economy*, 1991 (3): 41 - 45.

14. KRUGMAN, P. Increasing Returns and Economic Geography [J]. *Journal of Political Economy*, 1991 (9): 483 - 499.

15. LIYIN SHEN. Development orientations for attracting investments - A perspective of less - developed townships in China [J]. *Cities*, 2018 (7): 84 - 95.

16. MEIJERS, E. J. M. J. BURGER, M. M. HOOGER BRUGGE et al. Borrowing Size in Networks of Cities: City Size, Network Connectivity and Metropolitan Functions in Europe [J]. *Papers in Regional Science*, 2016 (1): 181 - 198.

17. MORETTI, E. Local Multipliers [J]. American Economic Review, 2010 (2): 373 - 377.

18. OTTAVIANOG. On Economic Geography in Economic Theory. Increasing Returns and Pecuniary Externalities [J]. *Journal of Economic Geography*, 2001 (2): 153 - 179.

19. PATRICK KLINE. Place Based Policies, Heterogeneity, and Agglomeration [J]. *The American Economic Review*, 2010 (2): 44 - 61.

20. PNRICO. Local Multipliers [J]. The American Economic Review, 2010 (2): 112 - 132.

21. PORTER M E. The Competitive Advantage of Nations. New York, The Free Press [J]. *Competitive Intelligence Review*, 1990 (1): 427.

22. PORTER M E. Clusters and the new economics of competition [J]. *Harvard Business Review*, 1998 (6): 77.

23. SUN LIQUN, CHEN JI, LI QINGLAN et al. Dramatic uneven urbanization of large cities throughout the world in recent decades [J]. *Nature Communications*, 2020, 11 (1) 45 - 48.

24. YURUI LI, PENGCAN FAN, YANSUI LIU et al. What makes better village development in traditional agricultural areas of China? Evidence from long - term observation of typical villages [J]. *Habitat International*, 2018 (9): 83.

25. ［美］爱德华·W. 苏贾．后现代地理学——重申批判社会理论中的空间画［M］. 王文斌，译．北京：商务印书馆，2007（6）：14－20.

26. 包广静，姬超，许永生，等．“多规合一”视角下特色小镇规划探讨［J］. 云南农业大学学报（社会科学），2018（6）：17－21.

27. 陈前虎，司梦祺，潘兵，等．浙江省小城镇特色成长的机制、障碍与路径——可持续发展的扩展模型及应用［J］. 经济地理，2019，39（11）：69－75.

28. 陈从建，张晓东，钱声源，等．中国特色小镇发展模式研究［J］. 建筑经济，2019，40（05）：108－113.

29. 丛海彬，段巍，吴福象，等．新型城镇化中的产城融合及其福利效应［J］. 中国工业经济，2017（11）：62－80.

30. 曹小曙，徐建斌．中国省际边界区县域经济格局及影响因素的空间异质性［J］. 地理学报，2018（6）：44－62.

31. 曹宁，郭舒．城市竞争力研究的理论与方法［J］. 社会科学家，2004（3）：85－88.

32. 丁志伟，黄逦茗，谢慧钰，等．中原城市群镇域经济空间格局及其影响因素［J］. 经济地理，2019（11）：47－53.

33. ［美］大卫·哈维．后现代的状况——对文化变迁之缘起的探究［M］. 阎嘉，译．北京：商务印书馆，2003.

34. 丁守海．中国城镇发展中的就业问题［J］. 中国社会科学，2014（1）：30－47.

35. 丁志伟，刘盈盈，吴小妮，等．中国镇域经济的空间分异格局及影响因素——基于31755个乡镇的农民人均纯收入数据［J］. 经济地理，2020，40（11）：18－28.

36. 杜培．典型国家小城镇建设对我国中部地区小城镇建设的启示［J］. 当代经理人，2006（21）：181－182.

37. 范剑勇．产业集聚与地区间劳动生产率差异［J］. 经济研究，2006（1）：72－81.

38. 范剑勇，莫家伟．城市化模式与经济发展方式转变——兼论城市化的方向选择［J］. 复旦学报（社会科学版），2013，55（3）：65－73.

39. 高国力，刘保奎，李爱民，等．中国宏观经济研究院国土开发与地区经济研究所课题组，我国城镇化空间形态的演变特征与趋势研判［J］. 改革，2020（9）：128－138.

40. 顾乃华，毕斗斗，任旺兵，等. 中国转型期生产性服务业发展与制造业竞争力关系研究——基于面板数据的实证分析［J］. 中国工业经济，2006（9）：54－474.

41. 胡必亮. 灰色区域理论概述［J］. 经济研究，1993（6）：72－80.

42. 何骏. 生产性服务业集聚对新型城镇化的影响研究——基于长三角城市群27个地级市的实证分析［J］. 深圳社会科学，2021，4（2）：24－34.

43. 洪银兴. 工业和城市反哺农业、农村的路径研究——长三角地区实践的理论思考［J］. 经济研究，2007（8）：13－20.

44. 黄海立. 新型城镇化与产业结构优化协调发展实证研究［J］. 统计与决策，2021（5）：108－111.

45. 解垩. 城镇化与中国农村减贫［J］. 经济科学，2020（3）：5－16.

46. 吕振华，程绍文，刘粉，等. 长江经济带特色小镇空间分布及影响因素研究［J］. 华中师范大学学报（自然科学版），2019，53（5）：773－781.

47. 李国英. 构建都市圈时代“核心城市＋特色小镇”的发展新格局［J］. 区域经济评论，2019（12）：44－54.

48. 李国平，席强敏，吴爱芝，等. 中国小城镇产业结构特征及影响因素研究［J］. 地理科学，2018，38（11）：1769－1776.

49. 李阿琳. 河北农村内生型发展的区域格局研究［J］. 经济地理，2011，31（12）：213－242.

50. 刘艳. 辽宁省特色小镇现状及对策研究［J］. 辽宁经济. 2019（5）：19－24.

51. 李强. 特色小镇是浙江创新发展的战略选择［J］. 小城镇建设，2016（3）：9－14.

52. 李俊，王九位. 乡村旅游业发展、新型城镇化与区域经济增长的关系研究——以河南省嵩县为例［J］. 中南林业科技大学学报. 2019（6）：18－34.

53. 梁跃军. 推进镇村联动助力乡村振兴［N］. 贵州日报，2021－02－01（10）.

54. 刘丽萍. 推进以人为核心的新型城镇化［N］. 吉林日报，2021－03－07（8）.

55. 何育静，段秋颖. 以新理念建设特色小镇［N］. 安徽日报，2021－03－02（6）.

56. 马海涛，李强，刘静玉，等. 中国淘宝镇的空间格局特征及其影响因素［J］. 经济地理，2017，37（9）：118－124.

57. 彭华．关于城市旅游发展驱动机制的初步思考［J］. 人文地理，2000，15（1）：1－5.

58. 任浩．中国产业园区持续发展蓝皮书［M］. 上海：同济大学出版社，2014.（12）：94－112.

59. 任耘．新型城镇化背景下四川旅游小镇发展现状与动力机制研究［J］. 商业经济，2016（32）：294－295.

60. 时浩楠，杨雪云．国家级特色小镇空间分布特征［J］. 干旱区资源与环境，2019（3）：39.

61. 曾肇河，赵永辉．产业新城发展模式及经营管理［M｝．中国建筑工业出版社，2016（6）：42－69.

62. 涂人猛．内源式乡村发展理论的渊源及发展［J］. 经济评论，1993（4）：21－25.

63. 王小鲁．优化城市规模推动经济增长［J］. 经济研究，1999（9）：22－29.

64. 王建廷．区域经济发展动力与动力机制［M］. 上海：上海人民出版社，2007（6）：42－69.

65. 万广华，胡晓珊．新发展格局下的国内需求与创新：再论城镇化、市民化的重要性［J］. 国际经济评论，2021（3）：1－14.

66. 吴福象，刘志彪．城市化群落驱动经济增长的机制研究——来自长三角16个城市的经验证据［J］. 经济研究，2008，43（11）：126－136.

67. 王滨．新型城镇化的区域差异及其动力机制研究［J］. 统计与决策，2020，36（10）：77－82.

68. 叶爱山，夏海力．新型城镇化对工业产能利用率的影响效应［J］. 统计与决策，2021（6）：118－121.

69. 余畅，丛静，彭红军，等．特色农业发展：现状、问题与发展对策——以东台市三仓镇为例［J］. 中国林业经济，2021（2）：22－25.

70. 袁志刚，高虹．中国城市制造业就业对服务业就业的乘数效应［J］. 经济研究，2015，50（7）：30－41.

71. 杨茜茜，伍世代．福建省特色小镇空间分布特征与影响因素研究［J］. 福建师范大学学报（自然科学版），2019，35（4）：110－116.

72. 杨仪青．新型城镇化发展的国外经验和模式及中国的路径选择［J］.

农业现代化研究，2013：385－389.

73. 杨沫，葛燕，王岩，等．城镇化进程中农业转移人口家庭的代际职业流动性研究［J］．经济科学，2019（2）：117－128.

74. 颜银根．构建大国城市群体系［N］．社会科学报，2021（2）：11－19.

75. 游宏滔，王士兰，汤铭潭，等．不同地区、类型小城镇发展的动力机制初探［J］．小城镇建设，2008（1）：13－22.

76. 杨开忠．新中国70年城市规划理论与方法演进［J］．管理世界，2019，35（12）：17－27.

77. 杨士富，刘美彤，赵立敏，等．辽宁特色小镇与创业生态圈耦合的影响因素分析［J］．经济师，2021（3）：144－145.

78. 周立斌．空间政治经济学——区域经济学研究的一个批判视角［M］．北京：经济科学出版社，2014.

79. 周一星．城市职能分类方法评述［J］．城市地理学．北京：商务印书馆，2003：210－223.

80. 周密，赵晓琳，黄利，等．一事一议财政奖补制度对农村居民收入影响效应研究——基于中国县域面板数据的实证检验［J］．南方经济，2020（5）：18－33.

81. 郑腾飞，赵玉奇．要素市场扭曲、交通基础设施改善与企业出口［J］．南方经济．2019（4）：44－45.

82. 张蕊．乡村振兴须与新型城镇化同步推进，县城补短板强弱项不能“一刀切”［N］．每日经济新闻，2021－03－17.

83. 张军，陈诗一，Gary. H. Jefferson，等．结构改革与中国工业增长［J］．经济研究，2009，44（7）：4－20.

84. 张晓娟．我国濒临消失的古镇、古村的现状及保护策略——以山西省朔州市利民镇为例［J］．农村经济与科技，2020，31（24）：220－232.

85. 张晓欢．产业创新是特色小镇高质量发展的核心［N］．中国城市报，2021－03－14.

86. 住房城乡建设部办公厅发出关于做好第二批全国特色小镇推荐工作的通知［J］．城市规划通讯，2017（11）：81－92.

87. 占献骁．浙江省特色小镇建设存在的问题及对策研究［J］．现代商业，2017（33）：44－55.

88. 赵磊，关克宇．中国特色小镇发展现状分析［J］．中国房地产，2019

(2): 44 - 68.

89. 赵永平，徐盈之. 新型城镇化、制度变迁与居民消费增长 [J]. 江西财经大学学报，2015 (6): 52 - 68.

90. 周枣. 长江经济带城市群特色小镇类型分析研究 [J]. 上海城市管理，2019，28 (4): 51 - 58.

91. 周欣. 县域基础设施对县域经济发展的作用机制研究——以辽宁省为例 [J]. 农业技术经济，2006 (6): 24 - 38.

92. 周心怡，李南，龚锋，等. 新型城镇化、公共服务受益均等与城乡收入差距 [J]. 经济评论，2021 (2): 61 - 82.

93. 周力，张宁. 新型城镇化、财政支出与城乡收入差距关联性的统计检验 [J]. 统计与决策，2021 (6): 87 - 89.

94. 王博雅，张车伟，蔡翼飞. 特色小镇的定位与功能再认识——城乡融合发展的重要载体 [J]. 北京师范大学学报（社会科学版），2020 (1): 140 - 147.

95. 张希，林立，刘伟霞. 特色小镇建设对居民生活质量影响研究——福建省国家级运动休闲特色小镇建设考察 [J]. 福建论坛（人文社会科学版），2019 (9): 191 - 200.

96. 赵辉，王玥，张旭东，等. 基于云模型的特色小镇 PPP 项目融资风险评价 [J]. 土木工程与管理学报，2019，36 (4): 81 - 88.

97. 蒋卓晔. 特色小镇不能没有"特色" [J]. 人民论坛，2019 (1): 112 - 113.

98. 李强. 政府工作报告 [J]. 浙江人大（公报版），2015 (2).

99. 冯云廷. 特色小镇建设的产业—空间—文化三维组织模式研究 [J]. 建筑经济，2017，38 (6): 92 - 95.

100. 王占益. 推进特色小镇持续健康发展的路径研究——基于烟台市特色小镇建设发展的调查与分析 [J]. 山东行政学院学报，2018 (6): 1 - 5, 35.

101. 张晓欢. 特色小镇建设面临的问题与对策 [J]. 新经济导刊，2017 (11): 81 - 85.

102. 尤继民. 辽阳 LEP 镇特色小镇建设问题研究 [D]. 长春：吉林大学，2017.

103. 吴越涛，胡亚昆. 河南、江苏特色小镇建设案例 [J]. 宏观经济管理，2020（9）：38－40.

104. 王珏，康健林．江西古村落型特色小镇发展路径研究［J］．价格月刊，2020（7）：85－89.

105. 洪帅．慢旅游背景下乡村特色小镇建设研究［J］．农业经济，2020（7）：51－53.

106. 王晓洋．特色小镇商业建设模式及可持续发展路径——以江苏苏州市为例［J］．商业经济研究，2019（4）：162－164.

107. 曾丽英，陈庆勤．农业特色小镇建设的现状分析及路径优化［J］．农业经济，2020（4）：55－56.

108. 王大为，李媛．特色小镇发展的典型问题与可持续推进策略［J］．经济纵横，2019（8）：69－75.

109. 王振坡，张安琪，王丽艳．生态宜居特色小镇：概念、内涵与评价体系［J］．管理学刊，2019，32（2）：45－53.

110. 熊正贤．特色小镇政策的区域比较与优化研究——以云贵川地区为例［J］．云南民族大学学报（哲学社会科学版），2019，36（2）：104－116.

111. 何春刚．体育小镇建设中的政府职能与推进路径［J］．南京体育学院学报（社会科学版），2017，31（4）：23－27.

112. 张蔚文，麻玉琦．社会治理导向下的特色小镇治理机制创新［J］．治理研究，2018，34（5）：113－119.

113. 李庆峰．特色小镇：一种新型社会治理模型及其发展［J］．中国经贸导刊，2017（2）：76－78.

114. 王旭阳，黄征学．推进中国特色小镇建设研究［J］．区域经济评论，2017（5）：124－129.

115. 陈雪雯．四川特色小镇融资路径探索及发展建议［J］．内江科技，2018，39（8）：67－68，96.

116. 王天宇．论乡村振兴战略背景下特色小镇的培育发展——基于特色小镇、中小企业与乡村振兴三者契合互动分析［J］．河南社会科学，2020，28（7）：105－111.

117. 邓丽娟．“特色小镇＋PPP”模式探索［N］．中共联合商报．2017.

118. 柯金凤．服务型政府视域下福建省特色小镇建设的研究［J］．行政科学论坛，2020（2）：14－18.

119. 张如林，丁元，刘维超，等．基于高质量发展的浙江特色小镇实践

探索 [J]. 城市规划, 2020, 44 (S1): 67 - 74.

120. 李国英. 构建都市圈时代“核心城市 + 特色小镇”的发展新格局 [J]. 区域经济评论, 2019 (6): 117 - 125.

121. 车雯, 张瑞林, 王先亮. 文化承继与产业逻辑耦合: 体育特色小镇生命力培育的路径研究 [J]. 体育科学, 2020, 40 (1): 51 - 58.

122. 郭伟, 辛佳琦, 张鑫. 基于竞合关系的乡村旅游与特色小镇协同发展研究 [J]. 农业经济, 2018 (9): 105 - 106.

123. 薛小龙, 窦玉丹. “PPP 模式 + 装配式”特色小镇项目的主体关系研究 [J]. 工程管理学报, 2018, 32 (6): 40 - 45.

124. 方兴林. 博弈论视角下特色小镇建设主体行为采纳及发展策略研究 [J]. 湖北工程学院学报, 2017, 37 (5): 123 - 126.

125. 刘泉钧, CHEN Xue - wen. 基于博弈论的特色小镇金融支持分析——基于 49 份案例的实证分析 [J]. 成都行政学院学报, 2018 (4): 42 - 46.

126. 赵云鹏. 上海市参与特色小镇建设的博弈分析 [J]. 工业经济论坛, 2018, 5 (4): 82 - 87.

127. 顾海蔚, 宋宏. 集体土地作价入股农业特色小镇路径演化分析 [J]. 数学的实践与认识, 2019, 49 (13): 73 - 82.

128. 陈琳, 张琳, 辛意如. 特色小镇 PPP 项目公私合作行为演化机制研究 [J]. 工程管理学报, 2020, 34 (4): 100 - 105.

129. 赖一飞, 雷慧, 沈丽平. 三方共赢的特色小镇 PPP 风险分担机制及稳定性分析 [J]. 资源开发与市场, 2018, 34 (10): 1444 - 1449.

130. 孙特生. 特色小镇建设的逻辑与脉络——基于对首批特色小镇的思考 [J]. 西北师大学报 (社会科学版), 2018, 55 (4): 138 - 144.

131. 胡昌领. 体育特色小镇的功能定位、建设理念与精准治理研究 [J]. 体育与科学, 2018, 39 (3): 69 - 74.

132. 李冬梅, 郑林凤, 林赛男, 等. 农业特色小镇形成机理与路径优化——基于成都模式的案例分析 [J]. 中国软科学, 2018 (5): 79 - 90.

133. 陆佩, 章锦河, 王昶, 等. 中国特色小镇的类型划分与空间分布特征 [J]. 经济地理, 2020, 40 (3): 52 - 62.

134. 王竞一. 新时代特色小镇创新创业存在的问题及对策研究 [J]. 当代经济管理, 2019, 41 (8): 64 - 68.

135. 李涛. 产业集聚视角下我国特色小镇创新体系研究 [J]. 科学管理

研究，2017，35（6）：61－64.

136. 王旭阳，黄征学．推进中国特色小镇建设研究［J］．区域经济评论，2017（5）：124－129.

137. 林艳丽，杨童舒．产业精准扶贫中企业、贫困户和地方政府行为的演化博弈分析［J］．东北大学学报（社会科学版），2020，22（1）：40－48.

138. 曹凌燕．演化博弈视角下的城市空气污染地方治理研究［J］．统计与信息论坛，2021，36（4）：72－83.

139. 钟诚，尹金，毛小明．工业园区产城融合中政企演化博弈分析［J］．企业经济，2019（5）：140－146.

140. 晏永刚，姚秋霞，刘蓉，等．污染型邻避设施规划中公众参与行为的演化博弈分析［J］．城市发展研究，2017，24（2）：91－97.

141. 曹昭煜，洪开荣．新型城镇化背景下城市房屋征收补偿的演化博弈模型［J］．财经理论与实践，2017，38（4）：127－132.

142. 付晓东，蒋雅伟．基于根植性视角的我国特色小镇发展模式探讨［J］．中国软科学，2017（8）：102－111.

143. 邢青松，彭鑫，邓富民．新型城镇化背景下特色乡镇治理演化博弈分析［J］．北京交通大学学报（社会科学版），2020，19（4）：89－101.

144. 郑胜华，陈觉，梅红玲，等．基于核心企业合作能力的科创型特色小镇发展研究［J］．科研管理，2020，41（11）：143－152.

145. 王佃利，刘洋．政策学习与特色小镇政策发展——基于政策文本的分析［J］．社会科学文摘，2018（12）：61－63.

146. 韩永辉，黄亮雄，王贤彬．产业政策推动地方产业结构升级了吗？——基于发展型地方政府的理论解释与实证检验［J］．经济研究，2017，52（8）：33－48.